FACULTÉ DE DROIT DE PARIS

LES

ADMISSIONS TEMPORAIRES

THÈSE POUR LE DOCTORAT

Présentée et soutenue le 22 Juin 1899, à 9 heures

PAR

G. DEZAUNAY

Président : M. CAUWÈS, *professeur*

Suffragants : M. GIDE, *professeur.*
M. DESCHAMPS, *professeur.*

PARIS
A. PEDONE, Editeur
LIBRAIRE DE LA COUR D'APPEL ET DE L'ORDRE DES AVOCATS
13, Rue Soufflot, 13

1899

THÈSE

POUR LE DOCTORAT

La Faculté n'entend donner aucune approbation ni improbation aux opinions émises dans les thèses ; ces opinions doivent être considérées comme propres à leurs auteurs.

FACULTÉ DE DROIT DE PARIS

LES

ADMISSIONS TEMPORAIRES

THÈSE POUR LE DOCTORAT

Présentée et soutenue le 22 Juin 1899, à 9 heures

PAR

G. DEZAUNAY

Président : M. CAUWÈS, *professeur*

Suffragants : M. GIDE, *professeur.*
M. DESCHAMPS, *professeur.*

PARIS
A. PEDONE, Editeur
LIBRAIRE DE LA COUR D'APPEL ET DE L'ORDRE DES AVOCATS
13, Rue Soufflot, 13

1899

A LA MÉMOIRE DE MA MERE

A MON PÈRE

INTRODUCTION

Rattachement du sujet à l'Economie Nationale. — Le Principe de l'Admission temporaire.

La question des « Admissions Temporaires » qui va faire l'objet de cette étude, tient dans notre législation douanière une place considérable, et ainsi que le constatait à la tribune de la Chambre, M. Mézières, aucune question industrielle n'a été plus étudiée et plus discutée que celle-là dans les Conseils supérieurs du Gouvernement. Etant donné le caractère très particulier de l'Admission temporaire, les intérêts nombreux et presque toujours opposés qu'elle affecte, les situations excessivement délicates au point de vue d'une bonne solution économique qu'elle crée, cette importance se motive fort bien.

Le système de l'Admission temporaire a eu des adversaires et des détracteurs nombreux ; on lui a contesté toute utilité, on l'a dédaigneusement appelé un « expédient douanier », on n'a voulu voir en lui qu'une application empirique sans fondement rationnel, sans principe directeur ; en un mot, on a refusé au régime des Admissions temporaires la réalité économique sur laquelle doit nécessairement se fonder toute législation douanière, quelle qu'elle soit.

En effet, dans toutes les discussions provoquées par le Gouvernement sur les Admissions temporaires en général, tant dans les enquêtes officielles que devant le Conseil supérieur du commerce, on a glissé sur l'idée théorique pour ne voir que la réglementation et les applications du régime. Il y a là évidemment quelque chose d'incomplet; pour discuter une question il faut en connaître tous les termes, et l'application d'un principe peut fort bien être mauvaise, sans que pour cela le principe lui-même soit erroné. Voilà pourquoi dans ce chapitre d'Introduction, nous voudrions, au risque d'avoir des longueurs et des digressions, exposer le plus nettement possible les notions sur lesquelles repose l'Admission temporaire; si nous parvenons à légitimer son principe, du même coup nous aurons placé notre sujet sous son jour le plus favorable et préparé des réponses faciles aux arguments pratiques que nous aurons à discuter.

Le régime de l'Admission temporaire constitue une très heureuse application des principes essentiels de l'Economie Nationale, c'est-à-dire de la science qui s'occupe des combinaisons ou individuelles ou collectives, employées pour satisfaire les besoins particuliers, et dont le but est une égale répartition des richesses et le bien-être général. De même que chaque Etat possède des frontières politiques qui limitent son territoire, distinguent ses habitants en les différenciant des habitants des pays voisins, de même il y a des frontières économiques, des barrières douanières devant lesquelles les productions et le travail étrangers sont tenus de s'arrêter. Ces entraves à la libre importation ont pour but, ou bien d'aider certaines branches du travail national à se maintenir, ou bien de favoriser la formation d'industries nouvelles qui ne pourraient vivre sous le régime de la concurrence et de la liberté commerciale. Le droit de douane à l'entrée, compense (1) l'infériorité de

(1) Nous n'envisageons ici le droit de douane que comme droit protecteur, et nous laissons complètement de côté l'idée fiscale qui également préside dans une proportion notable à la taxation des produits étrangers à leur entrée en France.

force du producteur national, infériorité provenant de différences dans le prix de revient de l'objet fabriqué et qui tiennent, soit à la cherté des matières premières ou de la main d'œuvre et des salaires, soit à ces deux causes réunies. C'est là toute la genèse du droit protecteur que l'on nomme aussi très justement droit compensateur (1).

Ainsi donc théoriquement, (en pratique, en effet, il intervient des causes qui modifient quelque peu cette règle, notamment la question de solidarité des industries) toute branche du travail national, si minime qu'elle soit, à quelque catégorie de l'industrie qu'elle appartienne a le droit de s'adresser au législateur et de lui demander son intervention, dès l'instant où le producteur étranger lui crée une concurrence désastreuse sur le marché français. C'est là une notion prémordiale de la véritable science économique, c'est un principe de tous les temps et de tous les lieux contre lequel les doctrines libérales et internationalistes ne pourront jamais rien. Le producteur français, ceci est l'évidence même, a un droit acquis à subvenir aux besoins du consommateur français, de préférence à l'étranger et pour toutes les productions similaires ; or, cela ne serait pas, si cet étranger pouvait déverser sur nos marchés des marchandises qui lui reviennent parfois 1/4 ou un tiers de fois moins cher (nous dirons tout à l'heure pourquoi) qu'à nos nationaux. La consommation préférerait bien entendu ces produits moins chers et le producteur français n'aurait plus qu'une chose à faire, fermer ses usines, congédier ses ouvriers et rendre les capitaux à ses commanditaires ; c'est-à-dire que la répercussion serait triplement néfaste au point de vue des salaires, des profits

(1) Cf. P. Cauwès, *Cours d'Economie Politique,* 3e édit., 1893, t. II, p. 487, no 711 et p. 514, no 726.

et de l'intérêt. Le consommateur lui-même, tout heureux d'acheter à bon compte un produit étranger, ne tarderait pas à se repentir de sa confiance, car il n'est pas douteux que le jour où le marché français n'alimentera plus la consommation du pays, le fournisseur au rabais d'antan relèvera ses prix à un taux de monopole, puisqu'il sera assuré du débouché. Nous aurions enfin à insister sur la question de sécurité nationale ; qu'il nous suffise d'indiquer que la main-mise de l'étranger sur nos productions métallurgiques, sur nos produits de première nécessité et nos subsistances, pourrait avoir, le cas échéant, des conséquences plus terribles que toutes les autres réunies. Voilà nous l'espérons un exposé bref, mais réel et complet de l'utilité de développer notre commerce intérieur et surtout de conserver le marché national, dût le législateur protéger très étroitement les industries peu fortes ou encore à l'état embryonnaire. Pour notre part, nous ne comprenons pas qu'une doctrine ait osé affirmer qu'il soit *naturel* et *légitime* de laisser le travailleur français en concurrence avec un producteur étranger, qui le plus souvent ayant pour lui les agents naturels et par conséquent des forces absolument indépendantes de son travail et de son activité propres, obligera le national à ne plus produire, et le ruinera en même temps que ses auxiliaires et ses ouvriers. Il nous semble que parler de libre-échange intégral, c'est prétendre que l'Allemand ou le Belge a droit au marché français au même titre que les Français eux-mêmes ; mais alors il faut aller jusqu'au bout de la déduction et faire abstraction de l'idée de Patrie ; avec la conception de l'Internationalisme absolu, nous comprendrons peut-être le libre-échange intégral, et la suppression du commerce intérieur.

D'ailleurs, nous avouons très bien ne pas saisir comment

il pourrait en être ainsi : une fois la production intérieure ruinée, il est bien difficile d'appliquer la liberté des échanges ; la cause manquant, c'est-à-dire ici le produit, l'effet disparaît ; le plus clair au résumé c'est l'asservissement économique du pays si fermement libéral (1).

Ainsi dans la *première* préoccupation économique qui doit guider le législateur soucieux des vrais intérêts de son pays ce sera d'établir un tarif compensateur, de mettre des droits à l'entrée des produits similaires étrangers qui sont fabriqués à un moindre coût qu'en France. En un mot il faut que ce législateur développe le commerce intérieur pour qu'il puisse fournir *facilement* et économiquement à l'approvisionnement du marché national.

Mais ce premier objectif ne doit pas être le seul ; les véritables principes de la science économique exigent encore autre chose. En effet, les industries nationales protégées prennent peu à peu de la vitalité ; à raison soit de circonstances fortuites, soit de situations géographiques, soit de toutes autres causes, elles acquièrent une extension rapide, développent leur outillage et leur production, et se trouvant à l'étroit à l'intérieur du pays, visent aux marchés internationaux. Le législateur sous peine de tomber

(1) A la vérité la doctrine libérale est présentée par certains sous une forme un peu plus attrayante ; en effet les adeptes du système libre échangiste contemporain affirment que la suppression des barrières douanières dans le monde entier amènerait *fatalement* dans chaque Etat, un groupement des capitaux et du travail, en vue de l'emploi le plus avantageux qu'on en peut tirer. Grâce à cette division internationale du travail, le pays producteur de céréales par exemple se livrerait exclusivement à cette culture, assuré qu'il serait d'apporter ses surproductions dans les autres Etats du monde moins fortunés, et en échange des spécialités de ces pays. De la sorte aucune nation ne pourrait monopoliser la fourniture des marchés des autres pays, à chacune serait dévolue une production particulière. Nous n'insisterons pas, nous laissons à chacun le soin de tirer la conclusion, mais il n'est pas besoin d'être un économiste pour apprécier ce « Groupement » comme une pure utopie.

dans l'erreur prohibitioniste et la politique d'isolement, doit favoriser cet essor, et donner aux intéressés tous les moyens de sortir l'excédent de leur fabrication : le *commerce extérieur*, voilà le second degré de la véritable Economie Nationale.

Le trafic international a tout d'abord des effets économiques excellents ; outre qu'il est très rémunérateur de sa nature, il permet de supprimer la surproduction, ce fléau redoutable, en rejetant au dehors du pays le trop plein de la fabrication et les stocks de produits qui ne peuvent être consommés sur le marché intérieur. A ce seul titre les exportations méritent d'être favorisées, car on sait que les crises économiques qui ruinent un pays ont toujours leurs principales raisons dans un excès de production ; surproduire, c'est déprécier la valeur de la chose produite, c'est abaisser son prix par conséquent ; or quand ce prix tombe au dessous du taux de revient, l'industriel n'a plus qu'à fermer son usine. Le développement du commerce extérieur si paradoxal que cela puisse paraître, est la conséquence *nécessaire*, la suite *obligatoire* d'une protection raisonnée et inspirée par les véritables principes. Et en effet, à quoi bon établir un tarif à l'entrée des produits étrangers similaires, à quoi bon protéger nos fabrications nationales, s'il arrive un moment où ces fabrications doivent mourir d'inanition au milieu de leurs produits.

Si le commerce d'exportation est indiscutablement nécessaire à la vie et à l'activité économique nationale, il n'est pas moins indispensable au point de vue politique lui-même. Il n'est pas douteux en effet que la nation commerçante a, de par les nécessités de son négoce, une flotte marchande puissante, des routes, des canaux, des chemins de fer nombreux et bien appropriés, un personnel maritime expérimenté, des comptoirs et des stations de charbon disséminés un peu partout sur le Globe, toutes choses qui, le cas échéant et lors d'un conflit armé, deviendraient d'utiles auxiliaires pour le Gouvernement chargé d'organiser la défense. Le commerce international de plus, en rapprochant les nationaux des pays trafiquants, prépare les ententes commerciales qui très souvent, ne sont que le prélude d'ententes et d'alliances offensives et défensives.

Nous aurions bien d'autres choses à dire sur cette question : nous nous arrêterons là cependant ; les explications qui précèdent justifient suffisamment *l'utilité* et la *nécessité* des relations commerciales extérieures d'un pays.

Mais pour se livrer au commerce d'exportation, pour détrôner le producteur indigène sur son propre marché, la condition *sine qua non*, c'est que le concurrent français apporte un avantage au consommateur et à l'acheteur étrangers. Il faut en un mot, qu'il puisse leur fournir son produit à un moindre prix que son adversaire. Il est en effet de toute évidence qu'entre deux métallurgistes l'un français, l'autre allemand, qui sur la place de Berlin offrent le premier son fer à 25 fr., le second à 20 fr., la préférence du consommateur ira à ce dernier ; et le marché allemand sera impitoyablement fermé à notre national, de la même manière que s'il avait à supporter un droit différentiel de 5 fr. (et nous ne comptons pas dans ce chiffre les frais généraux nécessaires pour amener le fer français à Berlin). Ainsi donc, la condition nécessaire mais suffisante du trafic international, c'est que le producteur français puisse vendre au-dessous du prix étranger, et que par conséquent son prix de revient soit *inférieur* au prix de revient de son concurrent. Pour cela il faut : 1° que la matière brute du produit fabriqué ait été obtenue en France à un moindre prix qu'en Allemagne ; 2° que les salaires de toute nature donnés à propos de la transformation, soient inférieurs à ceux payés par le métallurgiste étranger ; 3° Enfin, que le coût du transport du produit fabriqué sur la place, (frais à la charge du seul fabricant français) soit tellement réduits et compensés par d'autres bénéfices, qu'ils ne puissent apparaître dans le prix de vente. Ces trois conditions réalisées, le métallurgiste français se trouve théoriquement en état de concurrencer le fabricant allemand sur son propre marché, puisqu'il produit moins chèrement que lui et peut par conséquent céder au consommateur à un prix moindre, tout en conservant un bénéfice suffisamment rémunérateur. — Etant donnée l'importance du prix de revient dans la concurrence internationale, on conçoit fort bien que le législateur ait dû s'occuper tout particulièrement de le réduire au strict minimum. Qu'a-t-il donc fait pour cela ?

Des trois éléments essentiels précités du prix de revient, éliminons de suite la question des transports. En France cette question malheureusement ne rentre pas ou très peu du moins dans les prévisions du législateur. Et en effet que peut-il y faire ? Comment interviendrait-il ? Pour les transports par chemins de fer son action se trouve nécessairement limitée par l'intérêt des Compagnies concessionnaires. Nous avons bien des tarifs de faveur pour le transport des marchandises, mais ils ne constituent pas ces fameux *tarifs de sortie* en honneur dans les pays où les chemins de fer sont la propriété de l'Etat, en Allemagne par exemple (1).

Quant aux transports par mer, ils sont encore en France relativement élevés comme prix. Cela tient à des circons-

(1) Le Gouvernement allemand pour favoriser une exportation abaisse le prix du transport à des taux absolument dérisoires. C'est ainsi que le 1er octobre 1895, des tarifs spéciaux d'exportation en faveur des céréales et des farines expédiées de l'intérieur à destination d'un port ont été créés sur les lignes de chemins de fer prussiens. Ces tarifs suivent une marche décroissante, ils sont de 1

tances très nombreuses et très complexes, dont les principales sont le mauvais état de notre marine marchande et la rareté des frets de sortie.

De la situation de notre marine de commerce nous ne dirons rien, les subventions inaugurées en 1881 parlent assez éloquemment. Quant aux frets de sortie, ils sont rares et par suite chers. Notre commerce d'exportation se composant surtout d'objets ayant une grande valeur sous un petit volume, les navires partent à moitié vides et exigent dès lors des rémunérations plus fortes que pour des voyages à plein.

Si l'action du législateur est forcément restreinte quand il s'agit des transports, en revanche pour les deux autres éléments du prix de revient : la matière à transformer et la main d'œuvre, il n'en est plus de même, son intervention est ici effective et réelle ; et c'est de cette intervention disons-le de suite, que va apparaître l'Admission temporaire.

Tout produit achevé et fini suppose, cela est bien évident, une matière que l'on a transformée, et à laquelle une fabrication plus ou moins habile a donné une utilité sociale et par suite une valeur plus ou moins grande (1). Mais cette matière brute a elle-même une valeur intrinsèque dépen-

mark par 100 kilomètres pour un parcours de 400 kilom., de 2 marks pour un parcours de 622 kilom., de 3 marks pour 844 kilom., de 3 marks 70 pour 1000 kilom., etc.

(1) On peut distinguer les matières premières : en matières premières brutes et en matières premières proprement dites. Les matières brutes seraient les produits tels que l'agriculture ou les industries extractives les livrent à l'industrie manufacturière, par exemple le lin et le chanvre comme l'agriculteur les sort de son champ et avant les opérations de teillage et du rouissage ; par exemple encore le minerai avant son passage dans le haut fourneau, les peaux, la houille, etc. Les matières premières proprement dites, au contraire, seraient le produit déjà façonné et non plus à l'état rudimentaire, tel la gueuse de fonte, le fil de lin, la peau tannée, etc. Ce n'est là qu'une distinction purement fictive, car comme

dant de la loi de l'offre et de la demande, et si dans un pays on trouve en *abondance* cette matière brute, par exemple le minerai de fer, il est certain que le prix de ce minerai y sera beaucoup moins élevé que dans le pays voisin où par hypothèse, sans manquer absolument il ne peut suffire à la demande qui en est faite. C'est, ou du moins ce fut, la situation exacte de l'Angleterre et de la Belgique vis-à-vis de notre pays.

Le minerai étant chez nous plus cher que chez nos voisins, le fer français et la fonte française devaient nécessairement être plus coûteux que les fontes et fers belges ou anglais, et par conséquent être délaissés pour ces derniers sur les marchés internationaux.

De bonne heure, le Gouvernement s'est rendu compte de l'impérieuse nécessité qu'il y avait pour sauvegarder et développer notre commerce d'exportation, de permettre l'approvisionnement facile des matières de transformation que notre sol ne possédait pas ou possédait en quantité insuffisante. C'est même la suspension des droits d'importation grevant les matières brutes importées de l'étranger en France, qui a inauguré la législation douanière de notre pays, c'est-à-dire l'application des principes économiques aux tarifs douaniers, qui jusque-là n'étaient guère que des instruments de représailles et de haine. Le législateur n'osa pas de prime abord (le souvenir de Napoléon Ier et de son singulier régime économique à rebours (1) était encore trop vivace dans les esprits) supprimer les droits à l'entrée des matières premières ; il se contenta de suspendre l'effet du droit au moyen d'un procédé douanier sur lequel nous

on l'a répété tout est matière première d'une industrie au moins dans la nature et les différentes choses sont réciproquement matières premières les unes des autres.

(1) Le Blocus continental (Décrets de 1807 et 1810).

reviendrons bientôt : le Drawback. Peu à peu les idées économiques sortant des chaires des Facultés pour pénétrer au Parlement et dans les sphères officielles, il y eut un mouvement plus accentué que l'Empire libéral ratifia : les traités de 1860 enfin supprimèrent les droits d'importation sur les matières premières.

La franchise de ces marchandises au point de vue des stricts principes se conçoit aisément puisque les objets importés forment un complément d'approvisionnement nécessaire ; à ce titre, ils ne sont pas susceptibles d'influencer la production nationale. Pratiquement d'ailleurs on n'aperçoit pas du tout l'intérêt que l'on pourrait avoir à importer de semblables produits au-delà des besoins de la consommation.

En premier lieu, la valeur des matières transformables, généralement infime, ne laisserait pas une assez grande marge de bénéfices pour l'importateur. En outre et surtout, ces produits bruts sont lourds et encombrants, et coûtent très cher en frais généraux en frais de transport et de transbordement par rapport au rendement net qu'ils laisseront après fabrication. Si l'on réfléchit aux dépenses de toutes sortes qu'il faudra faire pour amener de Belgique à une forge du centre de la France, un poids de minerai suffisant pour fournir une tonne de fonte, on comprend facilement que le métallurgiste importateur préfère ne rien importer du tout, plutôt que de payer le transport des déchets considérables et des corps étrangers à la fonte dont se compose le minerai.

En un mot, il est tout à fait improbable, que l'importation des produits bruts destinés à la transformation, dépasse les besoins de la demande : la nature même de ces matières s'y oppose, et constitue un véritable droit protecteur naturel dont l'effet est toujours respecté.

La franchise à l'importation des matières de transformation a depuis 1860 toujours persisté : le tarif général du 7 Mai 1881 et après lui la loi douanière de 1892 a exempté du droit sans aucune restriction les matières brutes utilisées par l'industrie (peaux, laines, soies, chanvres et lins). Une seule tentative restrictive eut lieu en 1872. C'était au lendemain de la guerre franco-allemande de néfaste mémoire ; l'indemnité des 5 milliards avait ruiné notre Trésor public et pour le remplir tous les impôts anciens avaient été augmentés, et de nouvelles taxes créées. Thiers crut pouvoir sans inconvénient grever à nouveau l'entrée des matières premières, et revenir à l'ancien état de choses ayant existé de 1816 à 1860. La mesure prise dans un intérêt fiscal fut des moins heureuses : l'Angleterre protesta et devant ses menaces de dénoncer le traité de 1860, le Gouvernement dut rétablir l'ancienne franchise, ce qui fut fait par la loi du 26 Juillet 1873. Depuis lors, aucune tentative de retour à l'impôt sur les matières premières n'a été faite.

Avec cette franchise disparaît et s'évanouit le premier grief relatif à l'inégalité de prix de la matière première dans les usines françaises et étrangères. Cela est vrai, mais nous avons vu que l'intérêt du producteur n'était pas de faire venir la matière brute sous cette forme à son usine, car pour certains produits du moins, il paiera des frais de transport considérables sur un déchet qui ne lui servira pas ; qui lui sera même complètement inutile. D'autre part s'il est excellent de mettre la production nationale à même de se procurer ses matériaux de transformation à un prix identique à celui des concurrents internationaux, et par là favoriser ses exportations, la mesure n'a plus d'utilité s'il existe d'autres éléments d'inégalité entre les deux producteurs. Or précisément la différence des coûts de la main-d'œuvre, du prix de la fabrication en France et à l'étranger peut intervenir en ce sens. Si le métallurgiste allemand produit la même machine en payant moins de salaires que son concurrent français, il est bien certain que le prix de revient de ce dernier sera toujours plus élevé et que par suite l'exportation deviendra impossible. Pour ces deux motifs le législateur a autorisé l'importation en franchise des produits dégrossis, ayant reçu déjà une certaine transformation, à demi-ouvrés, selon l'expression reçue. Ainsi au lieu de faire venir un wagon de minerai de fer pour obtenir à peine quelques tonnes de fonte, l'industriel français pourra importer en franchise les gueuses toutes coulées, il économisera de la sorte les frais d'un transport onéreux d'abord, et surtout ceux d'une fabrication plus coûteuse. Il n'est pas douteux en effet que le pays riche en certains produits, consacrera à leur exploitation des capitaux plus nombreux, un outillage plus parfait plus perfectionné que toute autre nation qui ne possède ce même produit qu'en quantité ordinaire, et qui a toujours crainte de voir cesser cette production.

La transformation du minerai en fonte largement organisée dans les centres miniers, coûtera relativement peu à l'industriel de ces régions : ses machines en diminuant le nombre des ouvriers, réduiront le chiffre des salaires qu'il paie, aussi il pourra vendre son produit à bas prix, tout en livrant une excellente qualité. Le métallurgiste français a par suite le plus grand intérêt à importer directement des pays où les usines se spécialisent ainsi sa matière dégrossie et non le produit brut. — Comment pourrait-il autrement concurrencer un adversaire qui a non seulement en abondance sa matière première, mais auquel encore la main-d'œuvre revient à très peu de chose. Ce serait une pure folie et une erreur économique grossière.

Ainsi, le législateur français désireux de permettre la concurrence à nos fabricants et producteurs nationaux sur les marchés étrangers avait autorisé la franchise des importations de marchandises demi-ouvrées ; mais une difficulté appparaissait de suite, et d'une nature telle qu'elle devait donner à réfléchir. En introduisant ainsi des fabrications ébauchées n'allait-on pas contracter le marché intérieur ? En effet il ne faut pas perdre de vue que des droits de douane protégeaient les productions similaires françaises, que le pays avait des maîtres de forges qui, pour extraire de la fonte plus chèrement que leurs rivaux belges ou anglais, n'en produisaient pas moins un produit excellent, exclusivement employé sur le marché national. En faisant entrer des fontes étrangères coûtant bien moins on ruinait ces industries, car il était certain que les matières ainsi importées ne sortiraient pas toutes après fabrication, et qu'au contraire les constructeurs français les préféreraient aux fontes nationales à raison de leur bas prix et de leur excellente qualité. Il y aurait eu dès lors antagonisme complet entre la protection due aux industries françaises et l'intérêt du développement de nos exportations ; pour faire l'accord il fallait trouver le moyen *d'assurer la sortie des mêmes produits* entrés en franchise, et ce moyen : l'Admission temporaire l'a fourni. Dès maintenant nous pouvons donc considérer le *principe* sur lequel est fondé l'Admission temporaire comme : « *une conception économique essentiellement nationale, d'après laquelle, tout en maintenant aux industries françaises similaires la protection à laquelle elles ont droit, on favorise le développement du commerce d'exportation en lui permettant de s'approvisionner en franchise des matières premières déjà façonnées dont il a besoin, et dans le pays où elles y sont au meilleur marché.* »

L'opération en douane dite « Admission temporaire » ne constitue dès lors qu'un simple procédé douanier ; c'est la manifestation extérieure et sensible du principe, mais ce n'est pas le principe lui-même, et l'on peut très bien concevoir une autre forme, une autre « extériorisation » de ce principe. Aussi quand on veut étudier ce régime douanier, doit-on commencer par faire une distinction entre l'idée *substratum* d'une part et le moyen d'exécution de l'autre. Si le procédé est discutable, s'il fonctionne mal, on peut, on doit le critiquer et ce sera l'objet de cette étude, on doit surtout chercher à l'améliorer sinon à le modifier ; mais le principe lui est intangible, il est immuable, il constitue une donnée économique constante. Voilà ce que n'ont pas voulu comprendre certains théoriciens dominés, les uns, par l'idée protectioniste, les autres par la thèse libre-échangiste, et logiquement, puisque le principe n'existait pas pour eux, l'application ne devait reposer sur rien que sur une simple convenance du législateur, convenance d'ailleurs que, très légitimement, ils ont repoussée, en la traitant d'expédient douanier.

L'Admission temporaire en soi n'est que l'application d'un principe que nous connaissons. C'est une application complètement indépendante qui existe aujourd'hui, mais qui demain pourrait parfaitement céder la place à un autre procédé. La meilleure preuve, c'est que l'Admission temporaire a déjà remplacé une première formule « le Drawback ». C'est la loi de douane du 5 juillet 1836 qui, dans son art. 5, a inauguré la pratique de l'Admission temporaire en autorisant la franchise des produits semi-ouvrés importés de l'étranger. Celle des matières premières brutes (alors soumises à une taxe d'entrée) s'accordait déjà, au moyen du Drawback ; mais à partir de cette loi de 1836, on ne fit plus de distinction et l'Admission temporaire put également être revendiquée pour les matières non dégrossies et à l'état d'extraction. En 1860, enfin, la franchise absolue d'importation fut concédée à ces produits bruts.

Le Drawback n'était pas l'idéal loin de là ; il était nécessaire, son emploi était jugé indispensable pour les intérêts généraux du pays, mais il constituait un procédé peu pratique. Le Drawback (du mot anglais to draw, tirer, back arrière) correspond à un acquit du droit avec restitution intégrale à la sortie. Le produit étranger en entrant en France paie le droit porté au tarif ; s'il ressort par la suite la Douane rembourse ce qu'elle a perçu, au cas contraire, c'est-à-dire quand l'importation étrangère est consommée en France, le droit demeure acquis au Trésor. Cette combinaison à première vue paraît excellente : d'un côté le producteur français se trouve protégé, le produit similaire étranger ressortant du pays ; de l'autre, l'exportateur national est mis à même de manufacturer, à son prix coûtant, la matière première importée ; toutes les garanties exigées y sont donc. Le Drawback cependant a été très critiqué en tant que fonctionnement ; c'est même ce qui l'a fait supprimer. On lui reproche tout d'abord sa complexité : la Douane a une comptabilité assez délicate à tenir par elle-même sans que l'on vienne encore compliquer ses écritures de mentions de versements purement fictives qui surchargent les budgets, de recettes et de dépenses imaginaires. A un autre point de vue, le dépôt du droit dans les caisses de l'Administration ne profite à personne, au contraire, il y a de ce chef un véritable préjudice pour l'importateur qui est contraint d'immobiliser une somme parfois importante. Mais ce qui fit surtout écarter le Drawback ce sont les difficultés de constatation d'identité (1) de la matière importée, dans le

(1) Cf. P. Cauwès, sur la question du Drawback, 3e édit., t. II, 1893, p. 252 et suiv., et pour les inconvénients pratiquement démontrés

produit fabriqué. Il arrivait que le Trésor pour toute une catégorie de produits payait souvent plus qu'il n'avait reçu et cela quand l'industriel ressortait une fabrication obtenue avec une matière première tirée de l'industrie française, et moins taxée que celle importée.

Dans l'opération de la saponification par exemple, le fabricant importait sous le régime du Drawback de l'huile d'olive, et il sortait des savons obtenus avec une très grande proportion de graisses animales. Ajoutons que même loyalement le rendement réel de la fabrication pouvait être supérieur au rendement présumé, d'où une autre possibilité de fraude (1).

La loi de 1836 remédia à ces défauts ; à l'heure actuelle le Drawback a complètement disparu de notre législation douanière malgré les efforts tentés en 1872 et 1891 pour le rétablir ; l'unique application qui est faite aujourd'hui de ce procédé est relative à une taxe de consommation. Quand l'on exporte des viandes salées et des beurres salés, on dégrève les produits de la taxe qui a été perçue sur le sel employé à leur préparation (loi du 7 Juin 1820, art. 9, ord. du 22 Juin 1820, art. 2. — Loi 7 Mai 1826, art. 8, ord. 23

pour chaque catégorie de produits se reporter aux discussions du tarif de 1892 notamment aux séances de la Chambre des députés des 30 avril, 30 mai, 1er juin 1891 (Disc. Lavertujon). Egalement on trouvera des détails intéressants dans les rapports spéciaux faits sur les différents produits pour lesquels on proposait le Drawback ; ces rapports sont contenus aux pages 235, 239, 246, 247, 253, 293, 306, 525, de la Publication du Ministère du Commerce. Tarif général des douanes, t. I. (Projets de loi et Rapports à la Chambre des députés).

(1) M. Viger à la Chambre des Députés (séance du 3 avril 1891, rappelait avec beaucoup d'à propos, la spirituelle mais mordante plaisanterie du romancier E. About, qui dans l'un de ses romans met en scène plusieurs aigrefins en conciliabule important, pour discuter le meilleur moyen d'extraire de l'argent des poches de leur prochain. Après avoir examiné différentes combinaisons, l'un d'eux pousse l'eureka génial : « Hé bien, dit-il, nous monterons une fabrique de sucre et nous exploiterons le Drawback. »

Novembre 1825, art. 1, Décret 19 Fév. 1868, art. 1, Décret 23 Janv. 1877, ord. 28 Juillet 1840, art. 2) (1).

Les inconvénients du Drawback ont-ils directement provoqué son remplacement par le régime de la *loi de Juillet 1836*, ou au contraire la suppression de ce procédé ne s'imposa-t-elle pas pour des motifs encore plus plausibles ? Nous ne saurions le dire exactement ; mais ce qui est certain, c'est que le régime de l'Admission temporaire a toujours été tenu, aussi bien à l'époque que de nos jours, pour une « amélioration et une extension plus pratique du Drawback ».

En 1891, lors de la discussion du tarif douanier, M. Pallain, directeur général des Douanes appelait l'Admission temporaire « un Drawback simplifié » ; il est vrai de dire que M. Méline répliquait que c'était le Drawback qui était « une Admission temporaire simplifiée ».

M. Rouher à la séance du Sénat du 14 Janv. 1870 (Officiel du 15) ne faisait aucune différence théorique entre le Drawback et l'Admission temporaire : « L'Admission temporaire, disait-il, peut avoir, et elle a eu tour à tour et concurremment deux formules et deux expressions dans notre législation douanière. Tantôt on a exigé de l'importateur le paiement à l'entrée des droits qu'on lui restituait à la sortie, tantôt on a fait les choses d'une manière plus simple, on a permis, au produit d'entrer en franchise sous la condition de sortir, mais sans lui faire aucune restitution puisqu'il n'avait fait aucun paiement. L'Admission temporaire en franchise et l'entrée et la sortie avec Drawback sont de *véritables synonymes* ».

(1) On parle quelquefois encore d'un prétendu Drawback inauguré par l'art. 13 de la loi des douanes du 11 Janvier 1892 pour les tissus de coton ; c'est une expression très impropre, nous le verrons en examinant ce procédé spécial de l'art. 13.

Nous n'insisterons pas davantage sur ces idées : qu'il nous suffise de répéter que l'Admission temporaire n'est pas un procédé douanier particulier et indépendant, qu'elle a déjà eu un précédent dans les Drawback et qu'on pourrait fort bien concevoir, soit le retour à ce régime, soit même une nouvelle combinaison douanière qui ferait application du principe économique que nous venons d'indiquer plus haut.

C'est seulement en s'inspirant de la notion du développement du pays qu'on apercevra le rôle bienfaisant de ce régime douanier, dont l'action essentiellement conciliatrice, est d'accorder deux intérêts absolument divergents et contradictoires, celui du marché national, et celui des industries et du commerce d'exportation. En un mot, le rôle théorique de la franchise d'importation, telle qu'elle résulte de la loi de 1836 est d'accoupler la Protection et le Libre-Echange qui par eux-mêmes ne sont que des formules dépourvues d'une application pratique, dans une fusion harmonieuse qui procurera au pays une véritable économie nationale.

La conclusion de tout ceci (et nous ne faisons que l'indiquer en passant, nous réservant d'y revenir), c'est que supprimer l'Admission temporaire n'est pas chose aussi facile qu'on le pense à raison de la lacune économique considérable que cela produirait dans la vie nationale.

En supposant même que les applications de l'art. 5 de la loi du 5 juillet 1836 fussent mauvaises, la solution ne serait pas de faire de suite table rase du système par *a priori*, mais bien d'examiner très soigneusement de quel côté on trouverait la plus grande somme d'avantages et de profits économiques ; c'est une question de juste milieu avant tout et aussi de conciliation et d'entente entre les intéressés.

Pour en terminer avec ce chapitre, disons quelques mots

d'une objection très spécieuse, suivant laquelle l'Admission temporaire constituerait une suppression purement arbitraire du droit d'importation et par suite une faveur injustifiée accordée aux bénéficiaires de ce régime. Nous remarquerons que nous ne discutons pas ici l'argument en tant qu'argument protectioniste, nous considérons l'objection comme ayant une portée générale. Or, cette affirmation est théoriquement erronée : l'Admission en franchise temporaire faisant en effet application d'un principe de droit fiscal qui a existé avant elle, qui subsiste concurremment à elle et qui lui survivra très vraisemblablement. C'est une règle fondamentale de la législation financière, que l'impôt n'est dû que par le consommateur et seulement à l'occasion d'une consommation. Le terme même sous lequel on désigne ces impôts (impôts de consommation) en est bien la preuve (1). Si donc un industriel quelconque, désireux de donner une certaine façon à une marchandise étrangère pour la réexpédier ensuite, demandait à la Régie la franchise d'importation, celle-ci ne pourrait s'y refuser car l'élément du droit : la consommation à l'intérieur du pays, ferait ici défaut. Or cette hypothèse est précisément celle de toute opération d'Admission temporaire.

Ce qu'un importateur quelconque a le droit d'exiger de la Douane sans aucune formalité préalable, le soumissionnaire de l'Acquit qui lui, s'est lié par un véritable *vinculum juris*, devrait à plus forte raison l'obtenir. Le bénéficiaire du pouvoir d'importation en franchise temporaire ne donne qu'un supplément de main-d'œuvre en même temps qu'une plus-value à la chose qu'il importe, plus-value qui sans doute est à l'avantage du pays, mais qui

(1) Cf. Ducrocq, *Cours de Droit Administratif*, 1881, 6e édit., T. 2, p. 281.

cependant ne ressemble en rien à une consommation ; pour ces motifs, il ne saurait donc y avoir lieu à imposition à l'entrée.

Le procédé de l'Admission temporaire en l'espèce, possède tous les effets d'une réglementation fiscale, et ne constitue en aucune façon une mesure d'opportunité et de circonstance.

Cette remarque était importante à faire pour bien spécifier que, si la franchise d'importation prévue dans la loi de 1836 est l'application d'un principe économique, elle est également conforme aux théories de l'impôt et de la législation financière du pays.

Nous ajouterons d'ailleurs que ces franchises d'importation ne sont pas exclusives et spéciales à l'Admission temporaire : la législation douanière nous en offre au moins deux autres applications, toutes deux antérieures à la règlementation de 1836 ; nous voulons parler des Entrepôts et du Transit.

Les marchandises entreposées sont en vertu d'une fiction d'exterritorialité, réputées être hors de France, et tant qu'elles demeurent à l'entrepôt, aucune taxe n'est *due* et ne *peut être* valablement perçue (1).

Quant au transit, c'est la faculté de transporter *en franchise* par notre territoire, des marchandises étrangères qui d'après le droit commun seraient passibles d'une taxe d'entrée. Le législateur a considéré ici, que si l'importateur consent à se conformer à certaines oblgations justifiant que la marchandise *transite* sans *rester dans la consommation,* il ne saurait y avoir lieu à imposition.

A ce propos on a soutenu que l'Admission temporaire n'était au fond qu'une combinaison adroite du transit et de

(1) Cf. Dubron, *Docks et Warrants*.

l'entrepôt : un transit à temps sous condition de fabrication et de transformation. Jusqu'à un certain point l'analogie est complète quoique osée.

Pour fortifier notre argumentation nous avons encore à rappeler le dernier Drawback subsistant sur les salaisons et les beurres exportés ; ce remboursement prouve à l'évidence et plus que tout le reste, que l'impôt ne peut être dû qu'à raison d'une consommation. Le sel est soumis à une taxe intérieure de consommation qu'acquitte l'acheteur en se fournissant de ce produit ; or si cet acheteur vient par la suite prouver à l'Etat que ce sel sera consommé en dehors de la France, qu'il a servi à des salaisons destinées à l'étranger, le droit versé lui est remboursé immédiatement.

Ces faits « de pratique douanière » sont suffisamment probants par eux-mêmes, cependant nous ne résistons pas au désir de rapporter en terminant le raisonnement tenu au Sénat par un brillant ministre du second Empire, M. Rouher, sur la question qui nous occupe (1).

L'orateur voulant prouver la légitimité des franchises d'importation dans la loi de 1836, faisait une comparaison entre l'Admission temporaire et ce qui se passe pour la législation des octrois. Après avoir au préalable montré que les octrois des villes forment autant de petites douanes locales employant les mêmes mots et les mêmes formules que les douanes des frontières (acquit-à-caution, passavant, etc.) il arrivait au principe du fonctionnement du droit. Il constatait alors que la règle admise dans cette législation des octrois, c'est que tout produit qui pénètre dans la ville sans idée de perpétuelle demeure, a droit à sa sortie au remboursement de la taxe de consommation acquittée à l'entrée. — Or, disait M. Rouher, pourquoi ce

(1) Sénat, séance du 14 janv. 1870, *Officiel* du 25.

qui se fait dans une fraction déterminée du pays, n'existerait-il pas également dans le pays tout entier? Entre les deux ordres de fait aucune différence n'apparaît! L'observation de M. Rouher était des plus fondées et des plus justes.

Nous sommes donc autorisés à déclarer que l'Admission temporaire n'est pas une dérogation aux tarifs douaniers d'importation qui peuvent exister dans un pays : l'Admission temporaire ne fait qu'appliquer l'une des règles fondamentales de la législation fiscale.

Voilà terminé l'exposé des quelques notions préliminaires que nous avions à présenter ; c'est si l'on veut la théorie du système des Admissions temporaires, après laquelle nous pouvons en toute sûreté aborder la pratique et le fonctionnement de ce régime.

CHAPITRE PREMIER

Définition, nature et règles générales de l'Admission temporaire.

Nous définissons l'Admission temporaire : un *procédé douanier*, qui permet l'importation *en franchise* de certaines marchandises soumises à des droits d'entrée ou grevées de *surtaxe d'entrepôt ou d'origine*, moyennant un *engagement* pris sous caution de les *réexporter* ou de les *mettre en entrepôt* dans un *certain délai*, après qu'elles auront reçu une *main d'œuvre ou une fabrication* quelconque de l'une des industries nationales.

Avant de reprendre en les développant les différents termes de cette définition, nous ferons quelques observations préliminaires.

M. Rouher déclarait en 1870, à la Tribune du Sénat (1), que l'Admission temporaire pouvait s'exercer de deux façons : ou par un étranger qui envoie ses produits en France dans le but de les transformer, de les compléter et de les ramener à son usine, ou par un Français, un régnicole qui achète lui-même les produits étrangers, les travaille, les perfectionne et les réexporte ensuite.

Au point de vue du fonctionnement pratique, cette double conception de l'Admission se réalise en effet ; et on ne peut s'opposer à ce qu'un Allemand ou un Anglais envoie une marchandise en France pour s'y faire manufacturer. Au regard de la Douane, l'opération est identiquement la

(1) Séance du 4 janvier 1870, *Officiel* du 15.

même que s'il s'agissait d'un industriel français qui importait son produit brut ou à demi-ouvré de l'Allemagne ou de l'Angleterre pour le réexporter ensuite complètement ouvragé. Relativement aux bénéfices de l'opération, il est certain également que la main d'œuvre nationale gagnera tout autant que s'il s'agissait d'une importation temporaire pour le compte d'un Français. Au point de vue des principes, malheureusement, l'opération première façon, signalée par M. Rouher, est loin d'être conforme aux notions théoriques que nous avons indiquées dans le chapitre précédent.

Le procédé douanier de l'Admission temporaire est une mesure essentiellement nationale, destinée à favoriser les exportations nationales, à rendre possible au fabricant français la lutte sur les marchés extérieurs concurrents. L'importation en franchise temporaire ne devrait théoriquement être concédée qu'aux producteurs du pays qui justifient d'une inégalité par rapport aux prix de revient à l'étranger. Au lieu de cela, avec le mécanisme que nous critiquons, cette franchise a pour but et pour effet de suspendre le droit en faveur de la production étrangère concurrente : elle devient ni plus ni moins une mesure internationale, et elle accentue encore davantage l'inégalité entre le producteur français et le producteur étranger. Prenons une espèce.

Voici un métallurgiste allemand qui est à la fois producteur de fonte et constructeur de machines. Sa fonte ne lui coûte presque rien ; comme fabricant, il a une certaine notoriété sur les places étrangères, mais, pour une cause quelconque, il y a une ou plusieurs pièces qu'il ne peut réussir, et qui sont au contraire une spécialité française (1).

(1) Ainsi présenté, l'argument peut sembler purement théorique ; cependant il a une valeur pratique plus grande qu'on ne le pense,

S'il achetait lesdites pièces dans notre pays il les paierait très cher ; il préfère introduire en France en Admission temporaire, la machine incomplète, puis il la réimporte une fois que la pièce en question y a été adaptée par les mains et le travail de nos ouvriers. Ainsi donc, grâce à la franchise temporaire il lui est possible de construire sa machine à très bon compte, et surtout de faire concurrence au constructeur français, avec ses propres produits. Le constructeur national aura peut-être gagné 5 en manufacturant la fonte étrangère importée par le constructeur allemand ; mais par la concurrence que ce dernier lui fait, il a perdu 10, 15 et parfois plus, au point de vue des ventes et des débouchés.

D'une façon générale du reste, on peut dire que la libre pratique des Admissions temporaires par les industriels étrangers, et une très mauvaise chose au point de vue de nos spécialités françaises. On donne toute facilité au producteur d'une matière première moins coûteuse qu'en France de s'approprier nos marques nationales. On lui dit (en raisonnant sur une hypothèse qui s'est effectivement produite), nous autres, nous ne pouvons obtenir que très chèrement le tissu brut pour l'impression, en revanche la finesse le coloris de cette impression permet de compenser avantageusement l'inégalité de prix de la matière première; eh bien envoyez dans nos usines vos tissus, nous leur ajouterons cette façon qui est notre gloire et qui nous permet de lutter avantageusement avec vous ; envoyez vos matières premières, nous leur donnerons le fini et la perfection qui constitue la marque distinctive de nos fabrications, et ces marchandises de retour chez vous pourront passer

et pour un objet de fabrication très courante de nos jours, la bicyclette et les vélocipèdes en général, il fut un temps où certaines parties délicates des machines ne se fabriquaient qu'en Angleterre.

pour des produits *essentiellement* français : cela nous fera une concurrence de plus il est vrai, mais qu'importe ? Voilà les principales conséquences de l'Admission temporaire pratiquée par l'étranger chez nous et ce ne sont pas les seules, il serait bien facile de signaler d'autres inconvénients économiques de ce procédé douanier à rebours. La conclusion se tire d'elle-même : c'est que l'Admission temporaire devrait être uniquement l'apanage des producteurs nationaux.

Malheureusement cette conception doit rester dans le domaine de la théorie pure, car pratiquement l'on se heurte à l'exigence des faits : comment en effet assurera-t-on la réalisation de cette idée ? les importateurs étrangers prendront des mandataires, des agents en France ou même, moyennant une commission légère, s'entendront avec des usines françaises et la Douane ne s'apercevra de rien. On s'explique que M. Rouher ait donné cet emploi comme une pratique naturelle et toute simple du bénéfice de l'Admission temporaire, car il était libre-échangiste (1).

(1) Ce procédé que nous venons de critiquer représente pour l'étranger qui en bénéficie une véritable « Exportation temporaire » à condition bien entendu que la marchandise transformée, lui revienne nette de tout droit d'entrée, c'est-à-dire au titre de « marchandise nationale ». Ainsi comprise, on conçoit que cette opération essentiellement mauvaise lorsqu'elle est faite par nos concurrents contre nous, constitue au contraire une mesure très avantageuse aux mains de nos propres producteurs. Il se peut en effet que pour certaines fabrications nous ayons une infériorité marquée sur les fabrications similaires étrangères, or n'est-ce pas une habileté d'employer nos rivaux eux-mêmes à faire disparaître, cette inégalité, tout en maintenant au produit son caractère de produit d'origine et de fabrication françaises. La pratique des « Exportations temporaires » n'a fonctionné qu'une seule fois en France et encore d'une façon tout à fait provisoire. La loi du 9 décembre 1872 autorisait la rentrée en franchise des tissus français exportés en Alsace-Lorraine pour l'impression ou la teinture ; cette loi, purement de circonstance, était intervenue à la suite de la Convention du 12 octobre 1871 pour empêcher

C'est la première remarque que nous avions à faire au début de ce chapitre consacré à l'étude des Règles Générales et du fonctionnement de l'Admission temporaire.

Une seconde observation relative à la valeur du terme « Admission temporaire » s'impose non moins nécessairement.

Le langage courant aussi bien économique que commercial a vulgarisé, ce mot « Admission temporaire » et lui a donné force d'usage, cela est certain ; mais au point de vue de l'exactitude de l'expression et de la propriété des termes, il y aurait beaucoup à dire.

Quand on parle des « Admissions temporaires » sans rien de plus, on est toujours en droit de penser soit aux opérations du transbordement, soit au transit international, etc. ; ces pratiques douanières constituent en effet autant d'Admissions *temporaires* en *franchise* de droits.

L'expression : « Admission en franchise temporaire » n'est pas meilleure, car la même confusion est possible.

une crise trop forte et permettre la reconstitution de l'industrie textile de l'Est désorganisée par la cession à l'Allemagne de son principal centre, Mulhouse et l'Alsace-Lorraine.

Depuis, aucune nouvelle application de l'Exportation temporaire n'a été faite en France (voir cependant : *Officiel* du 20 novembre 1872, p. 7143, annexe 1422 ; du 11 décembre 1872, annexe 1451 ; du 8 mars 1873, annexe 1624, p. 1618 ; des 27 et 28 juin 1873, p. 4221 et 4245). Nous devons signaler aussi la tentative du sénateur Claude (des Vosges) à la séance du Conseil Supérieur du Commerce du 3 janvier 1877 (*Officiel* du 27 mai 1877, p. 4050 et suiv.) en faveur de l'impression des tissus. Egalement il fut question d'introduire le procédé des Exportations temporaires dans le tarif douanier de 1881 : mais ces tentatives n'aboutirent pas.

En réalité si l'Exportation temporaire ne fut jamais établie en France d'une façon durable, c'est que précisément nos fabricants excellent à donner aux produits la dernière façon : la qualité de la production française tient avant tout dans le fini et la délicatesse qu'elle revête et qu'aucun industriel étranger ne pourrait mieux lui ajouter.

La formule complète et exacte pour désigner le régime par la loi du 5 Juillet 1836 serait la suivante : « Admission temporaire en franchise de droits, à charge de réexportation après fabrication du produit » ; il est vrai de dire que la longueur de cette définition autorise et légitime suffisamment l'abréviation courante, à condition que dans l'esprit on en sous entende les autres termes.

Les Allemands gens pratiques avant tout ont caractérisé d'un mot la nature et le but de l'Admission temporaire ; il la désignent par l'expression : « Veredlungsverkehr » qui spécifie bien qu'on a fait subir une amélioration à la matière première ; mais cette expression omet d'indiquer qu'il y a une franchise fiscale. Il en est de même en Autriche où le terme officiel est : « Appreturverkehr » qui signifie « trafic d'apprêts ».

Notre dernière observation préliminaire enfin, est relative à l'effet de l'Admission temporaire sur le droit mis à l'entrée des produits étrangers. — Il est très fréquent d'entendre dire que le bénéfice de la loi de 1836 supprime le droit de Douane ; cela est manifestement erroné : l'Admission temporaire ne fait que suspendre son effet, ce qui est bien différent. C'est seulement si toutes les conditions et les formalités exigées sont strictement exécutées et notamment si la réexportation dans les délais a bien eu lieu, que l'effet suspensif de l'Admission temporaire deviendra définitif et par suite suppressif. Il n'y a pas qu'un intérêt théorique à présenter cette observation, on pourrait très bien concevoir en effet qu'une modification dans la législation vint interdire la pratique des Admissions temporaires : or en vertu de ce que nous venons de dire, toutes les opérations commencées sous ce régime devraient théoriquement être interrompues et la taxe serait perçue. Les intéressés n'ont aucun droit acquis et futur, l'effet de l'Admission temporaire est suspensif *ipso jure*, et virtuellement suppressif si aucun empêchement n'agit par la suite.

Ces explications préliminaires données, nous pouvons aborder le commentaire de la définition de l'Admission temporaire.

Tout d'abord l'Admission temporaire est un « *procédé douanier* », nous ne soulignons cette expression qu'à titre de mémoire et, pour rappeler qu'il y a un principe directeur du régime qui fait l'objet de cette étude, principe que nous avons particulièrement examiné au chapitre d'Introduction et qui permet d'appeler l'Admission temporaire, un *procédé* douanier et non un *expédient*.

Ce procédé a pour effet de suspendre la surtaxe d'une part, le droit d'importation de l'autre ; la marchandise passera à la frontière libre et nette de toute charge (sauf les droits de statistique),au même titre que si l'entrée en France n'était protégée par aucun tarif douanier.

Nous devons donner quelques explications sur les surtaxes qui sont ainsi mises à l'entrée des produits étrangers. Les surtaxes ne sont pas des droits protecteurs proprement dits, et celles que le tarif douanier de 1892 en vigueur prévoit (surtaxes d'entrepôt et d'origine) ont pour but de favoriser seulement le commerce d'exportation français en général et la marine marchande en particulier. Le tarif douanier du 11 janvier 1892 dans son article 2 grève d'une surtaxe « tous les produits d'origine extra-européenne importés d'un pays d'Europe ». C'est là ce que l'on nomme la surtaxe d'entrepôt. Cette disposition a été complétée dans le même article par une autre mesure qui affecte d'une surtaxe dite « d'origine » certains produits européens quand ils arrivent d'ailleurs que du pays dont ils sont originaires (1).

(1) Autrefois et particulièrement sous le régime douanier du Pacte

Le bénéfice de l'Admission temporaire est parfaitement applicable à ces surtaxes et la franchise ne fait aucun doute. Une seule exception a été faite pour les blés et orges d'origine extra-européenne importés des entrepôts d'Europe qui pour bénéficier de l'Admission temporaire doivent acquitter la surtaxe d'entrepôt (circul. n° 2607 nouvelle série).

Voilà définis la nature et l'effet de l'Admission temporaire, il reste à en voir les formalités et les conditions. Ces conditions sont au nombre de quatre :

1° L'Admission temporaire ne peut s'appliquer qu'à des produits certains;

2° Il est nécessaire que le produit importé soit susceptible de recevoir un complément de main d'œuvre et une amélioration quelconque, et cela dans un délai déterminé par les réglements pour chaque espèce de produit. Ce délai ne peut être supérieur à 6 mois.

3° Il faut un engagement cautionné constaté par l'acquit à caution.

4° Il faut enfin la réexportation ou tout au moins la mise en entrepôt du produit fabriqué.

Ce sont les 4 conditions nécessaires mais suffisantes de l'Admission temporaire ; nous allons les passer en revue.

I. — *Qualité certaine du produit.*

N'importe quel produit étranger ne peut bénéficier de l'Admission temporaire, cela est bien évident, cela résulte a *priori* du caractère exceptionnel du procédé douanier que nous étudions. Les marchandises admises au bénéfice de

colonial il y avait encore les surtaxes de Pavillon, qui ont définitivement été supprimées de la législation par les lois du 19 mai 1866 (art. 5) et du 28 juillet 1873 (art. 1).

la franchise dans les termes de la loi de 1836 sont peu nombreuses (on en compte une soixantaine environ) ; elles doivent répondre à une qualité spécifique donnée, *spécialement et individuellement* déterminée par l'autorité autrefois exécutive, aujourd'hui législative.

De la qualité spécifique nous ne dirons rien ; outre que nous nous en sommes expliqués dans l'Introduction en parlant des matières premières, c'est le fond même de l'Admission temporaire qui est en cause. Cette pratique supposant une addition de main-d'œuvre et une transformation plus ou moins complète, il s'ensuit que les seuls produits à l'état brut ou inachevés seront spécifiquement aptes à bénéficier du procédé douanier dont s'agit.

Ce n'est pas tout : l'Admission temporaire ne constituant pas une pratique de droit commun, mais au contraire étant une dérogation et une exception aux principes fondamentaux de la législation douanière, il résulte que son application s'inspirera du même caractère exceptionnel et que toutes les marchandises demi-ouvrées étrangères ne sauraient entrer de plein droit en franchise à charge de réexportation. Il faut qu'une disposition *spécialement* et *individuellement* prise intervienne pour chaque espèce de produit que le commerce désire importer sous ce régime.

Cette prescription est formelle, en effet l'article 5 de la loi fondamentale du 5 juillet 1836 s'exprime ainsi : « Des *ordonnances royales* pourront autoriser..... l'importation temporaire des produits destinés à être fabriqués..... » La discussion préparatoire du texte ne laisse d'ailleurs pas le moindre doute sur sa véritable portée. Le rapporteur de la loi de 1836 à la Chambre des Pairs, le comte Roy, s'exprimait ainsi : (1)

(1) Séance 3 juin 1836, *Moniteur universel* du 4.

« Nous devons reconnaître que la rédaction trop générale dont il s'agit (il était question de l'art. 5 du projet) pourrait devenir une occasion d'abus et de faveur ; nous pensons donc que la faculté accordée à l'Administration par l'art. 5, ne pourra être exercée que par *ordonnance royale* légalement promulguée statuant d'une manière générale sans privilège ni acception de personnes. »

Le comte Roy ne trouvait pas encore suffisante cette déclaration et il ajoutait : « Nous désirons aussi, que pour dissiper toutes les craintes des fabricants M. le Ministre du commerce veuille bien désigner dans le cours de la discussion *les objets pour lesquels* le Gouvernement demande la faculté d'autoriser l'importation temporaire. ... »

Le caractère d'exception de l'Admission temporaire résulte très nettement de la combinaison de ces textes ; il est bien certain en effet que si le législateur de 1836 n'avait pas voulu de dispositions spéciales à chaque catégorie de produits à admettre en franchise, il aurait simplement laissé au Gouvernement le soin de faire un règlement général, applicable à tous les cas d'Admission temporaire.

La première partie de l'art. 5 de la loi du 5 juillet 1836 a été remplacée par l'art. 13 de la loi des Douanes du 11 janvier 1892 ainsi conçu, « le bénéfice de l'Admission temporaire ne pourra être accordée à aucune industrie, qu'en vertu d'une disposition législative après avis du comité consultatif des arts et manufactures. » Si l'on conservait le moindre doute sur la portée de l'art. 5 non modifié, la loi de 1892 est on le voit de nature à dissiper toutes les hésitations. Il résulte très clairement de ce texte, que si la loi de 1836 a posé un principe général, à savoir que l'Admission temporaire est de droit, ses différentes applications n'en peuvent toujours en être faites que par disposition législative spéciale individuelle, et non collective.

Les conséquences de cette spécialisation sont importantes. Les industriels ne pourront en effet réclamer le bénéfice de la franchise pour des objets *similaires* et *analogues* aux produits légalement admis à cette faveur, en excipant de cette similitude et de cette analogie. Nous ne croyons pas par exemple qu'un importateur put entrer des cylindres de cuivre pour un travail autre que la gravure, pour leur utilisation à des boites à musique par exemple car, la franchise d'importation n'a été légalement prévue que pour les seuls cylindres de cuivre destinés à la gravure etc....

Nous estimons que c'est là un caractère strictement obligatoire de toute concession d'Admission temporaire, et que toute dérogation pourrait être assimilée à une fausse déclaration et comme telle poursuivie pénalement.

Indépendamment du caractère « d'exception du principe de l'Admission temporaire » caractère qui doit apparaître également dans ses applications, la condition de « spécialisation » des concessions se motive pour d'autres raisons économiques. Il y a tout d'abord un intérêt directement national à restreindre les franchises temporaires à un très petit nombre de produits afin d'empêcher que les étrangers ne se servent de ce procédé pour nous prendre nos marques mationales en même temps que nos débouchés. Cette idée a déjà fait l'objet d'une observation préliminaire dans ce chapitre et nous y renvoyons. Le comte Roy à la même séance du 3 juin 1836 avait d'ailleurs insisté sur cet inconvénient, voici ses paroles : « Sous le prétexte d'objets présentés pour un complément de main d'œuvre, l'Admission temporaire faciliterait sans qu'il fut même besoin pour cela d'aucune fraude, l'importation temporaire d'objets fabriqués à bas prix à l'étranger, qui recevraient en France le degré de perfection qu'ils ne pourraient avoir ailleurs, et lesquels réexportés, détruiraient les débouchés de nos fabriques qui, à égalité de perfection, ne pourraient, à cause du bas prix des objets fabriqués à l'étranger, obtenir la préférence et même supporter la concurrence. »

La spécialisation des Admissions temporaires, surtout depuis qu'elle se trouve assurée par une loi, offre encore de très réels avantages au producteur national et aux industries du pays, de la vitalité et de la prospérité desquelles dépend la richesse d'une nation. Si le bénéfice de la franchise temporaire pouvait être concédé en bloc pour plusieurs catégories de produits, il est infiniment probable qu'on léserait des intérêts nombreux très recommandables au point de vue général. Avec la nécessité d'une disposition particulière à chaque franchise nouvelle au contraire, la demande est mieux motivée, puis il y a des enquêtes et des dépositions plus nombreuses ; on entend les intéressés avec moins de hâte ; leurs représentants interviennent plus sûrement dans les discussions aux Chambres : bref il y a une garantie morale d'examen du bien fondé de la demande de concession, qui n'existe certainement pas dans un projet en bloc.

Voilà la première condition de toute Admission temporaire : c'est qu'il s'agisse d'un produit *certain*, d'abord quant à son genre spécifique, ensuite quant à sa spécialisation légale.

II. — *Condition de transformation et de fabrication*

Cette seconde condition n'est en somme que le développement, la contre-partie si l'on veut de la qualité spécifique. Il faut que le produit que l'on entre soit susceptible d'être manufacturé, de recevoir une main d'œuvre, ou mieux, en langage économique, une utilité sociale nouvelle.

Bien entendu, cette modification spécifique doit constituer une amélioration et donner une plus-value au produit travaillé ; c'est là une idée qui se justifie d'elle-même. Mais quelle devra être la marge de cette plus-value : y a-t-il une règle quelconque ? Non, aucun taux de survaleur n'est établi, et bien à raison selon nous : vouloir fixer un chiffre eut été rendre impossible dans bien des cas l'emploi de l'Admission temporaire. La loi douanière de janvier 1892 a procédé au contraire avec une très grande largeur de vues, elle ne s'est pas plus attachée au degré de transformation qu'à la valeur de l'utilité nouvelle incorporée. La latitude la plus grande est accordée et la plus infime main d'œuvre suffit à réaliser la condition exigée ; ainsi le fait d'entrer des fontes brutes et de les couler ensuite pour en fabriquer du lest pour navire, des bornes kilométriques ou des obus et des projectiles, etc., constitue une transformation suffisante.

Si l'obligation de manufacturer la marchandise n'est astreinte à aucune règle quant à sa valeur et à son degré, en revanche, des conditions d'exécution et des délais lui sont impartis et cela d'une façon très rigoureuse.

Il y a tout d'abord certaines formalités à accomplir, certains moyens d'exécution à observer ; tout cela résulte des décrets ou des lois de concession de la franchise temporaire, des règlements d'application de ces décrets ou de ces lois, des circulaires ministérielles, des circulaires et lettres de l'Administration des Douanes, etc... Bien entendu nous ne nous attarderons pas à cet examen : il nous faudrait pour cela passer en revue les divers cas d'Admission temporaire, ce qui serait fastidieux et absolument inutile. Disons simplement que certaines fabrications ne peuvent se faire qu'au siège d'un bureau de douane, d'autres seulement à proximité d'un laboratoire officiel. De même l'Administration peut obliger l'industriel à se servir d'un procédé donné à l'exclusion de tous autres, c'est ainsi que l'épuration des huiles d'olives se fera en chauffant ces huiles dans des récipients en bois doublés de fer blanc et en les filtrant ensuite à travers une épaisse couche de coton. (Lettre commune du 31 mars 1882).

Le travail de fabrication ou de transformation ne peut durer indéfiniment, il y a des délais à observer. C'est là une obligation très rationnelle que le principe sur lequel repose l'Admission temporaire justifierait à défaut de toute autre idée. Si en effet l'importateur pouvait à son gré ressortir le produit en franchise, sans avoir aucune limite préfixée passé laquelle il encourrerait la déchéance, il y a de fortes présomptions (pour ne pas dire des certitudes) pour qu'il conservât définitivement dans la consommation intérieure ledit produit. Que serait alors devenue la protection accordée aux industries similaires nationales ? Le rôle du législateur était donc de prévenir un pareil vice du système et de fixer un délai à la fois assez étendu pour ne pas rendre la fabrication défectueuse à tous points de vue, et cependant suffisamment bien combiné, pour que le produit ne restât pas dans le pays d'importation aussitôt la main d'œuvre incorporée. Le législateur de 1836 n'a pas cru devoir fixer de délai pour les différentes applications, il s'est contenté de prescrire un maximum de 6 mois qui ne peut être dépassé ; c'est à l'autorité qui autorise chaque concession d'Admission temporaire de voir quels sont les délais utiles. Elle prend pour cela les conseils du Comité consultatif des arts et manufactures qui lui, possède tous les éléments voulus d'appréciation. Les délais actuels de transformation (c'est-à-dire par le fait de réexportation) varient de 1 à 6 mois ; mais pour être exact il faut dire que l'Administration des Douanes accorde des sursis quand la bonne foi des demandeurs lui paraît justifiée. Quand nous en serons à l'examen de la formalité de réexportation nous dirons quelques mots du caractère juridique de ce délai.

III. — *Soumission cautionnée* (*Acquit-à-caution*).

Au point où nous en sommes de nos explications, d'ores et déjà nous pouvons considérer l'Admission temporaire comme un procédé douanier d'une application excessivement délicate, d'un mécanisme particulièrement compliqué. Ce n'est pas impunément que l'on donne au particulier le droit exorbitant de s'affranchir des taxes douanières, on peut toujours craindre qu'il n'abuse de cette bienveillante concession et n'en profite pour frauder le Trésor, et annihiler dans une certaine mesure le droit compensateur. Aussi, le législateur, en autorisant l'Admission en franchise temporaire a dû se prémunir contre la mauvaise foi et la déloyauté possibles et exiger du concessionnaire certaines garanties ; de là, la soumission cautionnée.

Le législateur s'adresse à l'industriel et lui tient ce langage : je vous accorde un avantage, j'abaisse pour vous les barrières douanières, il est donc juste que vous me donniez l'assurance formelle de votre sincérité et que la brèche au régime douanier que je consens en votre faveur, n'aura aucune répercussion nuisible sur la protection due aux autres nationaux. En conséquence, vous me souscrirez l'engagement formel de vous conformer à toutes les prescriptions légales ou réglementaires exigées pour l'Admission temporaire, vous prendrez cet engagement solidairement et conjointement avec une caution, enfin vous le formulerez par écrit dans un titre authentique, moyennant quoi, moi législateur, j'autoriserai l'entrée en franchise de vos produits (1).

C'est à l'industriel qui veut entrer une marchandise étrangère en France pour lui donner une façon et la réexporter ensuite, de demander le bénéfice de la l'Admission temporaire ; mais, en aucun cas, cette concession ne saurait lui être refusée.

Dès que l'impétrant, qui n'a encouru aucune déchéance, s'engage à exécuter les différentes conditions et formalités prescrites, la Douane doit délivrer le permis d'importer en franchise, cela devient une véritable obligation pour elle. Et en effet, le régime de l'Admission résulte d'une loi ; c'est une disposition législative qui autorise la franchise pour chaque espèce de produit ; or la loi a un effet général, et tout citoyen a le droit strict d'en réclamer l'application à son profit. Nous pensons même que puisque nul texte (exception faite cependant pour les métaux désignés par le décret du 15 février 1862 et quelques autres produits comme les noisettes pour l'extraction de l'huile, circulaire n° 2138 et 2573, série nouvelle) ne prescrit la qualité personnelle d'industriel ou de fabricant, chez le bénéficiaire de l'acquit-à-caution, *toute personne* peut demander un permis d'importation et importer en franchise, pourvu qu'elle satisfasse par la suite aux conditions de transformation, par elle-même ou par un tiers.

La Douane d'ailleurs n'a aucune initiative en l'espèce, elle n'est qu'un agent d'exécution sans autorité propre. Son rôle est des plus simples : c'est celui d'un mandataire,

(1) Notons le bien, la soumission et l'acquit-à-caution n'ont pas été créés spécialement par la loi du 5 Juillet 1836, ils existaient très antérieurement à cette loi dans la législation douanière générale. Il en est ainsi toutes les fois qu'une franchise du droit est accordée : on a l'acquit à caution de transit, au même titre que celui d'Admission temporaire.

elle exécute passivement les ordres de la loi, elle assure l'accomplissement des formalités légales prescrites, mais elle n'a pas la possibilité d'y substituer sa propre volonté (conformément aux règles générales du mandat, art. 1989 et 1998 du Code civil) surtout pour refuser la concession d'un bénéfice concédé de droit à tout le monde.

La Douane bien entendu a le devoir de s'entourer des garanties les plus nombreuses possibles, cela ici est d'autant plus important, qu'il pourrait se produire des fraudes de nature à léser le Trésor public : la soumission cautionnée a pour but précisément de parer à ces inconvénients.

L'engagement de l'importateur doit nécessairement être cautionné par un tiers qui s'oblige conjointement et solidairement avec le débiteur principal.

Cette garantie n'a rien d'exceptionnel, au contraire c'est le principe général en législation douanière, toutes les fois que le Trésor public accepte un débiteur. L'Etat exige bien de notre part une absolue confiance en sa solvabilité, mais lui, il tient tous les particuliers en suspicion et se défie de leur bonne foi. La solidarité des débiteurs autorise la Régie, en cas d'inexécution de l'une quelconque des obligations du bénéficiaire, de poursuivre soit le débiteur principal, soit la caution : les règles du droit civil sont ici complètement et de plein droit applicables (art. 2011 et suiv. et 1200 du Code civil).

En règle générale, la Douane n'accepte qu'une seule caution, il n'y a d'exception que pour les Admissions temporaires des sucres et des cacaos destinés à la fabrication du chocolat (circul. du 31 janv. 1861, n° 728, nouvelle série).

Les règlements particuliers du service des Douanes exigent encore certaines qualités de la caution, mais nous n'avons pas à entrer ici dans les détails de ces prescriptions.

La soumission cautionnée de l'importateur, on peut en

juger, constitue un engagement de droit strict, pour lequel un garant est requis et aussi un titre : l'acquit-à-caution (1). L'acquit cependant n'est pas un élément essentiel du contrat, l'obligation est valablement formée sans lui : le consentement de l'importateur suffit à l'obliger, à le lier, à créer le *juris vinculum* ; le titre n'est qu'une pure condition de forme sans effet sur le fond, sur l'accord des volontés.

Il est donc inexact de raisonner sur l'acquit-à-caution, quand on traite de l'Admission temporaire, et de dire par exemple : j'ai apuré mon acquit de blé par tant de kilogrammes de farines, pour exprimer que l'on s'est délié, ainsi que sa caution, de l'obligation prise vis-à-vis de la Douane. L'expression est erronée : on n'a pas apuré un acquit mais une obligation résultant d'un consentement préexistant à la passation de l'acte écrit. Cette observation n'a évidemment qu'une valeur théorique.

Ainsi donc la manifestation extérieure de la soumission de l'importateur, c'est l'acquit-à-caution.

Comme l'indique l'entête, le titre délivré par la Douane à l'importateur contient une déclaration soumission, un permis et un acquit-à-caution (2).

La déclaration à l'entrée n'est nullement particulière à l'opération d'Admission temporaire : elle est de règle en législation douanière ; tout produit qui est importé en France, même exempt de droits, doit être déclaré à la Douane et vérifié par elle (3). Ici, il est vrai, la déclaration a un autre intérêt, et elle serait obligatoire même indépendamment de cette règle, puisqu'il devra y avoir réexportation des produits entrés ; elle sert donc de moyen de contrôle.

(1) L'obligation du titre est simplement conforme aux prescriptions du Droit civil (art. 2015) qui veulent que le cautionnement ne se présume point, mais qu'il soit exprès.

(2) Voir le modèle d'Acquit-à-caution à la fin de l'ouvrage.

(3) Loi du 16 mai 1863, art. 19, Circul. 31 octobre 1893, n° 2357.

La déclaration est contenue dans la première colonne de gauche du titre. Elle se trouve précédée de la soumission proprement dite de l'importateur. Nous remarquerons que l'engagement pris par cet importateur est conçu en des termes nets et précis qui ne laissent place à aucun doute sur la valeur de l'obligation ainsi contractée, non plus que sur les pénalités encourues au cas d'inexécution.

L'engagement est formel : le bénéficiaire de l'acquit devra se conformer à toutes les prescriptions « des lois, ordonnances et décrets », st s'obliger à « réexporter » les objets entrés.

L'intervention de la caution est non moins effectivement prévue en ces termes :

« Je m'engage conjointement et solidairement avec M..... qui se rend ma caution..... »

La déclaration des marchandises est portée directement et sans aucune solution de continuité au-dessous de la soumission, pour bien indiquer que l'opération en question, et l'engagement pris est relatif à ces produits.

La déclaration-soumission est faite en double original, sauf pour les métaux qui donnent lieu à la délivrance d'extraits d'un certain registre.

Le déclarant et la caution datent et signent. Le titre qui est remis à l'importateur est considéré comme une expédition de Douane (1).

La déclaration des marchandises comprend 3 colonnes : dans la première on porte le nombre, les espèces marques et numéros des colis, dans la seconde la quantité en toutes lettres, dans la troisième, la même désignation est répétée mais en chiffre ; en un mot on identifie l'objet entré, dans la mesure du possible.

(1) L'acquit à caution comme tout autre acte délivré par les Douanes est passible du timbre fixe de 0 fr. 75.

A côté de la déclaration-soumission se trouve le permis et acquit-à-caution. Le terme permis est ici employé pour bien spécifier que la marchandise déclarée est sous un régime de faveur non définitif, et qu'elle est subordonnée à une condition éventuelle et potestative : la réexportation. Mais en même temps (et par un effet rétroactif si l'on veut) le permis constitue un acquit du droit ; le papier visé par le receveur sera tenu pour le montant de la taxe d'entrée par les préposés des Douanes. Cette double expression de « permis et acquit-à-caution » n'a pas toujours suffi aux industriels qui désignent encore parfois le titre d'Admission temporaire sous le nom de « pouvoir d'importation. »

Le permis ou acquit-à-caution n'est constitué qu'après visa et enregistrement de la déclaration soumissionnée par le receveur, et après la visite des marchandises. La formule du permis varie légèrement suivant que les marchandises sont importées par les bureaux des frontières de terre ou par les ports et dans les entrepôts.

La visite a lieu après la déclaration des marchandises, mais elle n'est nullement obligatoire, et les employés ont toujours la faculté de tenir les déclarations pour sincères. On peut habituellement considérer les déclarations comme exactes quant à la quantité à l'égard des marchandises exemptes de droit, mais toujours on doit à l'importation vérifier la qualité des marchandises sauf à ne procéder que par épreuves (1).

L'acquit-à-caution d'Admission temporaire contient un tableau indicateur des résultats de la visite.

Il est bien entendu que toutes les formalités précitées font application des principes généraux en usage dans la législation douanière. C'est ainsi que les déclarations doi-

(1) *Tarif des douanes de France,* Observ. prélim., Règles Générales, (1897), p. 51, nos 79, 80, 82.

vent être loyalement et sincèrement faites ; la fraude exposerait son auteur aux poursuites prévues par les lois du 22 août 1791, tit. 11, art. 9, 14, 17, du 4 germinal an 11, titre II, art. 2 et titre III, art. 10 et du 28 avril 1816, art. 28.

Le visa du receveur et l'enregistrement de la déclaration, créent donc l'acquit-à-caution qui devient du même coup un acte authentique, nous allons le voir.

Si en principe ainsi que nous l'avons dit, la demande de concession d'Admission temporaire est chose facultative pour tous, subordonnée simplement à l'accomplissement de formalités ultérieures, il n'en est cependant pas toujours ainsi, et pour certains produits il y a des conditions préliminaires à la soumission d'importation : tel est le cas des métaux.

En premier lieu aux termes du décret du 15 Février 1862 (art. 1) le maître de forges, les constructeurs de machines et les fabricants d'ouvrages en métaux sont seuls admis à réclamer l'Admission temporaire ; en un mot, les seuls industriels spécialistes peuvent obtenir la franchise d'importation en conformité de la loi de 1836. Bien mieux, il faut que préalablement à la soumission ils aient demandé et obtenu un crédit d'importation, ouvert par décisions concertées entre le Ministre du commerce et le Ministre des finances après avis du Comité consultatif des arts et manufactures. Ces crédits ne sont eux-mêmes accordés qu'autant que l'impétrant produise soit en originaux, soit par extraits dûment certifiés, les marchés ou lettres établissant la réalité des commandes pour l'étranger ou les colonies françaises autres que l'Algérie (décret du 15 février 1862, art. 1 et Réglement du 26 mai 1883, art. 2).

Cette disposition est seulement applicable aux objets de grosse fabrication (machines, ponts, navires, etc.) et pour les objets de fabrication courante, on exige simplement la justification que les intéressés se livrent bien à cette fabrication. Après accomplissement de ces formalités, les industriels peuvent faire une soumission d'Admission temporaire.

L'obtention préalalable d'un crédit d'importation existe encore pour plusieurs autres produits ; citons les boîtes de montre pour la décoration, les cloches de feutre pour les chapeaux à teindre, les cordonnets de bourre de soie pour la teinture, les feutres de laine à teindre et imprimer, les fils de laine retors (fil simple de 45,000 à 45,500 mètres au kilogramme), les fils de poil de chèvre pour fabrication du velours d'Utrecht, pour la teinture, etc., etc.

Une fois l'acquit signé du déclarant, de sa caution et du receveur des douanes, l'obligation de l'importateur est née, et si au jour fixé, la réexportation du produit ayant reçu un supplément de valeur n'était pas fidèlement exécutée, la Régie serait en droit d'appliquer les pénalités que la loi met à sa disposition. C'est une obligation à terme : en effet, la faculté de l'entrée en franchise n'est concédée qu'à la condition que le produit ne demeurera pas dans la consommation. C'est donc seulement à l'instant où cette condition peut être remplie, c'est-à-dire à l'expiration du délai fixé, que l'obligation devient exécutoire. Il résulte de là que la Douane ne peut intervenir tant que ce délai n'est pas périmé, et si le bénéficiaire ne transformait pas son produit, faisant ainsi présumer de son intention de ne pas exécuter son obligation, la Régie serait impuissante à agir contre lui entre temps.

L'engagement de l'importateur sous bénéfice d'Admission temporaire constitue également une obligation facultative ; nous verrons en effet en traitant de la réexportation que l'industriel peut à son gré, ou bien sortir le produit transformé sur un marché étranger, ou bien l'entreposer avec l'*intention* de le mettre plus tard dans la consommation intérieure (1), en acquittant en ce cas le droit d'entrée.

La soumission d'Admission temporaire s'apure soit par la sortie de l'objet fabriqué sur l'étranger soit par sa mise en entrepôt, ce qui est absolument la même chose en vertu du principe d'exterritorialité sur lequel est basée toute la législation des entrepôts.

Cette opération est constatée par ce que l'on nomme le « certificat de décharge de l'acquit-à-caution ».

Au verso du titre que fournit la Régie lors de l'importation de la marchandise se trouvent trois colonnes. Dans la première à gauche, le bureau de Douane par lequel l'importateur représente son produit pour le réexporter, mentionne les indications suivantes : le bureau où la déclaration a été présentée, le numéro et la date de la déclaration, l'espèce de la marchandise et le poids (en chiffres et en toutes lettres) la destination et la signature du déclarant. En un mot on réidentifie le produit tel qu'il s'est présenté à la frontière avant transformation, pour ensuite pouvoir faire la comparaison. La seconde colonne indique les résultats de la visite : l'espèce et les poids reconnus, les quantités admises à la décharge de l'acquit-à-caution (en chiffres et en toutes lettres), et enfin la signature du vérificateur Après ces opérations et en conformité de leur régularité, le receveur autorisé pour cela, signe le certificat de décharge en mentionnant l'une ou l'autre formule, suivant les cas :

« Vu embarquer les marchandises ci-contre le..... sur le navire..... pavillon..... allant à..... » ou « vu passer à

(1) Par tolérance le service des Douanes admet même qu'à l'expiration du délai le produit soit directement mis dans la consommation sans être entreposé.

l'étranger les marchandises ci-contre le. .. » ou enfin « vu entrer en entrepôt les marchandises ci-contre le..... »

Ces mentions sont portées dans la 3e colonne.

Le certificat de décharge dûment signé, libère définitivement le soumissionnaire de son engagement ; comme l'acquit-à-caution d'ailleurs, il est un véritable titre authentique et public dont toutes les énonciations font foi jusqu'à inscription de faux. Les conséquences qui en résultent sont par suite des plus importantes, et tous les effets juridiques de l'acte authentique sont pleinement applicables à l'acquit-à-caution et à son certificat de décharge Notamment la preuve de la réexportation ou de la non réexportation ne saurait être faite par expertise ou dépositions orales, et tant que l'importateur n'aura pas représenté un certificat de décharge, il sera présumé avoir conservé la marchandise sur le territoire français (1).

Il a été jugé, que même la preuve résultant d'un jugement qui constate que le mauvais état des marchandises n'a pas permis de les conduire au bureau de sortie désigné, serait insuffisante à apurer l'engagement (2). Cette appréciation nous semble d'ailleurs quelque peu excessive.

En revanche, la jurisprudence est unanime pour décider que la mention sur le certificat de décharge du « vu embarquer » ou « vu passer à l'étranger » fait foi juqu'à inscription de faux de l'expédition de la marchandise à laquelle elle se rapporte, et que la Régie ne saurait prouver par témoin ou tous autres documents que ce certificat de décharge a été obtenu à l'aide de manœuvres dolosives pour une expédition non réellement faite (3).

Si la Douane veut s'inscrire en faux, libre à elle, elle

(1) Cass. 17 termid. an VIII, aff. Lemercier.
(2) Cassation, 4 prairial an III.
(3) Civil req. 29 janvier 1856, aff. Badin, cf. Dalloz, 56, 1, 104.

peut suivre cette procédure, mais c'est la seule qui lui soit permise ; or la procédure en inscription de faux, on ne l'ignore pas, est excessivement délicate et grave.

Il est bien certain que la soumission cautionnée que fait l'industriel désireux de bénéficier de la franchise d'entrée est essentiellement personnelle et qu'elle ne supporterait aucune subrogation quelle qu'elle soit. A cela il y a une raison de principe, c'est que l'opération d'Admission temporaire, comme toute opération en douane, ne revêt pas le caractère contractuel : l'acceptation que fait le législateur de suspendre le tarif d'importation sur certaines marchandises est une concession, une faveur, non une obligation. L'opération d'Admission temporaire affecte un impôt, c'est-à-dire une chose *extra commercium*, et comme telle ne pouvant faire l'objet d'une convention (art. 1128 et 1138 du Code civil). Dans ces conditions, le bénéficiaire de la franchise ne peut en disposer à son gré, puisqu'il n'a aucun droit à cette faveur ; il en jouit, mais c'est tout, il ne peut en faire jouir un autre : le dispensateur seul a cette possibilité.

Tel n'a pas été cependant l'avis des économistes libéraux, qui ont prôné la cession des acquits-à-caution comme une mesure indispensable au bon fonctionnement de l'Admission temporaire. Le résultat de cette innovation fut loin d'être heureux, nous aurons à le constater dans le chap. III.

IV. — *Réexportation ou entreposition du produit ouvré* (1).

L'art. 5 de la loi du 5 juillet 1836 exige formellement de l'importateur qu'il s'engage « à réexporter ou à rétablir

(1) Nous employons le mot « réexportation » pour nous conformer aux termes mêmes de l'acquit-à-caution, mais c'est une impropriété

dans un entrepôt » les produits qui sont entrés en franchise du droit ; et l'acquit-à-caution répète expressément la même formule.

L'obligation de l'importateur de ressortir la marchandise transformée, constitue la justification théorique du régime de l'Admission temporaire, et à moins de méconnaître le principe sur lequel il est fondé, et qui a été examiné dans l'Introduction de cette étude, nous devons tenir la nécessité de la réexportation comme la condition même de cette pratique douanière.

Le bénéficiaire de l'Administration temporaire doit réexporter le produit importé, non tel qu'il est entré mais après qu'il a reçu un complément de main-d'œuvre. Cette prescription est indiquée dans l'art. 5 de la loi de 1836, d'ailleurs on peut être certain qu'un industriel n'importera pas un produit à demi ouvré pour le seul plaisir de le ressortir dans le même état, il y aurait pour lui une perte sèche trop considérable puisque le coût du transport et des intermédiaires resterait à sa charge. Théoriquement cependant, si le cas se présentait par impossible, la Régie serait en droit de retirer la franchise. En effet, si l'obligation principale de l'Administration temporaire est la sortie sur l'étranger, cette obligation est affectée également d'une modalité qui consiste à transformer le produit en augmentant sa valeur. Puisque le produit représenté en apurement de l'acquit n'a pas reçu une main-d'œuvre quelconque, il n'y a plus d'Admission temporaire, l'engagement de la Régie de ne pas percevoir le droit devient sans cause : il tombe par suite.

La question cependant se pose de savoir si le soumissionnaire ne pourrait obliger la Douane à accepter l'opération

de terme, vu que la grande majorité des Admissions temporaires se faisant à l'équivalent, il y a non plus réexportation mais simplement une exportation.

ainsi faite comme un transit, dégrevé par suite de toute taxe d'importation, puisqu'il n'y aurait eu aucune consommation à l'intérieur du pays. Nous ne croyons pas que cette substitution fut possible, même en poursuivant l'intéressé pour inexactitude de déclaration ; l'importation temporaire en franchise pour travailler le produit et celle à fin de transit sont deux opérations douanières exceptionnelles mais complètement distinctes l'une de l'autre. La Régie dans l'espèce qui nous occupe ayant concédé un titre d'Admission temporaire devrait décharger ce titre à la réexportation, sinon considérer l'engagement de l'importateur comme n'ayant jamais été formé et dès lors mettre l'objet importé dans la consommation intérieure en percevant le droit.

Quelles sont les formalités exigées pour la « Réexportation ? »

Tout d'abord la sortie ne peut être valablement faite que par les bureaux désignés. Toutefois la nécessité de sortir par un bureau de la frontière du Nord, par exemple, un produit destiné à la Suisse ou à l'Italie, pourrait être préjudiciable aux intérêts du commerce ; c'est pourquoi, la Douane considère comme réexportation, la seule représentation et vérification de la marchandise dans les bureaux désignés ; le produit peut ensuite être dirigé sous passavant et plombage sur le bureau par lequel le passage définitif à l'étranger devra s'accomplir. (Lettre commune du 6 juillet 1877).

Le service des Douanes facilite encore les besoins du commerce en autorisant les réexportations partielles de marchandises portées sur un acquit *unique*, soit par un même bureau, soit par des bureaux différents. Comme théoriquement le titre doit accompagner la marchandise, et, qu'ici cela devient impossible, surtout quand la sortie s'effectue par plusieurs bureaux, il a fallu combiner tout un mécanisme particulier suivant les cas ; et on doit le constater à l'honneur de la Douane elle a mis tout en œuvre pour donner pleine satisfaction aux intéressés. (Voir circulaires n° 2372 ancienne série — et nouvelle série, décision administrative du 16 janvier 1893 etc). (1).

L'apurement des acquits de métaux est subordonné à certaines particularités pour l'examen détaillé desquelles nous renvoyons aux ouvrages compétents (2).

Contentons-nous d'indiquer que le soumissionnaire est tenu de présenter des bordereaux, des objets à réexporter attestant que ces objets proviennent bien de la fabrication du permissionnaire. (Règlement du 26 mai 1883).

Une question intéressante est celle de la réexportation aux colonies des objets admis en franchise temporaire en France ; l'exportation de semblables produits à destination de nos territoires coloniaux apurera-t-elle ou non la soumission ? La réponse est certainement complexe : La valeur du mot « réexportation » ne laisse place à aucune équivoque, à aucune ambiguité dans la langue française, pas plus que dans la terminologie douanière. Réexporter se compose des deux termes « ré » et « exporter ». Le mot « ré » dans notre langage signifie une action déjà exécutée que l'on renouvelle (du latin *rursus*, nouveau) ; quant à l'expression « exporter » elle exprime un fait qui se passe du dedans vers le dehors, du pays vers l'étranger. Il appert de là, que la réexportation c'est l'action du national qui rejette au dehors de son territoire, sur un sol étranger par suite, un produit déjà précédemment exporté d'un autre territoire sur le sien (3). Dans ces conditions, voici la ques-

(1) Cf. *Tarif des Douanes de France*, op. cit. p. 150 et suiv., numéros 190 à 194.

(2) Ch. *Tarif des Douanes*, *op*, *cit.*, p. 204 à 209, n°s 205 à 213.

(3) Il s'ensuit conséquemment que le produit national ou même

tion qui se pose : les colonies *françaises* peuvent-elles être *assimilées* au territoire étranger (nous disons assimilées, il est en effet évident qu'elles ne *sont pas, ni ne peuvent pas être considérées* comme des territoires étrangers) ?

Il faut distinguer entre les Colonies :

1° Celles soumises au tarif métropolitain (en principe, depuis la loi du 11 janvier 1892, les Colonies sont assimilées à la France au point de vue douanier) (Voir art. 3, paragraphe 3 de cette loi).

2° Les possessions et colonies Françaises non soumises au tarif métropolitain, qui sont tous les territoires français de la côte occidentale d'Afrique (sauf le Gabon) comprenant le Sénégal, la Guinée Française, le Dahomey, Tahiti, les Etablissements Français de l'Inde et Obock).

3° Enfin l'Algérie et la Tunisie, qui l'une et l'autre ont un régime douanier tout spécial.

Ceci posé : dans toutes les colonies et possessions françaises non soumises au tarif de la métropole, les réexportations se font valablement à la décharge des acquits créés en France (circulaire n° 2385 du 31 janvier 1894). Il en est de même des réexportations à destination des colonies des Antilles et de la Réunion (loi du 16 mai 1863, art. 30).

Dans les colonies soumises au tarif métropolitain au contraire les produits admis en France en Admission temporaire ne peuvent être réexportés en apurement des soumissions. Le territoire de la colonie est ici tenu pour un véritable prolongement du sol national. Aux termes d'une décision ministérielle du 15 février 1893, rendue sur l'avis du Comité consultatif des arts et manufactures ; les produits réexportés de France en sortie d'Admission tempo-

francisé ne peut jamais être réexporté mais seulement *exporté*. Nous insistons à dessein sur ces explications dont nous aurons besoin plus tard.

raire, supportent à leur entrée dans ces colonies les droits afférents à la matière première ayant servi à leur fabrication. Cette décision est des plus logiques : comme on ne pouvait pas faire payer la main-d'œuvre française incorporée au produit étranger, on a calculé la taxe non sur le produit achevé, mais sur le produit semi-ouvré avant transformation.

En Algérie depuis la loi de finances du 29 décembre 1884, art. 10, les réexportations ne sont plus admises à la décharge des comptes d'Admission temporaire ; deux exceptions sont faites cependant pour les sucres raffinés, les sucres bruts et les vergeoises, ainsi que pour le chocolat (à raison de 3 kilog. 85 de sucre raffiné par 100 kilog. de chocolat, même loi et décret du 25 mai 1897).

En ce qui concerne l'Algérie, la difficulté avait été grande jusqu'à cette loi de 1884. En effet, aux termes de l'article 30 de la loi du 16 Mai 1863, qui n'était pas abrogé (1), la réexportation en acquit des importations d'Admission temporaire, se faisait très valablement à destination de l'Algérie. A la suite de la loi de douanes du 11 Janvier 1892, le Conseil d'Etat fut consulté et il se prononça pour le statu quo (avis des sections réunies des travaux publics, et des finances du 16 Juin 1892).

Il considérait que sous le régime de 1863 les colonies des Antilles et de la Réunion étaient soumises aux droits du tarif métropolitain et que la loi de 1892 ne faisait que les remplacer dans cette situation, d'où concluait-il, les deux lois n'étaient pas incompatibles.

L'article 5 de la loi de Juillet 1836 autorise, à côté de la

(1) Cet article ne l'est pas encore dans une partie de son dispositif, puisque c'est en vertu de ce texte que les réexportations à destination des Antilles et de la Réunion continuent à se faire à la décharge des Acquits créés en France.

réexportation proprement dite, la mise en entrepôt. L'entreposition équivaut à une véritable sortie du territoire, puisqu'aux termes de la législation en vigueur, le magasin d'entrepôt est assimilable au territoire étranger au point de vue de la perception du droit, et que toute marchandise qui s'y trouve renfermée ne peut être ni une marchandise nationale ni un produit francisé. Pour ce second mode d'épuration de l'acquit, tout comme pour la réexportation, les facilités les plus grandes sont laissées à l'intéressé ; et notamment il peut faire des entrepositions partielles à son gré.

La mise en entrepôt d'une marchandise travaillée sous le régime de l'Admission temporaire, n'affecte en aucune façon le caractère général de l'entreposition à son égard et la législation de droit commun sur cette matière lui est applicable en tous points. Dès l'instant où le produit a franchi la porte du magasin, dès que les différentes formalités en douanes ont été remplies, il n'est plus un produit admis en franchise, c'est une marchandise étrangère *entreposée*. Tout est terminé, le soumissionnaire est délié de son obligation, l'acquit-à-caution qu'il a souscrit est régulièrement et définitivement déchargé : en un mot, la mise en entrepôt constitue une nouvelle opération douanière parfaitement distincte de l'Admission temporaire, et sans effet rétroactif possible sur elle (1).

(1) Il y a par dérogation à ce principe, un cas cependant dans lequel la consommation du produit après mise en entrepôt a un effet rétroactif c'est lorsqu'il s'agit des entrepositions des farines de froment provenant de la mouture de blés entrés en Admission temporaire ; ici le vendeur doit acquitter l'intérêt légal à dater du jour de la soumission. Cette exception a été faite dans un but de protection en faveur de l'agriculture nationale, qui se plaignait très justement de l'effet avilissant des stocks de farine entreposés provenant d'Admissions temporaires d'égale quantité de blés ; stocks qui attendaient francs de droits, l'instant propice pour être jetés à bon compte sur le marché national et écraser les cours.

Puisque la législation du droit commun des entrepôts est seule applicable ici, la marchandise dont il s'agit pourra dès lors, comme tout autre produit entreposé, ou bien être mise dans la consommation intérieure en acquittant le droit, ou bien être réellement réexportée à l'étranger. Or, dans la première de ces hypothèses, il eut été souverainement injuste de taxer la marchandise d'après le tarif sur la fabrication, puisque la main d'œuvre a été ajoutée depuis son entrée en France et par l'industrie nationale, c'est pourquoi la jurisprudence n'autorise que la perception du droit dû pour la matière première, conformément au tarif en vigueur à la date de la déclaration de consommation (1). Une seule exception a été admise pour les essences d'unis et de girofles, où le droit perçu est celui du produit fabriqué (art. 7 du décret du 1er octobre 1898). Si l'on s'en tenait en effet à la prescription ci-dessus, on arriverait à cette conséquence que la distillation de ces produits serait impossible en France, puisque l'essence, pour entrer chez nous, ne paie que 100 francs ou 50 francs, quand les clous de girofles acquittent 208 francs les 100 kilog., et comme il faut 645 kilog. de clous de girofles pour produire 100 kilog. d'essence, on trouve que 100 kilog. d'essence française coûteraient 1,341 francs, quand le même poids venant de l'étranger serait taxé à 100 francs.

On conçoit que sous peine d'empêcher toute distillation de ces produits chez nous on devait déroger à la pratique en usage, et voilà pourquoi les essences provenant des clous de girofle admis temporairement peuvent ressortir d'entrepôt, pour être livrés à la consommation courante sous le paiement du droit *applicable au produit fabriqué*; (le tarif appliqué est le tarif minimum, déclaration ministérielle du 17 Mars 1883).

(1) Arrêt de Cassation du 22 juin 1870.

En somme, la situation faite au concessionnaire de l'Admission temporaire est des plus avantageuses. Non seulement, on le met à même de sortir sa fabrication, mais on lui laisse toute facilité pour la conserver à l'intérieur du pays, ce qu'il ne manquera pas de faire si la rémunération qu'il espère en retirer après remboursement de la taxe est supérieure à celle que l'étranger lui eût donnée.

Cette latitude est certainement très heureuse et le commerce doit y gagner : l'industriel est le seul juge de l'opportunité du droit d'importation dans les opérations qu'il fait ; suivant qu'il vend mieux sur le marché intérieur ou extérieur la marchandise qu'il a entrée en franchise, il acquitte ou non la taxe.

La soumission de l'importateur se résout donc facultativement et à sa volonté, ou par une réexportation directement effectuée ou bien par une entreposition régulière ; mais en dehors de ces deux modes rien n'est susceptible de dénouer l'obligation. L'opération d'Admission temporaire notamment ne peut donner lieu à une mise en consommation directe (avec acquit de droit) sans entreposition préalable : l'importateur ne peut pas vendre son produit fabriqué aussitôt après transformation et immédiatement à la sortie de l'usine, il faut qu'il le mette d'abord à l'entrepôt. La raison de cette prescription se motive d'elle-même : l'Administration en agissant ainsi veut éviter les fraudes, et s'assurer que tout le produit entré en franchise est bien représenté et qu'à l'occasion, le droit complet sera bien perçu. L'obligation d'entreposer pouvant cependant dans certains cas être trop onéreuse pour le commerce, la Douane a admis et toléré que cette opération ne fut pas matériellement pratiquée mais sous la condition expresse, que les marchandises fabriquées seraient *représentées* réellement au bureau compétent et qu'elles feraient l'objet d'une déclaration d'entrée en entrepôt (1). Par exception, les tissus de bourre de soie, les foulards admis pour la teinture et l'impression, ainsi que le riz en paille pour la décortication, et les amandes sèches en coque ou cassées pour la décortication ou le triage, peuvent être vendus sur le marché intérieur après une simple déclaration et sans représentation au service. Nous n'avons pu découvrir la raison de cette tolérance. Pour les tissus, il faut que la mise en consommation soit effectuée *avant* l'expiration du délai de réexportation (de 3 mois) (Décision du 23 juin 1841). Bien entendu dans tous ces cas, l'Etat perçoit un intérêt de retard en outre de l'intérêt de droit couru à partir du jour de l'importation.

La constitution en entrepôt ou la réexportation doivent se faire dans *le délai* fixé pour chaque catégorie de marchandises par les dispositions réglementaires afférentes. Ce délai oblige strictement l'importateur, et si, au jour prévu il n'accomplissait pas la réexportation il se trouverait de plein droit constitué en faute et passible d'une pénalité ; cela résulte des principes du droit commun. Mais il est non moins certain que la Douane se trouve tenue aussi elle par le délai, et qu'elle doit décharger l'acquit-à-caution, à quelque époque que le produit ressorte, même le laps de temps prévu par les décrets ou les règlements ne fut-il pas écoulé, car le terme est toujours présumé stipulé en faveur du débiteur (art. 1187 du C. Civil) et d'ailleurs, l'adage juridique qui peut le plus peut le moins, justifierait ici amplement cette latitude.

On voit l'utilité pratique de cette conséquence, c'est que le soumissionnaire a toujours le *droit* de réexporter l'objet fabriqué avant l'arrivée du terme, et que si la Douane se

(1) Décision ministérielle du 6 juillet 1888.

refusait à apurer son acquit, il pourrait par une action dirigée contre elle faire respecter son droit. Hâtons-nous de dire que cette éventualité se présentera peu souvent, du moins sous une forme aussi catégorique. Au contraire, ce qui sera bien plus fréquent, c'est l'inobservation du délai par le soumissionnaire. Si le retard provient d'une faute, même légère, d'une négligence du soumissionnaire, la Douane use des moyens de répression que la loi a mis à sa disposition. L'article 5 de la loi de Juillet 1836 contient en effet un paragraphe ainsi conçu : « Dans le cas où la réexportation ou la mise en entrepôt ne sera pas effectuée dans le délai et sous les conditions déterminées, le concessionnaire sera tenu au paiement d'une amende égale au quadruple des droits des objets importés, ou au quadruple de la valeur, selon qu'ils seront ou non prohibés, et il ne sera plus admis à jouir du présent article. »

Donc une double pénalité : l'amende et la déchéance.

L'amende du *quadruple* (1) qui frappe le soumissionnaire est selon nous quelque peu exagérée : et cela d'autant mieux qu'elle n'est pas une pénalité au sens judiciaire du mot, mais simplement une réparation civile (2). Nous comprendrions une excessive rigueur pour le cas de *fraude* intentionnelle : mais dans l'espèce qui nous occupe, il paraît bien difficile de soutenir cette intention. L'importateur ne peut espérer échapper au droit et quoiqu'il fasse sa tentative serait vaine ; pour qu'il pût accomplir cette fraude, il faudrait que la Douane ne possédât aucun moyen de contrôle de

(1) En réalité, cette amende est constituée par un triple droit, la première perception devant être tenue pour le montant du droit impayé.

(2) L'amende joue ici le rôle de dommages-intérêts en faveur de l'Etat, partie lésée par l'inexécution des obligations de l'industriel. En matière douanière, il est en effet de règle que l'amende constitue non une peine, mais une idemnité accordée au Trésor public.

l'entrée qu'elle a autorisée, ce qui n'est pas le cas ; le simple double ou même demi-droit en sus serait donc suffisant. C'est le caractère exceptionnel de l'Admission temporaire qui a provoqué le taux exceptionnel de la peine.

Non moins sévère est la seconde pénalité prévue : « La *déchéance* ». Le retard dans la réexportation constitue d'après l'article 5 un motif suffisant pour priver l'industriel du bénéfice de l'Admission temporaire pour l'avenir. Ici encore on peut peut-être justifier le rigorisme de la disposition par la nature très particulière du procédé douanier dont il s'agit, mais à coup sûr il est impossible d'en approuver l'équité. Le retard dans la sortie du produit fabriqué peut parfaitement être le résultat d'un cas de force majeure, d'une grève par exemple : la loyauté des intentions du soumissionnaire ne pouvant être mise en doute, il est donc illégitime de le priver du bénéfice de la loi de 1836 pour l'avenir.

Remarquons enfin que l'article 5 ne distingue nullement les peines, et qu'en vertu de la conjonction « et » qui relie les deux membres de phrase entre eux, on est fondé à penser que l'amende et la déchéance vont de pair, et qu'elles sont l'accessoire l'une de l'autre, ce qui aggrave la sévérité déjà excessive de la disposition. Toutefois pour être exact, nous devons dire que l'Administration des Douanes se montre très conciliante, qu'elle apprécie les faits et qu'elle ne fait application des pénalités qu'avec une extrême réserve (1).

Ainsi, l'Admission temporaire trouve son dénouement naturel et nécessaire soit dans la réexportation soit dans l'entreposition du produit fabriqué ; en dehors de ces

(1) Une personne bien placée dans l'Administration des Douanes nous affirmait qu'en 12 ans elle avait vu appliquer la déchéance tout au plus trois fois.

deux cas l'obligation subsiste, l'acquit-à-caution n'est pas déchargé ; et l'importateur doit être considéré comme ayant contrevenu à ses obligations.

Pour en terminer avec ce chapitre, il nous faut constater que le texte primitif de l'article 5 de la loi du 5 juillet 1836 prévoyait les cas de révocations de la franchise en ces termes : « Des ordonnances royales pourront autoriser sauf *révocation* en cas d'abus l'importation temporaire..... ». Cette indication nécessaire sous le régime des décrets et alors que les concessions générales d'Admission en franchise se trouvaient être du domaine du pouvoir exécutif n'a plus aujourd'hui aucune utilité. Depuis le 11 janvier 1892 en effet, l'Admission temporaire est concédée par une loi, dès lors, l'autorité législative est juge souveraine de son abrogation, et aucune restriction si minime soit-elle ne peut lui être opposée. C'est l'application des principes généraux sur la souveraineté de la loi.

Nous avons avec ce chapitre successivement défini l'Admission temporaire, vu comment elle se forme, comment elle disparaît, il nous faut à présent aborder l'étude de ses transformations. Nous allons montrer dans un historique succinct comment le régime de l'Admission temporaire, organisé avec des sûretés et des garanties nombreuses, s'est peu à peu affranchi de ses entraves premières et est devenu pour un grand nombre de produits, une mesure franchement libre échangiste avec des inconvénients particulièrement graves.

CHAPITRE II

Historique.

Nous diviserons ce chapitre en 3 paragraphes.

Les préliminaires de la législation des Admissions temporaires feront l'objet du 1er paragraphe.

Avec le second, nous examinerons la législation de 1836 et les variations qu'elle a subies, dans trois sections différentes. La 1re section (de la loi du 5 juillet 1836 jusqu'au décret du 14 janvier 1850) nous montrera le fonctionnement de l'Admission temporaire à l'Identique absolu.

La seconde section aura pour objet les décrets de 1860 et les Tolérances administratives, c'est-à-dire le fameux système des Compensations à l'Equivalent.

Dans une troisième section enfin (délimitée par le décret du 9 janvier 1870) nous mettrons en relief l'intention, encore hésitante du législateur, de revenir à l'Identique et aux principes de la loi de 1836.

Le 3e et dernier paragraphe du chapitre, de beaucoup le plus intéressant, au point de vue pratique du moins, aura pour objet la législation de 1892 (loi du 11 janvier) c'est-à-dire l'organisation actuelle des Admissions temporaires.

Afin de ne pas donner à notre étude des développements inusités et dénués d'intérêt, nous n'étudierons pas la législation de chacune des marchandises admises au bénéfice de la franchise d'importation ; nous présenterons simplement certains éclaircissements et certaines données de réglementation pour les produits les plus importants et pour le surplus nous renverrons au tarif des Douanes (1). Par exception, dans un petit appendice nous examinerons avec quelques développements l'Admission temporaire des tissus et celle des sucres ; à raison du caractère exceptionnel de la législation de l'Admission temporaire de ces deux produits, il convient de s'y arrêter un peu plus longuement.

Tel sera le plan suivi dans ce chapitre.

§ I. — *Les préliminaires de la loi du 5 Juillet 1836.*

C'est la loi de Douanes du 5 Juillet 1836 qui, dans son article 5, a inauguré *officiellement* le régime des Admissions temporaires ; mais bien avant elle, le procédé douanier en question était autorisé d'une façon quasi-légale.

En effet, la loi du 17 Décembre 1814, par son article 34 (encore non abrogé de nos jours) (2), avait concédé au pouvoir exécutif la faculté exorbitante pour l'époque, « de diminuer les droits sur les matières premières nécessaires aux manufactures » par simple décret, sauf ratification ensuite, par une loi régulièrement faite.

En un mot, cet article 34 constituait une innovation d'autant plus intéressante, qu'elle apparaissait comme une conception économique d'une très haute portée. On comprenait pour la première fois en France que la question des tarifs douaniers n'était pas une notion immuable, une idée *a priori*, que parfois il y avait lieu de se départir de la

(1) Cf. *Tarif des Douanes de France*. Obs. prél., op. cit., p. 157 et suiv., n° 198.

(2) Sauf en ce qui concerne les denrées de consommation mentionnées à l'article 4 de la loi du 15 Juin 1863.

rigueur protectioniste, et la première application de cette conception était précisément faite aux matières premières.

L'importance de l'article 34 de la loi de 1814 est très grande, et par lui le Gouvernement bien avant la loi de 1836 pouvait autoriser les importations en franchise du droit. Sans doute, la véritable conception de l'Admission temporaire exige que le produit importé entre *franc* et *net* de toutes charges, ce qui n'est pas le cas ici où le Chef de l'Etat peut seulement « *diminuer* » le droit ; mais raisonnablement, peut-on tirer argument de cela. La suspension *intégrale* du droit de douane n'est certainement pas une des conditions *essentielles* de l'Admission temporaire, envisagée dans son principe théorique et économique. La raison d'être de cette pratique douanière étant « une *égalisation de forces* productrices », le principe sera sauvegardé, toutes les fois que la seule *réduction* du droit, indépendamment de sa *suppression*, permettra au producteur Français de produire au même taux que le concurrent étranger.

La loi du 27 mars 1817 a fait une application de la faculté contenue dans l'art. 34, en autorisant l'importation aux droits *réduits* de 0 fr. 50 et de 1 franc des garances destinées à être *moulues*, dans les ateliers du Haut et du Bas-Rhin, à *charge* de ne les importer que par les bureaux désignés par le Gouvernement et de les *réexporter* dans un délai de 6 mois.

Il est bien difficile de ne pas trouver dans cette disposition les caractères généraux de l'Admission temporaire : une demi-franchise, la condition de fabrication, l'obligation de réexportation dans un certain délai, tout s'y rencontre (1).

(1) A titre documentaire et sans vouloir y attacher plus d'impor-

De plus en plus on s'enhardit, et ce qui en 1814 et en 1817 (c'est-à-dire à dix années des prohibitions Napoléoniennes) apparaissait comme une audacieuse innovation, perdit peu à peu son caractère exceptionnel, et en vertu de ce même *art. 34*, le Chef de l'Etat s'arrogea le droit, non plus seulement de diminuer mais encore de suspendre complètement la taxe douanière, sous la condition de réexportation.

En effet l'ordonnance du 28 septembre 1828 prenant prétexte des nécessités de l'époque, établit la franchise d'importation temporaire absolue et sans restriction aucune pour les blés destinés à la mouture. Dans ce texte, tous les caractères de l'Admission temporaire tels que nous les avons examinés précédemment se retrouvent nettement indiqués, sous cette seule restriction que l'ordonnance ne s'appliquera qu'aux blés entreposés. C'est ainsi qu'aux termes de l'article 1 « faculté est accordée de *faire moudre* les grains déposés à l'entrepôt réel de Marseille (1) à la charge de *réintégrer* identiquement dans cet entrepôt toutes les farines produites, et ce, sans substitution équivalente ou compensation quelconque ». Il semble difficile de mieux définir le procédé de l'Admission temporaire pour les blés

tance qu'elle n'en a, il est bon de rappeler l'ordonnance du *20 Février 1815* portant règlement des franchises du port de Marseille.

Cette ordonnance contient un article 8 qui constitue une Admission temporaire au sens véritable du mot. Cet article permet aux négociants de Marseille de recevoir dans leurs magasins à *charge de réexportation dans les deux ans :* les cotons filés, les toiles de cotons écrues et de *les faire blanchir et imprimer*. Cette disposition s'explique par le caractère privilégié du port de Marseille qui était un port franc.

(1) L'ordonnance de septembre 1828 ne réglementait que le port de Marseille : toutefois, l'art. 9 autorisait le Ministre du commerce à en étendre les effets à tous les entrepôts présentant les mêmes garanties et l'ordonnance du 20 juillet 1835 qui remplaça celle de 1828 a précisément une portée et une application générale à toute la France.

destinés à la mouture. L'art. 2 prévoit également que les *permis* fixeront un *délai* de mouture, etc., etc.

Enfin, tout le préambule de l'ordonnance contient une position de principe qui trouverait très naturellement sa place dans le chapitre d'Introduction de cette étude (1).

Indiscutablement l'ordonnance de 1828 avait été un essai après lequel la loi de 1836 pouvait intervenir sans crainte pour organiser, d'une façon générale et complète, la franchise d'importation.

Ainsi, l'Admission temporaire qui ne prend date dans la législation douanière qu'à partir de 1836, est en réalité beaucoup plus ancienne, et nous n'hésitons pas à en trouver les premiers vestiges, quelque embyonnaires qu'ils puissent paraître, dans l'article 34 de la loi de 1814 et la première *application* dans l'ordonnance de septembre 1828.

§ II. — *La Législation de 1836.*

SECTION 1re. — Loi du 5 juillet 1836 (art. 5). — Théorie de l'Identique et de l'Equivalent.

C'est l'article 5 de la loi de douane du 5 juillet 1836 qui a formulé le principe général de l'Admission temporaire, en ces termes :

« Des ordonnances royales pourront autoriser, sauf révocation en cas d'abus, l'importation temporaire des pro-

(1) Le préambule est conçu en ces termes : « Sur le compte qui a été rendu des avantages que pourrait retirer le commerce de notre royaume de la faculté de réexporter après les avoir fait convertir en farines, les grains étrangers reçus en entrepôt réel, soit en raison des *bénéfices provenant de la mouture*, soit à cause du plus de facilité et de latitude qui en résulterait pour la *vente au dehors*,.. »

duits étrangers destinés à être fabriqués ou à recevoir un complément de main-d'œuvre et que l'on s'engagera à réexporter ou à rétablir dans un entrepôt, dans un délai qui ne pourra excéder 6 mois, et en remplissant les formalités et les conditions qui seront déterminées.

Dans le cas où la réexportation ou la mise en entrepôt ne sera pas effectuée dans le délai et sous les conditions déterminées, le concessionnaire sera tenu au paiement d'une amende égale au quadruple des droits des objets importés ou au quadruple de la valeur, selon qu'ils seront ou non prohibés, et il ne sera plus admis à jouir du présent article ».

Les circonstances dans lesquelles fut voté ce texte n'offrent rien de bien particulier, en dehors des réclamations et des campagnes de presse qui se produisent infailliblement quand une loi nouvelle intervient.

Ce sont les imprimeurs sur étoffes lyonnaises qui provoquèrent la loi de 1836 en réclamant l'extension de l'Admission temporaire jusque là réservée aux blés, à leur propre industrie. Ils sollicitaient la franchise d'importation en invoquant l'exemple des imprimeurs anglais qui pouvaient importer les foulards écrus de Chine pour les imprimer, puis ensuite les réexporter à très bon compte, tandis qu'eux industriels Français devaient supporter le droit d'entrée de 6 francs qui englobait tout leur bénéfice.

Le premier texte légal de la loi de 1836 fut présenté le 3 Février 1834 par M. Thiers, et l'article 5 d'aujourd'hui formait alors l'article 7 du projet. L'exposé des motifs en était très bref. La Commission de la Chambre des Députés nommée pour examiner le projet de 1834 accepta sans difficulté aucune l'article 7 dans son rapport du 29 Avril 1835. Ce rapport ne fut malheureusement pas discuté, tout resta donc en état. Le 3 Avril 1836, le Ministère du commerce reprit le Projet, qui fut adopté avec la même facilité que la première fois par la Commission d'examen. Une certaine partie de l'opinion publique s'était bien montrée hostile à l'Admission temporaire, et dirigée par le groupe des filateurs d'Alsace-Lorraine, une violente campagne de presse (voir notamment le N° du 26 Mai du journal *La Paix*) avait même tenté de faire échouer le vote du projet, mais tout fut inutile et l'art. 5 obtint force de loi.

Les griefs des filateurs d'Alsace-Lorraine n'étaient d'ailleurs pas sérieux, ces industriels se plaignaient que ce régime eut été introduit sans examen préalable, ce à quoi le Comte Roy répondait (1) qu'au contraire l'article 5 avait déjà figuré dans le projet de 1834 et avait été pris en considération par deux commissions parlementaires successives.

En réalité, la véritable raison des plaintes et des récriminations tenait à un tout autre ordre de faits, et les filateurs d'Alsace-Lorraine ne se montraient opposés au régime de l'Admission temporaire que parcequ'il entravait leur industrie et réduisait leurs profits. Nous n'entrerons dans aucun détail puisqu'à l'Appendice de ce chapitre nous aurons à examiner ces plaintes ; qu'il nous suffise de dire que les réclamants avaient vu juste, et que trente ans plus tard, la question devait faire couler des flots d'encre.

D'une façon générale d'ailleurs, la rédaction du texte ne satisfaisait pas complètement le rapporteur, qui, nous nous en souvenons (voir page 37), fit des réserves à la Chambre des Pairs (séance du 3 Juin), en insistant pour que le ministre du Commerce désignât dans le cours de la discussion, les objets auxquels le Gouvernement comptait concéder l'Admission temporaire.

(1) A la séance du 3 Juin 1836. *Moniteur* du 4.

L'article 5 de la loi du 5 Juillet 1836 autorisait donc le Chef de l'Etat, ou, pour parler plus juridiquement le pouvoir exécutif, à faire toutes les concessions d'Admission temporaire qu'il croirait utiles : le législateur lui déléguait tous ses pouvoirs dans la limite la plus étendue.

Le Gouvernement ne tarda pas à en faire usage et dès l'année suivante, il concédait l'Admission temporaire aux tissus de soie et foulards écrus pour l'impression (ordonnance du 13 Mai 1837) donnant ainsi satisfaction complète aux imprimeurs Lyonnais. Le 23 Août 1841, une autre disposition autorisait les importations en franchise du fer laminé et des ouvrages en fer ou en tôle destinés à être galvanisés en France ; puis successivement intervinrent les ordonnances du 28 Mai 1843, du 21 mai 1845, du 10 mars 1846, du 18 janvier 1847 etc., jusqu'au Décret du 14 Janvier 1850.

Ces dispositions d'Admission temporaire ont toutes un caractère commun qu'il importe de relever : elles exigent comme condition *sine qua non*, que la réexportation se fasse à *l'identique* ; et cette constatation nous amène à discuter de suite la fameuse théorie de l'Identique et de l'Equivalent que l'on peut considérer sans exagération comme le pivot même de la question des Admissions temporaires.

L'Identique et l'Equivalent sont les deux modes possibles d'apurement de la soumission cautionnée de l'importateur. En d'autres termes, le produit ayant été transformé le porteur de l'acquit-à-caution est tenu de ressortir ou d'entreposer ce produit ; or, il peut ressortir, soit le *même* produit, il apure à l'Identique dans ce cas ; soit un *autre* produit, distinct de celui qu'il a fait venir de l'étranger, mais qui provient d'une matière semblable en quantité et en valeur spécifique ; c'est l'apurement à l'Equivalent.

L'Identité exigée en Admission temporaire n'est pas celle

que l'on comprend dans le langage courant. Larousse, dans son Dictionnaire Universel définit l'identité : « L'état d'une chose qui demeure toujours la même » ce qui suppose à la fois l'identité de la matière, de la quantité et de la qualité ou valeur ; or, il est évident que cette conception ne saurait être celle de l'Admission temporaire. En effet, par définition même, la valeur de l'objet fabriqué présenté à la décharge de la soumission sera *supérieure* à celle de l'objet matière brute ou semi-ouvrée présentée à l'entrée. Au contraire même : plus la matière importée sera grossière et plus la valeur sera accrue à la réexportation, puisque la transformation aura coûté davantage.

Quant à la quantité représentée en poids ou en volume, pas plus que la qualité elle ne sera conforme à celle déclarée à l'entrée, car il faut compter avec les pertes de fabrication et le déchet de main d'œuvre, qui, dans le travail des métaux notamment s'évalue à 15 0/0 du poids total.

Reste la matière ; ici l'identité au sens propre du mot persiste absolument, c'est la caractéristique absolue de ce mode de réexportation. Cette affirmation ne souffre aucune difficulté quand il s'agit de produits comme les cylindres pour la gravure par exemple, les toiles pour l'impression, qui reçoivent un simple complément de main d'œuvre sans supporter aucune modification intrinsèque de leur matière première ; mais parmi les marchandises admises au bénéfice de l'Admission temporaire, il en est d'autres qui, selon le texte de l'art. 5, sont destinées à être *fabriquées*. Pour ces produits, il y a une dénaturation complète de la matière introduite, et la fabrication laisse une marchandise d'une nature différente de celle qui a été entrée : tel est le cas de la fonte et de l'acier, du blé et de la farine, des graines oléagineuses et de l'huile, etc., etc. Cette catégorie de produits ne doit pas davantage présenter de difficultés et à notre point de vue, nous devons toujours considérer que là, encore, il y a identité de matière après transformation. En effet, ce qui est modifié, c'est la *nature* du produit, ses qualités naturelles et moléculaires si l'on veut, mais l'espèce persiste toujours : la farine obtenue provient exclusivement de la mouture du blé qui a été importé, un autre blé identique substitué ne donnerait pas exactement le même rendement ni le même titrage à la mouture : de même la fonte, de même les graines L'identité de la matière ressortie par rapport à la matière introduite ne fait donc aucun doute, elle se trouve affectée d'une nouvelle modalité, voilà tout. Ceci soit dit afin de répondre aux partisans de l'Equivalent qui se sont emparés de la question de la « dénaturation » en Admission temporaire avec l'empressement de gens qui n'ont pas un choix bien fourni d'arguments à leur disposition.

Il faut avouer en tous cas, qu'en autorisant l'importation de semblables produits sous une condition de *dénaturation*, le Gouvernement jouait un très gros jeu, et qu'il eût bien mieux valu pour l'Admission temporaire qu'elle fut refusée à ces sortes de marchandises.

La notion de l'« Equivalent » est beaucoup plus simple. Monsieur Pallain, l'ancien Directeur des Douanes le définit ainsi : « L'Equivalent consiste à compenser les matières introduites par des produits fabriqués, provenant de matières de même espèce et en quantité équivalente, sans que cependant les matières soient obligatoirement les mêmes que celles qui ont été importées (1). »

L'Equivalent est une *compensation* et il est dès lors impossible de parler ici d'identité de matière. On introduit un produit étranger d'une espèce A, et il s'agit de ressortir

(1) Cf. Pallain. — *Les Douanes Françaises*, t. I, 1896, p. 366.

un produit, obtenu avec une matière précédemment importée de l'étranger ou essentiellement nationale, peu importe, également d'une espèce A. Tout le méanisme est là, on *compense*, on *substitue*, d'où les expressions « Compensation, substitution » souvent employées pour désigner l'Equivalent. — Il est évident que l'objet exporté ainsi en compensation doit avoir une valeur supérieure au produit entré, c'est la condition même de l'Admission temporaire.

Monsieur Pallain, dans sa définition dit « et en quantité *équivalente* ». Cette expression se justifie d'elle-même ; il est certain que puisque l'on compense (*cum* avec *pensare*, peser) puisque l'on substitue (*sub*, à la place *stare*, mettre) l'objet compensateur devra être en quantité égale à l'objet compensé, déduction faite des déchets.

Par exception, on trouve dans certains textes, un système mixte, d'après lequel la compensation à la sortie doit se faire poids pour poids sans déchet, ce qui suppose obligatoirement l'incorporation d'une quantité de matière brute égale au déchet, qui bien entendu sera demandée à la production nationale (voir les décrets du 8 septembre et du 14 février 1852).

Ainsi que nous le verrons bientôt, il est parfois fort difficile de discerner dans les dispositions d'Admission temporaire où est l'Equivalent, où est l'Identique. D'abord le plus souvent il y a emploi indistinct du terme *exportation* ou *réexportation* dans le même contexte, ce qui, nous le dirons, devrait signifier deux opérations absolument différentes ; en outre et surtout, l'ambiguité provient de formules contradictoires. Théoriquement cependant, l'ordonnance du 23 août 1841 pose dans son article 1 une règle générale et un criterium certain, d'où il résulte que « le poinçonnage, le plombage, l'estampillage ou le prélèvement d'échantillons » seront une preuve d'identité. Mais bien entendu, ces moyens ne seront pas applicables aux produits qui se dénaturent à la fabrication, et pour ceux-ci il a bien fallu trouver autre chose ; le législateur s'est arrêté à la formalité de *l'exercice*. Quand dans une ordonnance ou un décret il sera exigé des déclarants qu'ils s'engagent à représenter le produit à toute réquisition du service des Douanes, pendant toute la durée de la fabrication, nous concluerons que c'est la réexportation à l'Identique qui est ordonnée.

L'identité peut aussi résulter des termes dans lesquels est rédigé l'article du décret relatif aux pénalités. Quand on y trouvera cette expression : Toute *substitution*... on en déduira qu'il ne s'agit pas de l'Equivalent. Cette constatation n'a cependant rien d'absolu.

L'indication du bureau de Douane à l'entrée et à la sortie, de même que le fait de préciser les localités où la transformation pourra exclusivement se faire, est aussi une preuve de l'Identique.

Enfin l'Identité résultera du contexte lui-même, et de l'interprétation des dispositions ; ainsi il semble bien que le pouvoir exécutif ait eu en vue la réexportation du produit importé, malgré le défaut de sanction pour assurer cette réexportation, quand il parle, dans l'arrêté du 5 mars 1849 (art. 1), de Plombs bruts « *destinés* à *être convertis* en litharge ou en minium *et réexportés ensuite* en l'un ou l'autre de ces deux états..., etc... ».

En principe cependant, il ne faut pas attacher une trop réelle importance au contexte à dessein contradictoire, dans beaucoup de dispositions. nous expliquerons pourquoi plus loin.

Nous sommes donc à présent fixés sur la signification exacte des deux mots : « Identique et Equivalent » en langage économique ; et il nous reste à présenter la partie la plus délicate de la théorie : la valeur de ces deux systèmes. La question à examiner maintenant est la suivante : Les deux procédés : l'*Identique* et l'*Equivalent* peuvent-ils être indifféremment employés dans la pratique de l'Admission temporaire, ou bien au contraire la législation de 1836 n'en prévoit-elle qu'un seul et lequel ? Nous le répétons c'est là le pivot même de l'Admission temporaire.

Nous mettrons de suite la question au point en disant que l'article 5 de la loi du 5 juillet 1836, *n'a voulu* (1) que la réexportation à l'*Identique*, cela résulte de son *texte*, de son *esprit* et des circonstances de fait qui ont accompagné sa mise en application.

Le texte de l'article 5 ne laisse planer aucune incertitude sur les intentions du législateur, et c'est bien vainement qu'on a essayé d'ergoter sur les mots : ils ont une signification précise et claire. Le législateur de 1836 a autorisé « *L'importation temporaire, des produits étrangers destinés à être fabriqués ou à recevoir un complément de main-d'œuvre et que l'on s'engagera à réexporter ou à rétablir dans un entrepôt...* »

Il s'agit de de produits *destinés* à être..... ou à *recevoir* ; en bon français cela suppose que ce sont les produits présentement entrés, et non des produits indéterminés qui feront l'objet de l'opération. La phrase ne saurait être comprise autrement.

« Et que l'on s'engagera à *réexporter* ou à rétablir dans un entrepôt... » — Ici, l'interprétation du texte ne laisse place à aucun doute, et comme le disait, à la séance du Sé-

(1) Dans le plan de ce paragraphe, nous avons à dessein adopté une triple division : les 3 sections concordent précisément avec les évolutions diverses de l'Identique, qui établi en 1836 (1re section) disparaît en 1860 (2e section) pour réapparaître d'une façon modeste à partir de 1870 (3e section).

nat du 4 Février 1868, Monsieur Delangle, Procureur Général : « ce mot de réexportation définit à lui seul tout l'économie de la loi, il est le commentaire de la loi toute entière. » On ne réexporte que la chose qui est déjà entrée dans l'intérieur des frontières ; on ne réexporte pas un produit national mais on réexporte une marchandise étrangère précédemment importée. Dès lors, on est bien obligé de convenir que si le législateur de 1836 n'avait pas eu en vue la sortie dn produit précédemment importé, il se serait exprimé d'une toute autre façon dans l'article 5 et aurait employé un terme qui n'aurait pas été celui que nous discutons.

Au surplus, il suffit de rapprocher le membre de phrase immédiatement précédent pour constater que l'emploi du terme « réexporter » a bien été délibéré, et que le mot lui-même présente une signification absolument précise. En effet l'article déclarant que « Des ordonnances royales pourront..... autoriser *l'importation temporaire* des produits..... » c'était assez dire que l'importation ne pouvait être que momentanée, que les produits en question ne seraient pas nationalisés et qu'ils ressortiraient du pays ; or précisément cette sortie, en langage douanier s'appelle une « réexportation ». Tout ceci est l'évidence même et il est impossible à un esprit de bonne foi de contester cette interprétation de l'article 5 (1) ; et cependant nous allons le voir, il y a eu des opinions, il est vrai très peu nombreuses, pour affirmer que la loi de 1836 ne parlait pas de réexportation à l'Identique, qu'au contraire elle avait en vue le système des compensations et de l'Equivalent.

(1) Nous ajouterons qu'il semble assez difficile d'appeler « Admission temporaire » l'importation qui doit donner lieu à une compensation à l'Equivalent ; il n'y a dans cette opération plus rien de « temporaire » puisque la marchandise introduite est nationalisée et demeure en France.

Si le texte est formel, l'esprit de la loi de 1836 est tout aussi probant dans le sens de l'Identique : l'exposé des motifs, les débats préparatoires de la loi, tout concourt à établir préremptoirement l'idée arrêtée du législateur d'assurer une réexportation *du produit importé* et non d'un produit équivalent.

Messieurs Ramond et de Freycinet, dans un remarquable rapport, présenté sur la question des Admissions temporaires (1) ont très consciencieusement mis en lumière ces différents faits, et nous allons les rappeler d'après eux.

Ainsi que nous le savons déjà, l'article 5 de la loi du 5 juillet 1836 a son origine dans l'article 7 du projet de loi du 3 février 1834 ; les deux textes sont identiques. Or, l'exposé des motifs du premier projet s'exprimait de la sorte : « Par l'article 7 on satisferait à la demande très souvent renouvelée de pouvoir importer certains produits étrangers *auxquels* notre industrie *ajouterait des façons* et qu'on *réexporterait* dans un délai déterminé ».

Le projet de l'article 7 portait en outre en marge cet analyse de l'article : « Produits *étrangers* admis temporairement pour *recevoir* des façons ». Cette analyse est d'ailleurs répétée dans le rapport de la Commission de 1836.

Ces deux indications montrent bien l'esprit de la loi que le Gouvernement proposait à la ratification des Chambres. Les discussions Parlementaires de ce projet furent non moins significatives. Il résulte en effet des explications fournies à la Chambre des Pairs par le ministre du Commerce et le Commissaire du Gouvernement, que l'on entendait ne faire aucune concurrence aux produits nationaux,

(1) Ministère de l'Agricul. et du Commerce. Conseil supérieur du Commerce de l'Agriculture et de l'Industrie. *Admissions temporaires*, p. 165.

ce qui implique pleine reconnaissance du caractère d'extranéité des marchandises admises en franchise. D'ailleurs à la séance du 13 juin 1837, M. Passy, ministre du Commerce, affirmait que : « Le Gouvernement ne permettra en aucun cas, *l'importation* d'articles dont la *réexportation, après qu'ils auront reçu des façons* en France pourrait préjudicier aux intérêts des industriels français ».

Nous ne pouvons enfin passer sous silence l'opinion du Commissaire du Gouvernement, M. David, qui soutenait que l'Admission temporaire ne serait qu'une forme particulière du travail en entrepôt ; or, si nous nous reportons aux règles essentielles de l'entrepôt, nous y voyons la nécessité absolue de l'*Identique* et de la *non substitution*.

L'interprétation de l'esprit de l'article 5 de la loi de 1836 en faveur de l'Identique se trouve encore confirmée par des circonstances de fait qu'il est intéressant de rapporter ici. Tout d'abord, nous trouvons une circulaire ministérielle de 1837 qui déclare expressément que « la loi de 1836 n'autorise l'application du régime de l'Admission temporaire, qu'à l'égard des objets dont il est possible, même après qu'ils ont reçu une main d'œuvre, de reconnaître l'*identité* au moment de la réexportation ».

Nous emprunterons le second fait aux termes employés dans l'ordonnance du 28 septembre 1828. Cette disposition, qui a immédiatement précédé l'apparition du régime de l'Admission temporaire et inspiré l'art. 5 de la loi de 1836, exige expressément, et d'une manière toute particulière, la condition de l'Identique à l'exclusion de l'Equivalent, dans ses articles 1 et 6 (1).

(1) Art. 1. — Faculté est accordée de faire moudre les grains déposés à l'entrepôt réel de Marseille, à la charge de réintégrer *identi-*

— Enfin d'une façon plus générale, l'Identique ressort des instructions et circulaires et des réglementations édictées pour la mise en application de la loi de 1836. — Ainsi, les produits admis en franchise ne peuvent être importés ou réexportés que par les ports d'entrepôt réel ou par les bureaux de Douane ouverts au transit ; les déchets sont rigoureusement déterminés quant à leur quotité, etc. etc. Si après cela quelque doute subsistait encore sur le sens de l'art. 5, le texte même dans lequel les acquits-à-caution étaient autrefois et sont encore rédigés, suffirait à édifier définitivement l'esprit le plus prévenu. Depuis 1868, on a apporté des modifications dans la rédaction du texte de l'acquit précisément à raison de l'adoption de l'Equivalent dans les sorties d'Admission temporaire. C'est ainsi que l'on a supprimé la demande de réexportation signée de l'importateur et qui était conçue en ces termes :

« Je soussigné, déclare vouloir embarquer sur le navire... les marchandises ci-après indiquées (suivait la description) lesquelles *proviennent* des objets énoncés au présent acquit-à-caution. »

A la suite de cette demande, se trouvait le certificat de visite du bureau de réexportation, ainsi libellé :

« Nous... certifions que les marchandises portées dans la déclaration ci-dessus nous ont été présentées, que nous avons constaté qu'elles consistaient en..... lesquelles marchandises nous avons reconnu *provenir* des objets *mentionnés* au présent acquit-à-caution...... (1) ».

quement **dans cet entrepôt toutes les farines produites, et ce sans** ***substitution équivalente*** *ou* ***compensation quelconque.***

Art. 6. — L'Administration des Douanes fera surveiller la conversion des grains en farines pour en assurer l'identité.

(1) Cf. « *Etudes sur les Admissions temporaires des fontes et fers*, application aux fontes en général, du régime imposé aux fers par le décret du 9 Janvier 1870. » Il s'agit là d'une consultation du

Malgré ces rectifications, tel qu'il est libellé aujourd'hui en vertu du Décret du 18 Avril 1897 qui en a fixé le modèle, l'acquit-à-caution contient encore des mentions qui rappellent les anciennes formules à l'Identique. Quand, par exemple, on lit sur ce titre que l'importateur s'engage à « réexporter dans les proportions et sous les conditions déterminées les objets provenant des dites marchandises », on est loin de penser que les Admissions temporaires se font actuellement presque d'une manière exclusive, à l'Equivalent. Cette anomalie ne peut s'expliquer précisément que par un oubli : on a laissé dans le titre d'Admission temporaire la formule ancienne, sans s'apercevoir qu'elle ne cadrait plus avec la législation. Pour nous cette constatation est cependant précieuse, elle montre avec évidence que l'Administration dans les années qui suivirent 1836 considérait que les sorties des produits importés en franchise dussent se faire à l'Identique.

Comme conclusion à tout ceci, nous poserons en principe absolu que l'art. 5 de la loi du 5 Juillet 1836 interprété aussi bien dans ses termes que dans son esprit a voulu la réexportation à l'Identique, et que par suite toute application en dehors de l'Identique faite par le Gouvernement était illégale et nulle de plein droit.

Nous n'insisterons pas d'avantage. Ceux qui ont nié l'Identique, comme nous allons le voir, n'ont jamais donné un argument décisif qui put contester la valeur des termes de l'article 5.

1er Août 1868, demandée par le Comité des Forges de Champagne à M. A. Ravalot, avocat à la Cour de Paris, et dont les conclusions sont en faveur de l'identique.

SECTION II. — Le décret de 1862. — Les tolérances administratives et la pratique de l'équivalent.

Les principes posés dans l'article 5 pesaient au Gouvernement chargé de les appliquer, et de plus en plus, à mesure que l'on s'éloignait de 1836 il y avait une tendance marquée à rendre ambigues les dispositions conférant l'Admission temporaire.

C'est ainsi que l'ordonnance du 2 février 1848 relatives aux importations des zincs, et l'arrêté du 5 mars 1849 concernant les entrées de plombs, tout en prescrivant les réexportations à l'Identique laissent planer un certain doute et une obscurité quasi-intentionnelle ; sans établir proprement la compensation, ils l'insinuent. Cette ordonnance et cet arrêté parlent de zincs ou de plombs « *destinés à être* laminés en France ou convertis en litharge ou en minium et réexportés » (art. 1) c'est l'Identique ; ils punissent « toute soustraction tout manquant » (art. 3) (c'est encore l'Identique), mais ni l'un ni l'autre des deux textes n'envisage de sanction ; il n'y a pas d'exercice, de visites par le service des Douanes durant les manipulations. Il s'ensuit de là que, si en droit ce devrait être le même produit qui sera réexporté, *en fait* rien n'empêche les industriels de faire des substitutions dans leur usine ; et au point de vue pratique c'est la même chose que si les dispositions précitées autorisaient l'Equivalent.

Le Gouvernement impérial, tant qu'il ne fut pas dans la période de libéralisme à outrance inaugurée par le fameux traité de commerce franco-anglais procéda de la sorte, et sans faire table rase *de plano* de la condition de l'Identique, il la supprima en pratique. Les industriels n'en demandaient pas davantage, et quant au pouvoir exécutif, le procédé des insinuations lui permettait de ne pas violer trop ouvertement la légalité : les réexportations à l'Identique subsistant toujours en théorie.

Avec l'année 1860, apparut l'ère des libertés commerciales, et l'Admission temporaire avec compensations à la sortie devint aux mains du pouvoir qui hésitait à supprimer d'un seul coup les tarifs douaniers, un utile et très souple instrument. Mais avant de montrer l'introduction des substitutions dans l'Admission temporaire il nous faut passer en revue les raisons par lesquelles on a justifié ces substitutions.

Les partisans de l'Equivalent ont bien discuté le texte même de l'article 5 de la loi de 1836, mais devant l'implacable netteté de ses termes, ils ont dû changer de tactique et se rejeter sur son *interprétation* ; c'est l'esprit de la loi de 1836 qui leur a surtout fourni leurs plus forts arguments, et nous verrons que cette solidité n'était pas encore très grande.

Ce qui les gênait dans le texte de 1836, c'était surtout le mot « réexportation » ; il fallait en détruire la portée et M. Forcade la Roquette s'est attaché à faire cette démonstration au Sénat en 1868 (1).

Sa thèse était la suivante : L'article 5 certainement exige les réexportations à l'Identique, disait-il, mais il n'en est pas exclusif, et le système des compensations y est tout autant contenu. Quand on a affaire à des produits « destinés à recevoir *un complément de main-d'œuvre* nul doute que l'Identique ne soit exigé, mais quand ce sont des produits destinés à *être fabriqués* » il en est tout autrement ; il n'y a rien dans la loi qui permette de ne pas dire que la na-

(1) Séance du 5 février.

ture de la chose peut se transformer et disparaître. Il faut avouer que le Ministre de l'Empire a dû se torturer l'esprit pour arriver à une semblable conclusion. Pour la réfuter, nous n'avons qu'à nous reporter à nos précédentes explications ; certainement, comme lui nous admettons que les *produits* « fabriqués » sont dénaturés, transformés et disparaissent ; mais cette *disparition* est le résultat d'une *transformation* sur le *produit importé* lui-même ; au lieu que les défenseurs de l'Equivalent veulent faire l'opération sur un produit qui ne vient pas de l'étranger, qui n'est pas la marchandise introduite. C'est là une opération distincte de celle que M. Forcade La Roquette prend comme point de départ de sa démonstration ; et l'emploi du mot « fabriqués » dans l'article 5, non-seulement n'a rien d'anormal, mais il est nécessaire, et ce, sans faire intervenir le procédé de l'Equivalent.

Une variante de cet argument consiste à dire que la loi de 1836 n'a pas plus voulu de l'Identique que de l'Equivalent. Dans l'article 5, deux choses bien distinctes seraient à considérer : d'une part, les conditions essentielles et légales comme l'introduction en franchise temporaire et la réexportation qui sont fixées par des dispositions expresses ; d'autres part, les formalités accessoires qui permettront d'exécuter la loi.

Ces conditions d'exécution, l'article 5 ne se les réserve pas, le législateur en a délégué l'exercice et les prescriptions au pouvoir exécutif. Ceci posé les partisans de cette thèse admettent bien que la réexportation soit légalement obligatoire et nécessaire aux termes de l'art. 5, mais ils s'empressent d'ajouter que là s'arrête la prescription du texte et que sa mise en application est soumise à des formalités purement facultatives et dépendantes d'un décret du pouvoir exécutif. En d'autres termes, le Chef de l'Etat qui autorise les Admissions temporaires (nous parlons de la période antérieure à 1892), a seul qualité pour prévoir les formalités suivant lesquelles se fera la réexportation et il procèderait ainsi : l'Identique serait appliqué quand il est possible par la nature même du produit sur lequel il porte, et l'Equivalent, dans le cas contraire. Cette argumentation qui a du moins le mérite d'être très claire (1), n'oublie qu'une chose qui a son importance, c'est que les premières applications qui furent faites de l'Admission temporaire de 1836 à 1850 l'ont toutes été avec la condition de réexportation à l'Identique. Il est vrai que Monsieur le Roy de Saint-Arnaud ne s'est pas embarrassé de cette objection ; pour lui, dans ce fait, il ne faut voir qu'une pure coïncidence, et les premières industries prêtes à bénéficier de la loi de 1836 se sont justement trouvées être celles qui naturellement exigeaient le régime des réexportations à l'Identique.

Cette affirmation est malheureusement controuvée, et il suffit de se reporter aux textes en question pour constater que l'honorable sénateur commettait une inexactitude. Prenons par exemple l'une des premières applications d'Admission temporaire qui furent faites, celle relative aux métaux (ordonnance du 20 mai 1843). Nous y voyons que l'on prescrit l'estampillage des tôles et cornières destinées à la construction des bateaux et machines ; or, quoi de moins facile à constater que la marque quand le métal aura subi un corroyage, un étirage ou un laminage ? C'eût été le cas ou jamais de prescrire l'Equivalent. Monsieur de Saint-Arnaud ne s'étonne pas davantage de cette contradiction flagrante ; cette ordonnance, constate-t-il, prouve

(1) C'est Monsieur Le Roy de St.-Arnaud qui l'a particulièrement développée, au Sénat, dans la séance du 5 février 1868.

simplement qu'on ne sait pas bien encore où se posera la difficulté d'exécution...

Il nous semble cependant que le Gouvernement n'était pas aussi ignorant des difficultés d'exécution que voulait bien l'affirmer l'honorable sénateur, puisque deux années auparavant, il avait clairement formulé ses appréhensions à ce sujet, en autorisant dans l'art. 1 de l'ordonnance du 23 août 1841 la franchise d'importation seulement pour la galvanisation en France des ouvrages en tôle ou en fer « dont le service des Douanes *pourra garantir l'identité*, soit par le poinçonnage, soit par le plombage... etc. ».

Cette disposition, bien que formant seulement la seconde application qui eût été encore faite de la loi de juillet 1836, envisage très bien les difficultés d'exécution, puisqu'elle laisse à la Douane une marge d'appréciation basée précisément sur la possibilité d'assurer ou non l'Identité ; l'Equivalent qui d'après nos préopinants, ne demandait qu'à fonctionner pour la plus grande gloire de tous, eût été au contraire tout indiqué et il évitait la restriction que nous venons de voir.

A ce point de vue d'ailleurs, l'ordonnance de 1841 n'est pas une exception, et il semble bien difficile de venir affirmer que la réexportation à l'Identique s'imposait *d'elle-même* (pour les riz décortiqués ou nettoyés, ordonnance du 21 mai 1845). (pour les huiles de graines grasses, ordonnances du 10 mars 1846 et du 28 novembre 1846), (pour les lièges, ordonnance du 18 janvier 1847), etc. etc. Dans tous ces produits, il y a une dénaturation, et les vérifications de l'Identité après transformation sont faites au moyen d'opérations très délicates. et très complexes, que le Gouvernement n'aurait certes pas demandé mieux de supprimer en autorisant les substitutions.

Mais il y a encore quelque chose de plus probant : Nous

avons dit que lors de la discussion de la loi de 1836, le Ministre du Commerce Monsieur Passy avait été invité, très courtoisement d'ailleurs, à faire connaître au Parlement les articles pour lesquels le Gouvernement comptait demander le bénéfice de la franchise temporaire. Le Ministre s'exécuta non moins courtoisement et désigna les trois produits suivants : Les tissus, les huiles provenant de graines grasses destinées à l'épuration, et les laines destinées à être lavées.

Or, par une singulière coïncidence, de ces trois applications primordiales d'Admission temporaire, une seule pouvait se faire à l'Identique sans prescriptions particulières, les deux autres subissant une dénaturation, n'étaient pas facilement susceptibles d'identification à la sortie. La franchise d'importation des laines pour le lavage donnait même lieu à une réglementation excessivement délicate que le Gouvernement n'aurait certainement pas conservée, si cela lui avait été possible (1).

Ces différentes considérations nous permettent de dire

(1) Voici, en effet, quelques-unes des dispositions les plus topiques du décret du 21 juin 1851 sur les Admissions temporaires des laines, qui montrent indiscutablement que si le Gouvernement avait cru rester dans la légalité en introduisant l'Equivalent dans l'Admission temporaire, il se serait empressé de la faire. L'article 1 du décret prescrit que le lavage ne peut avoir lieu que *sous la surveillance* des Douanes, dans un lavoir qui sera spécialement construit à cet effet.

« Le lavoir sera isolé de toute construction, entouré d'un mur d'enceinte, d'une hauteur de 4 mètres 50 centimètres au moins, et fermé d'une seule porte à 2 clefs, dont l'une sera déposée aux mains du service des Douanes. »

Les articles suivants prennent des précautions de toute sorte pour assurer l'Identique. L'article 2 exige que le soumissionnaire s'oblige à représenter les « laines identiquement après le lavage. » Aux termes de l'article 3 « le transport de l'entrepôt sera assuré par le plombage, soit des colis, soit des voitures affectées à ce transport. »

que si les Gouvernements de 1830 et de 1848 n'ont pas introduit le système des compensations dans l'Admission temporaire, c'est qu'ils les considéraient comme illégales. C'est du reste ce que répondait un jurisconsulte, le Procureur général Delangle à M. Le Roy de Saint Arnaud : et là était la vérité.

L'argument que nous venons d'examiner constitue toute la dialectique des adversaires de la réexportation à l'Identique; et après lui on ne trouve que des objections sans valeur, que nous allons rapidement passer en revue.

C'est ainsi que les partisans de l'Equivalent ont objecté que la nécessité de l'*exercice* et de la *visite* pour assurer la condition de l'Identique des produits qui se dénaturent à la fabrication, serait impraticable. On ne voit pas la portée de cette critique; le procédé certainement serait onéreux et vexatoire, mais ne fonctionne-t-il déjà pas pour les taxes indirectes de consommation, n'est-il pas également employé pour l'Admission temporaire des sucres? Et d'ailleurs, il suffirait pour obtenir cet Equivalent tant désiré de demeurer dans la légalité; comme le disait très justement M. Delangle (1) : « Si vous trouvez que restreinte dans les limites que nous lui donnons, la loi de 1836 devient un obstacle à l'exercice de l'industrie française, allez devant le législateur, présentez-vous devant le pays, exposez lui ce que vous considérez comme un besoin de l'industrie, comme une nécessité de la spéculation commerciale en France, et le pays vous répondra probablement en élargissant la mesure, et en vous donnant toutes les facilités que vous pourrez réclamer. »

Les adversaires de l'Identique ont également prétendu que si la pratique des compensations n'était pas légale en

(1) Sénat, séance du 5 février 1868.

droit, du moins elle était légitime en fait, car elle donnait au régime des Admissions temporaires une extension considérable. Sans doute, la loi de 1836 avait pu exiger les réexportations à l'Identique, mais pratiquement c'était vouloir réduire à rien ce procédé douanier, car combien peu nombreux sont les objets susceptibles d'identification après main-d'œuvre. L'Equivalent permet au contraire les substitutions et par suite autorise sans difficulté toutes les Admissions temporaires que le législateur jugera utiles. L'Equivalent, disait M. Michel Chevalier (1), est « une interprétation *saine* et *loyale* de la loi de 1836, et la seule manière de rendre efficace la clause bienfaisante de cette loi, qui tend à procurer du travail aux populations par des opérations bien connues et de droit naturel. »

Cette objection tombe on ne peut plus à faux, car elle laisse supposer que la concession d'Admission temporaire soit un procédé de droit commun, quand nous l'avons dit et répété, c'est au contraire une procédure *exceptionnelle*, et une faveur que le législateur a un intérêt économique à ne pas étendre au-delà d'une certaine limite. Si la franchise d'importation temporaire devait être généralisée, mieux vaudrait de suite supprimer complètement les barrières douanières. La vérité, c'est que cet argument devait être considéré comme excessivement tendancieux, il constituait un aveu libre-échangiste. C'étaient les libéraux de l'Empire qui en avaient trouvé la formule ; avant d'arriver à la liberté absolue des échanges en effet, il convenait de poser des jalons, et le procédé de l'Equivalent, qui *dénaturait* le caractère de la loi de 1836, offrait toutes les garanties désirables pour cela. Avouons d'ailleurs que cette objection était très adroite, puisqu'elle permettait à la fois de ne pas méconnaître le texte et l'esprit de l'article 5, et de légitimer

(1) Sénat, séance du 4 février 1868.

le procédé des Equivalents. C'est probablement pour cela que cet argument a si bien pénétré dans les esprits, et que toutes les enquêtes relatives à la question qui nous occupe en contiennent au moins une réédition.

Un autre raisonnement sans plus de valeur a été soutenu par Monsieur de Lavenay dans le rapport qu'il présenta au Conseil supérieur de Commerce au sujet des Admissions temporaires (1). Se basant sur l'étroite intimité qui existe entre l'Admission temporaire et le Drawback, et remarquant que l'un s'est substitué à l'autre comme plus simple et d'une pratique moins difficultueuse, il en déduisait que le fond même du Drawback devait préexister dans l'Admission temporaire. Et comme sous le régime des primes et des Drawbacks, l'Identique n'était nullement exigé, qu'à l'exportation on ne s'inquiétait pas de savoir si le produit exporté avait été obtenu avec une matière ayant acquitté le droit de douane ou, au contraire, avec un produit indigène, M. de Lavenay s'étonnait que l'on exigeât des garanties plus fortes quand il s'agissait de l'Admission temporaire ? La réponse à l'objection se fait d'elle-mêmes ; si le législateur a jugé bon de supprimer le régime du Drawback, rien ne l'empêchait de supprimer nón seulement la forme, mais encore le fond, et personne n'a le droit de lui contester ce pouvoir. Toute loi nouvelle a précisément pour but d'améliorer les textes qu'elle abroge, et on ne peut l'interpréter en se rapportant aux anciennes dispositions, qu'à la condition que le texte nouveau soit obscur, ce qui n'est pas le cas ici. L'objection n'avait donc aucun fondement.

Enfin les défenseurs de l'Equivalent à bout d'arguments

(1) Ce rapport présenté au Conseil supérieur de Commerce était la contre-partie de celui de MM. Ramond et de Freycinet dont il a déjà été parlé.

ont fait intervenir la question de légalité. Sans doute, ont-ils, dit, l'Equivalent n'a pas été autorisé par la loi de 1836, mais depuis, est intervenu un texte législatif qui lui a conféré la force exécutoire et légale dont il était dépourvu. On sait que les décrets promulgués par Louis Napoléon, Président de la République durant la période pendant laquelle il a exercé le pouvoir dictatorial, ont acquis force de loi, et que le vice d'inconstitutionnalité dont ils étaient frappés a a été purgé par application de l'art. 59 de la Constitution du 14 janvier 1852, ainsi conçu : « La présente Constitution sera en vigueur à dater du jour où les grands corps de l'Etat qu'elle organise seront constitués : les *décrets* rendus par le Président de la République *à partir du 2 décembre jusqu'à cette époque auront force de loi* ».

Forts de cette disposition, les Equivalentistes disaient : tous les décrets sur les Admissions temporaires compris dans cette période, dérogeront par conséquent à l'article 5 de la loi de 1836, en tant qu'ils prescriront les compensations à l'Equivalent, qui dès lors deviendra une mesure très légale.

Les éminents jurisconsultes qui soutinrent cette thèse nous paraissent malheureusement avoir parlé un peu trop délibérément et sans avoir au préalable vérifié le bien fondé de leur assertion.

En effet, un seul décret relatif à l'Admission temporaire fut ainsi rendu par Louis-Napoléon, celui du 14 Février 1852, et il se trouve précisément qu'au point de vue de l'Equivalent, il n'a aucune portée.

Ce décret de 1852, étendait les dispositions du décret précédent du 8 septembre 1851, relatif aux importations des fontes brutes. Or, l'ensemble du texte de 1851 n'implique nullement l'autorisation de ressortir à l'Equivalent, c'est même le contraire qui en résulte. C'est ainsi que le décret de 1851 emploie à deux reprises différentes le terme « réexporter » dans les articles 1 et 2..... c'est ainsi encore que l'article 3 déclare que « les fontes brutes ne pourront être *importées* et les objets *fabriqués avec ces fontes* ne pourront être *réexportés*..... »

La principale raison pour laquelle les partisans de cette théorie ont voulu trouver dans ce décret l'idée de la compensation *formellement* exprimée, c'est l'indication portée à l'art. 2 d'après laquelle le soumissionnaire doit réexporter « les machines ou mécaniques *en poids égal* au *poids* de la fonte brute importée ».

En effet, a-t-on dit, si l'on prescrit une sortie en *poids pour poids*, c'est qu'assurément l'on prévoit une substitution de produit, que l'on exige une équivalence, c'est qu'en un mot l'obligation de transformer le produit importé n'existe plus pour les métaux.

Cette explication très commode n'explique malheureusement rien du tout : l'obligation de l'article 2 prouve tout simplement que le Gouvernement ne voulait pas accorder de déchet de main-d'œuvre dans l'Admission temporaire des métaux, condition qui depuis lors est toujours demeurée en vigueur. Où voit-on une compensation de matière, une substitution dans cette obligation de ressortir un poids identique à celui qui a été entré. Le travail de métallurgie laisse *nécessairement* une perte d'une quantité donnée de métal, c'est là un cas de force majeure mais ce déchet est inutilisable pour l'industrie française, dans ces conditions quel serait l'intérêt de la compensation pour l'importateur? L'*opération* critiquée en somme constitue une réexportation pour la plus grande partie du produit importé, et une exportation pure et simple qui aurait été aussi bien faite isolée et non à la suite d'une Admission temporaire, pour un poids de métal d'environ 15 0/0. C'est dans l'intérêt des exportateurs de fontes nationales que cette mesure a été prise.

Le seul indice qui pourrait peut-être démontrer que le texte de 1851 n'exigeait pas l'identité à la sortie, résulterait de l'absence du contrôle de la Douane durant la transformation. Mais nous savons à quoi nous en tenir sur cette omission, voulue par le Gouvernement qui avait intérêt à laisser planer l'incertitude la plus grande sur les conditions d'application des décrets d'Admission temporaire.

En un mot, le décret du 8 septembre 1851 était parfaitement insuffisant pour autoriser à trouver dans son texte la reconnaissance formelle des substitutions. Les défenseurs de l'Equivalent eux-mêmes admettaient cette insuffisance, puisqu'ils considéraient encore à cette époque, les compensations à la sortie comme une simple tolérance de l'Administration, tolérance qu'elle pouvait accorder ou refuser à son gré, sans recours possible de la part de l'intéressé.

Ce n'est que quelques années plus tard que la *tolérance* devient une règle obligatoire, et à ce moment, le Gouvernement agit à découvert pour autoriser les compensations à l'Equivalent, il édicte des prescriptions nettes et précises et qui ne laissaient aucun doute sur ses véritables intentions. Ce sont les décrets du 17 octobre 1857 et du 15 février 1862 qui ont pour la première fois expressément autorisé la pratique de l'Equivalent (1). Ces décrets parlent de produits « exportés en compensation » (2). Le décret de 1857, dans son article 2, exige la sortie d'objets de même nature » en *compensation* des marchandises importées » ;

(1) Pour les métaux du moins, car comme nous le verrons ci-après le 14 janvier 1850 l'Equivalent avait déjà été accordé aux blés importés par la mouture.

(2) Se reporter aux art. 2 et 4 du décret du 17 octobre 1857.

Nous sommes loin des réticences et des ambiguités des textes précédents.

Il résulte de ces explications, que le décret de 1852 invoqué n'a pu être régularisé par la Constitution du 14 janvier qu'en ce qu'il contenait : or, comme dans son texte il n'était pas question de l'Equivalent, la pratique des substitutions n'a pas pu être validée ni légalisée à cette époque.

L'argument de *légalité* présenté par les adversaires de l'Identique se retourne même contre eux. En effet, puisque la Constitution de janvier 1852 donnait force de loi à tous les décrets établis depuis le 2 décembre 1851, il s'ensuit qu'une loi *seule* pouvait révoquer ces susdits décrets (1) ; dans ces conditions, le décret-loi du 14 février 1852 ayant été abrogé par les décrets du 17 octobre 1857 et du 15 février 1862 l'a été illégalement.

En 1868, le Ministre du commerce et de l'agriculture, M. de Forcade la Roquette reprit au Sénat (2) l'argument de légalité, en s'appuyant sur l'article 1 de la loi du 19 mai 1866, sur la marine marchande.

Cet article 1er qui créait une Admission temporaire spéciale était ainsi conçu : « Tous les objets bruts ou fabriqués, y compris les machines à feu et les pièces de machines entrant dans la construction, le gréément, l'armement et l'entretien des bâtiments de mer, destinés au commerce, en bois ou en fer, à voiles ou à vapeur, seront admis en franchise de droits, à charge de justifier dans le délai d'un an de l'affectation desdits objets à la destination ci-dessus prévue ».

A ce texte, plutôt laconique, le rapporteur, M. Arman avait proposé d'ajouter qu'il faudrait une « *affectation*

(1) Nous en trouvons un exemple dans l'art. 13 de la loi du 18 juillet 1866, qui modifiait l'art. 7 du décret du 25 mars 1852.

(2) Séance du 5 février.

directe et sans substitution », mais la commission repoussa cet amendement. S'inspirant de ce refus, M. de Forcade la Roquette et avec lui tous les Equivalentistes, constataient que les opérations autorisées par la loi de 1866 devaient se faire à l'Equivalent, et ils ajoutaient que puisque la substitution n'était pas illégale pour la marine marchande elle ne pouvait l'être davantage pour les autres produits admis au bénéfice de la franchise d'entrée.

Sur le fond même de la loi de 1866, nous n'avons rien à dire ; il est certain que l'interprétation de son esprit nous conduit à l'Equivalent, mais en quoi cela peut-il influencer les décrets antérieurement rendus ? D'ailleurs même pour les dispositions postérieures, on ne comprendrait pas davantage l'assimilation des textes, car, comme l'objectait très bien le Procureur général Delangle à la même séance du 5 février, la loi de 1866 avait un caractère tout à fait particulier ; la loi de 1866, disait-il, « c'est une exception qui a été faite en faveur d'un intérêt immense pour notre pays, la fabrication des navires... Il y avait là un intérêt devant lequel on a cru que devait s'abaisser le principe consacré par la loi de 1836. Mais que cette dérogation au principe général détruise la loi de fond en comble, c'est impossible ». Et nous ajouterons qu'il serait trop commode en vérité de créer un effet rétroactif de la loi, pour rendre légales des dispositions qui ne le sont pas !

Après toutes ces explications, nous espérons avoir montré suffisamment combien vains et sans portée, ni juridique ni économique, étaient les arguments fournis par les adversaires de l'Identique : leur meilleure raison pratique en faveur de l'Equivalent était l'*opportunité* du procédé. Malheureusement, les intérêts d'une petite caste (ici les gros industriels qui font de l'exportation) n'est pas une idée suffisante pour faire triompher un système, qui a amené les plus graves abus au point de vue de l'intérêt général.

Comment la pratique de l'Equivalent s'est-elle peu à peu substituée à la notion de l'Identique ?

Les compensations se présentèrent tout d'abord comme des « tolérances administratives ». On n'autorisait rien, on fermait simplement les yeux : et la tolérance était rendue d'autant plus facile que l'incomplet des textes (nous rappelons l'ordonnance de 1848 et l'arrêté de 1849) ne permettait aucune vérification utile de la Douane. Le Gouvernement procéda longtemps de la sorte, il insinua l'*Equivalent*, mais ne le formula expressément qu'à dater de 1860, à dater de l'avènement du libéralisme impérial par conséquent.

Dès 1850 toutefois, nous trouvons dans le décret du 14 Janvier relatif à l'importation des blés étrangers pour la mouture, l'autorisation de compenser la marchandise introduite. Ce décret n'est cependant pas absolument formel et il laisse deviner bien plus qu'il ne formule l'idée qu'il contient. L'article 1er déclare que les froments pourront être importés sous les conditions déterminées par la loi du 5 Juillet 1836, *et par les articles suivants*.

Donc la loi de 1836 ne doit pas être isolée de ces articles.

L'article 2 dans le choix de ses termes et surtout dans son sens général spécifie la compensation ; de plus, le décret permet l'entrée et la sortie des blés et des farines indistinctement par tous les ports d'entrepôt réel et les bureaux de Douane ouverts au transit (art. 3).

Mais c'est surtout la circulaire explicative des Douanes qui ne laisse aucun doute sur la véritable portée du décret de Janvier 1850 (1). Ici le procédé de l'Equivalent est nettement autorisé.

(1) Circulaire n° 236 du 19 Janvier 1850.

Aux termes de cette circulaire, le décret susdit avait pour but de laisser aux minotiers « la faculté ou de réexporter identiquement les farines provenant de la mouture des blés étrangers, ou *d'échanger ces blés* contre des *quantités proportionnelles* de *farines indigènes*, et par une conséquence rationnelle, non seulement de rendre désormais inutile tout contrôle sur l'emploi des grains admis temporairement mais encore de permettre la mouture dans toutes les usines, en dehors des limites où jusqu'alors la faculté en avait été restreinte. »

La circulaire précisait encore plus explicitement la compensation dans sa teneur finale « Après la délivrance de l'acquit-à-caution, disait-elle, les blés devaient être mis à l'entière et libre disposition des importateurs ; et lors de la présentation des farines pour la réexportation ou l'entrepôt, la Douane *avait seulement* à reconnaître qu'elles étaient de pur froment, bien conditionnées et blutées au degré *déclaré*. « En un mot, une fois les formalités de l'entrée, remplies, le blé importé n'était plus suivi par l'Administration, aucun exercice, et aucune des visites anciennement nécessitées pour la constatation de l'Identité n'était exigée désormais.

C'est à la question des métaux que l'on doit véritablement le régime des compensations. L'ordonnance du 28 mai 1843 avait exigé la réexportation à l'Identique des tôles, fers, cornières, etc.; le décret du 17 juillet 1856 abrogea cette obligation, et par son article 1 il ne demandait plus que la sortie des objets fabriqués : « *de la nature* » de ceux importés et « *en poids égal.* » En outre, aux termes de l'article 4 : « les dispositions de l'ordonnance précipitée de 1843 qui ne sont pas reprises dans le présent décret, sont et demeurent abrogées » or, il ne s'agissait là que des prescriptions relatives à l'identité et l'estampillage.

La circulaire d'application de ce décret (1), informait du reste les agents de la Douane :

« 1° Que la formalité de l'estampillage... cessera à l'avenir d'être *appliquée.*

« 2° Que lors de la réexportation, la Douane n'aura plus à *vérifier l'identité* des matières mises en œuvre, mais seulement à s'assurer que les objets fabriqués... représentent un poids égal à celui des matières admises au bénéfice de l'importation temporaire ».

Voilà la première notion de l'Equivalent qui apparaît officiellement (2). Cette notion ne tarde pas à être complétée et développée ; dès l'année suivante, en effet, un nouveau décret en date du 17 octobre 1857 étend le principe, et enfin le décret du 15 février 1862 complète et généralise encore la réglementation des Admissions temporaires des métaux à l'Equivalent.

Désormais, le régime des substitutions devient la règle, on ne dissimule plus ; le terme *compensation* est formellement employé dans les textes ; autant que possible le Gouvernement supprime la syllabe *re* devant le mot réexporter et parle simplement d'*exporter* (voir décret du 5 février 1862, articles 1 et 2). L'Administration des Douanes, pour se conformer aux nouvelles dispositions, modifie en 1868 les formules (à l'Identique) de ses acquits-à-caution, et fait

(1) Du 28 juillet 1856.

(2) Nous devons rappeler aussi l'article 2 du décret du 8 septembre 1851 relatif à l'Admission temporaire des fontes brutes, ainsi conçu : « Les déclarants s'engageront... à réexporter ou à réintégrer en entrepôt... les machines ou mécaniques en *poids égal* au poids de la fonte *brute importée* temporairement... »

Certains ont vu là une application de l'Equivalent. Nous ne le pensons pas pour deux raisons : Le contexte du Décret ne se prête pas à cette interprétation et de plus comme nous l'avons déjà dit (p. 93) l'Identité et l'Equivalence *en poids* ne sont nullement incompatibles.

disparaître la mention portant déclaration que les articles indiqués pour la sortie « provenaient des objets énoncés au présent acquit-à-caution ».

Tout en un mot indique qu'une innovation considérable a été introduite dans la législation des Admissions temporaires, et montre que l'on est sorti des tolérances administratives, pour entrer dans le régime du droit et de la légalité (qui, nous le savons, n'est encore que le régime de l illégalité par rapport à la loi du 5 juillet 1836).

A dater de 1862, la pratique de l'Equivalent pénétra donc dans l'Admission temporaire et elle fut appliquée à tous les produits sans exception. Il faut toutefois concéder au Gouvernement qu'il respecta les applications de l'Identique en vigueur et en exigea l'observation aussi complète que sous l'empire de la loi de 1836.

SECTION III. — Les décrets du 9 janvier 1870 et du 24 janvier 1888. — L'obligation du convoyage a l'usine

Le régime de l'Equivalent, si brillamment inauguré par l'Empire libéral, fonctionna au profit d'une minorité, mais en lésant des intérêts considérables. Pour l'industrie métallurgique notamment, le trafic des acquits-à-caution, qui n'était possible qu'en accomplissant une substitution à distance, atteignait gravement les maîtres de forges du Nord, si bien que ceux-ci protestèrent contre le décret de 1857, cause de tout le mal (1). Ils saisirent simultanément

(1) Il est intéressant de constater que les polémiques au sujet des Admissions temporaires ont pris naissance dans l'industrie des métaux.

l'Empereur, le Sénat et le Ministre du Commerce de leurs plaintes.

Dès 1859, les maîtres de forges s'adressèrent au Sénat. Deux ans plus tard, le 2 janvier 1861, les forges de Terre-Noire, Fourchambault, Trith, St-Léger, Montataire, remettaient une pétition au Ministre compétent.

Le Gouvernement malgré un évident parti pris ne pouvait se dérober, et il ordonna une grande enquête devant la Chambre supérieure de Commerce de Paris, en même temps qu'il saisissait le Comité consultatif des Arts et Manufactures.

Monsieur Combes, Directeur de l'Ecole des Mines chargé de faire un rapport sur l'application du décret du 17 octobre 1857, prit des conclusions nettement favorables au régime de la compensation (1) ; à la suite de ce rapport, le Comité consultatif prépara un projet de règlementation qui devint le décret du 15 février 1862. Bien entendu, cela ne faisait pas l'affaire des réclamants de 1859 comme de 1861, et la pétition revint au Sénat en 1863 ; M. Mallet fut nommé rapporteur. La discussion tint une séance toute entière, et ce fut M. Rouher, qui, au nom du Gouvernement, défendit le régime attaqué, la discussion se termina d'ailleurs, par l'ordre du jour pur, c'est-à-dire par le refus de faire droit à la pétition.

Le 29 janvier 1867, les mêmes maîtres de forges adressaient une nouvelle pétition au Sénat. Nouvelle enquête devant le Comité consultatif également en date du 2 février, avec rapport du même M. Combes (2), et mêmes conclu-

(1) Comité consultatif, séances du 8 septembre et des 9, 16, 30 octobre 1862.

(2) Cf. Ministère de l'agriculture et du commerce.
Comité consultatif des Arts et Manufactures.
Enquête sur l'application du décret du 15 février 1862, relatif à l'importation en franchise temporaire des métaux.
Procès-verbaux de la Commission (1867).

sions, c'est-à-dire maintien intégral du décret du 15 février 1862. La Commission du Sénat chargée d'examiner la pétition de 1867 avec Monsieur de Butenval comme rapporteur, attendit la fin de l'enquête devant le Comité consultatif avant de se prononcer, et c'est seulement dans les deux fameuses séances des 4 et 5 février 1868, qui forment date dans l'histoire de l'Admission temporaire, que la pétition fut examinée.... et rejetée.

Les réclamants, malgré les refus qu'ils avaient successivement reçus ne se décourageaient pas et finalement le Gouvernement consentit à revenir dans une certaine mesure à l'application de l'Identique, au moyen de ce que l'on a appelé l'obligation du « Convoyage à l'usine. »

C'est le décret du 9 Janvier 1870 qui a introduit cette innovation, en prescrivant dans son article 2 que : « les fers et autres métaux énumérés dans l'article 1 du décret du 15 Février 1862 (à l'exception des fontes), devront être transportés dans les usines autorisées à les mettre en œuvre. »

Le transport est fait sous l'escorte de la Douane, quand les usines sont situées dans la zone même d'importation. Dans le cas contraire, l'escorte a lieu jusqu'à la gare du chemin de fer ou jusqu'au bateau par lequel doit s'effectuer le transport. C'est ensuite aux intéressés de justifier de l'arrivée à destination, par un certificat du bureau de Douane s'il en existe un dans la localité, et à son défaut, par un certificat du chef de gare ou la représentation de la lettre de voiture du batelier, visée par l'autorité locale.

L'obligation du convoyage est très grosse de conséquences, en effet, elle détruit complètement l'intérêt des compensations. Le Gouvernement par ce moyen n'a pas supprimé l'Equivalent, mais il en a détruit l'utilité, c'est-à-dire finalement l'emploi. Régulièrement, nous devrions entrer ici dans ces détails et montrer ce mécanisme et ses effets, mais ces développements supposent connues des notions qui ont leur place au chapitre III, et nous renvoyons le tout à cet endroit ; jusque là nous supposerons comme exacte de plein droit l'affirmation que le transport à l'usine a été un retour *en fait*, du moins, à la pratique de l'Identique (1).

Ce qui est certain, en tous cas, c'est que les intéressés n'acceptèrent pas de plein gré cette mesure et qu'à dater de 1870 ils menèrent une violente campagne contre le convoyage. Les maîtres de forges de la Haute-Marne, de la Marne, de la Loire et des autres départements du Centre protestèrent véhémentement. Les Chambres de Commerce parmi lesquelles il faut notamment citer celles de Valenciennes et d'Avesnes adressèrent aux Pouvoirs publics aux noms de leurs membres de longues doléances. Mais c'est au Parlement surtout que la lutte fut la plus vive : le décret était du 9 Janvier, le 13 une interpellation se produisait au Sénat : l'interpellateur était le comte de Butenval.

Des explications sur l'opportunité du décret furent demandées au Ministre (et ces explications furent plutôt une prise à partie directe du Ministère E. Ollivier, qu'une interpellation proprement dite, on en voulait à ce ministère constitué depuis 8 jours à peine d'avoir inauguré subitement une politique économique nouvelle ; notamment, en ce qui concernait l'Equivalent. On lui reprochait de revenir à l'Identique alors que le Comité Consultatif avait le 17

(1) Cette affirmation n'est, nous le dirons de suite, exacte qu'en partie, pour les industriels placés dans l'intérieur du pays, ceux des frontières ou des ports ne sont pas gênés par l'obligation du convoyage ; toutefois, comme ce sont précisément les premiers qui ont le *seul* intérêt à utiliser le régime des compensations, l'objection au fond n'est nullement modifiée.

août 1867 conclu au maintien et à l'extension du décret du 15 février 1862, alors surtout que les représentants du peuple s'étaient formellement prononcés pour l'Equivalent au Sénat (séances des 14 janvier, 4 et 5 février 1868) et au Palais Bourbon (séances des 1, 11, 12, 13, 14, 15, 16, 18 et 20 mai de la même année).

On conçoit avec quelle âpreté la discussion devait être conduite, si à la question purement économique s'ajoutait la question politique. Quoiqu'il en soit le Ministère tint bon, le décret du 9 janvier fut maintenu.

Le décret de 1870 n'était pas applicable aux *fontes* ; les industriels exploitèrent cette lacune, et spéculèrent sur les fontes comme autrefois ils avaient spéculé sur les fers ; c'était moins avantageux il est vrai, le droit sur les fontes étant le tiers seulement de celui des fers, mais cependant ils y trouvaient encore leur profit. Ils spéculèrent même tellement sur ces métaux que, replacée pour les fontes dans une situation analogue à celle que le trafic des acquits lui avait autrefois faite pour les fers, la métallurgie du Nord dût réclamer le convoyage à l'usine des fontes elles-mêmes (1).

Le 5 novembre 1884, les industriels du Nord et de l'Est adressaient à M. Jules Ferry, Président du Conseil des ministres et au Ministre du commerce d'alors, M. Rouvier,

(1) En 1870 d'ailleurs le convoyage avait été réclamé pour les fontes ; 80 maîtres de forges réunis en congrès à Paris le 24 mai 1868 s'étaient parfaitement prononcés en ce sens demandant que le Décret à intervenir fut applicable aux fontes aussi bien qu'aux fers. Le décret de janvier ne visa néanmoins que le convoyage des fers. (Cf. *op. cit.* Enquête sur l'application du décret du 15 février 1862, procès-verbaux de la commission, p. 53 et suivantes). Les raisons de cette omission ont été diversement interprétées : les uns ont prétendu que ce sont les résistances de toute nature soulevées contre le convoyage des fontes qui l'ont fait abandonner ; les autres affirment qu'on a voulu laisser subsister l'Equivalent pour favoriser l'entrée des fontes étrangères insuffisamment produites par nos hauts fourneaux, peu nombreux à cette époque.

une note collective sur leur situation précaire, cette note n'eut pas de suite, le Ministère ayant été renversé avant d'avoir pu y répondre.

Les réclamants ne perdirent pas courage, ils réitérèrent leurs doléances en obtenant cette fois, des Pouvoirs publics, l'assurance formelle que la question ferait l'objet d'une enquête contradictoire devant le Comité consultatif des Arts et Manufactures. M. Pierre Legrand, ministre du commerce affirma aux impétrants qu'il appréciait la justesse de leurs revendications, et qu'à son avis, le système en vigueur n'était pas absolument conforme à la loi de 1836.

Ceci se passait en 1885. En février 1886, le Comité était réuni, et jusqu'au 23 juin 1886, il s'occupa de la question. Des avis insérés au *Journal Officiel* invitèrent tous les intéressés à venir déposer. Le Comité, sur rapport de M. Amé, Directeur Général des Douanes, adopta à la quasi-unanimité des votants le transport des fontes à l'usine (c'était aussi l'avis de la majorité des Chambres de Commerce, qui, par 32 voix contre 13, s'étaient prononcées pour le convoyage). Le Ministre des finances approuva la modification à intervenir, le Ministre du Commerce de même, mais le Conseil des Ministres ne se crut pas autorisé à modifier le statu quo, sans avoir pris l'avis du Conseil supérieur du Commerce, et l'affaire en resta là. Comme le Décret n'intervenait toujours pas, le député Mézières monta à la tribune, le 23 janvier 1888, pour inviter le Gouvernement à se presser : La Chambre approuva l'ordre du jour Mézières par 274 voix contre 206, et le 24 janvier, c'est-à-dire le lendemain, le décret était rendu (1).

Le décret du 23 janvier est depuis lors toujours demeuré en vigueur ; mais, il faut le remarquer, ce texte n'est appli-

(1) Cf. *Journal Officiel*, in-extenso. — Suppl. au n° du 24 janvier.

cable qu'aux seules fontes d'affinage, et les fontes de moulage ne sont pas astreintes à l'obligation du convoyage.

La nécessité du transport à l'usine des métaux importés en franchise a, quoi qu'on ait pu dire, fait disparaître les plus graves abus de l'Admission temporaire à l'Equivalent en général, et du trafic des acquits en particulier. Après 1888, les métallurgistes n'ont plus fait entendre de plaintes et tout porte à croire qu'il en sera ainsi désormais, et que la franchise temporaire à leur égard ne soulèvera plus de difficultés. On a parlé de concessions réciproques d'ententes, pour expliquer cette accalmie ; selon nous, ce n'est pas là qu'il faut chercher l'explication, c'est dans l'emploi de moins en moins fréquent aux métaux du procédé de l'Admission temporaire. Déjà en 1867, devant les Commissaires enquêteurs, Monsieur Schneider, Directeur du Creusot, affirmait que la prime due au trafic des acquits (par conséquent le plus grave inconvénient du régime) ne paraissait pas devoir subsister bien longtemps désormais ; les usines françaises, disait-il, commençaient à produire à des prix modérés d'excellentes fontes, grâce aux minerais manganésifères de l'Algérie, et dès lors, les importations n'auraient plus de raison d'être. Cette prédiction s'est réalisée depuis, aujourd'hui, la production française non seulement subvient aux besoins de la consommation intérieure, mais encore permet l'exportation. En outre, la chimie du haut-fourneau a fait de véritables progrès, on se rend compte aujourd'hui des manipulations que l'on pratique, et au moyen du procédé de la déphosphoration notamment, on obtient en France des fontes fines pour les fers de marque et les aciers, fontes qu'autrefois on devait nécessairement prendre à l'étranger (1).

(1) En 1888, il a été établi que le rendement en métallurgie se trouvait proportionnellement 11,5 plus fort qu'il y a 40 ans par

Nous en avons de la sorte terminé avec la législation de 1836 et nous arrivons à l'examen de l'Admission temporaire actuelle, selon la nouvelle loi des Douanes.

§ III. — *La législation actuelle des Admissions Temporaires*

C'est la loi douanière du 11 janvier 1892 qui, la première a modifié d'une façon *légale* l'ancienne législation des Admissions temporaires contenue dans l'article 5 de la loi du 5 juillet 1836 (1).

Nous disons *modifié* et non *abrogé* pour bien spécifier que l'article 5 a simplement reçu des modifications partielles, et qu'il subsiste toujours avec la même force exécutoire.

La loi de janvier 1892, présentée par Messieurs Jules Roche (Ministre du Commerce) et Jules Develle (Ministre de l'Agriculture) au nom du Gouvernement, ne prévoyait nulle part le régime de l'Admission temporaire ; c'est la Commission de la Chambre des députés, chargée d'examiner le projet, qui y inséra deux articles (art. 7 et 8) relatifs à cette importante question. Ces articles ont pris dans

appareil. Quant aux prix de revient, ils ont baissé dans la même proportion. Lors de l'enquête de 1860, MM. Rozet et Peltereau de Villeneuve évaluent le prix coûtant de la tonne de fer à 145 francs (V. Enquête de 1860, T. I. page 29 et suiv.), aujourd'hui, on obtient le même poids pour 60,52 ou même 45. On étonnerait singulièrement le bon bourgeois de 1830 ou 1848 qui reviendrait à la vie pour quelques instants, quand on lui montrerait une construction moderne où l'ossature toute entière est faite en fer ; il n'en croirait pas ses yeux ; à son époque, semblable chose eut été considérée comme un luxe princier.

(1) Nous avons encore l'article 1 de la loi de 1866 sur la marine marchande dont il a été déjà parlé, mais à raison de son caractère exceptionnel, nous préférons ne voir là qu'une loi spéciale.

le texte définitif les numéros 10 et 13 et ce sont eux que nous allons approfondir.

Comme nous venons de la dire *supra*, l'article 5 de la loi de 1836 n'est pas abrogé, il doit simplement se combiner avec les dispositions dérogatoires de la nouvelle législation, conformément à l'article 17 de la loi du 11 janvier (1). Or, ces dérogations sont de deux sortes, elles affectent la nature et la forme de la concession d'Admission temporaire d'une part, et la condition d'extinction de l'obligation et d'apuration de l'Acquit d'autre part ; pour le surplus, l'article 5 demeure en vigueur.

La première modification apportée par la nouvelle législation est donc relative à la *nature* même de la concession. Aux termes de l'article 13 de la loi de 1892 en effet, « le bénéfice de l'Admission temporaire ne pourra être accordé à aucune industrie, qu'en vertu d'une disposition législative, après avis du Comité Consultatif des Arts et Manufactures. » Ainsi, la concession désormais est une véritable loi émanée du pouvoir compétent. Nous sommes loin de « l'ordonnance royale » de l'article 5, qui suffisait anciennement pour autoriser l'Admission temporaire.

Le rapporteur général de la Commission de la Chambre des Députés chargée de discuter le projet du Gouvernement, Monsieur Méline, se loue de cette innovation dans son rapport, parce que, dit-il, « il n'est pas douteux que l'Admission temporaire soit un moyen indirect de modifier le tarif, d'autant plus dangereux pour les industries intéressées qu'il est indirect et qu'il a bien souvent des répercussions inattendues (2). »

(1) Ainsi conçu : « Sont abrogées, toutes les lois antérieures en ce qu'elles ont de contraire à la présente loi ».

(2) Cf. *Tarif général des Douanes* — Tome I, p. 87, Edition du Ministère du Commerce.

Cette affirmation de l'éminent économiste qu'est Monsieur Méline, est exacte de tous points, et, en ce sens, l'article en question est un véritable progrès sur la législation antérieure.

Il ne faut pas se le dissimuler, en effet (et pour plus amples développements, nous renvoyons à notre chapitre d'Introduction), dans un pays, rien n'est plus difficile à réaliser qu'un bon régime douanier ; pour avoir une tarification véritablement appropriée aux nécessités économiques, on ne saurait trop s'entourer de lumières et d'opinions compétentes. Cette idée de répercussion qu'indique Monsieur Méline, joue notamment dans la vie nationale un rôle prépondérant, et quand on touche à un droit protecteur, il faut que ce soit en quelque sorte avec une prescience très nette des conséquences qui en adviendront.

Ceci posé, qui est apte dans un pays à se placer au véritable point de vue économique ! Ce n'est certainement pas le Gouvernement, élément essentiellement changeant, et hétérogène. — Le Gouvernement est formé toujours d'une majorité, par suite, il sera ou tout libéral ou tout protectioniste et la politique du juste milieu ne sera jamais son fait : les Ministères de concentration aussi bien politiques qu'économiques sont une utopie. Dans ces conditions, fatalement le Gouvernement sacrifiera l'intérêt du pays à ce qu'il croit être la vérité, c'est-à-dire à ses propres opinions : exemple le Gouvernement du second Empire. Avec l'avènemeut d'un Ministère, les tarifs douaniers peuvent être soudainement modifiés et la politique libérale alors en honneur fait tout à coup place à la protection ou vice-versa, au grand détriment du commerce et de l'industrie. Ceci n'est pas de la théorie, ceci s'est présenté notamment pour l'Admission temporaire des tissus de coton en 1870 (décret du 9 janvier.

L'Assemblée législative au contraire, possède des traditions, et en quelque sorte, une personnalité morale qui la rend apte à connaître des modifications qui interviennent dans la vie économique nationale.

En effet, le Parlement comprendra toujours deux grands partis, l'un libéral, l'autre restrictif, qui, suivant les circonstances arrivera au pouvoir ou en descendra. Mais les mesures proposées par l'un, si forte que soit la majorité qui les soutient ne passeront pas inaperçues, les adversaires les discuteront, les examineront, et très souvent un simple apport de faits pratiques présenté opportunément à la tribune, détermine un revirement dans les esprits et constitue ce juste milieu qui envisage sainement et sans parti pris les questions économiques et leur donne leur véritable solution. Puis, le Parlement étant une représentation très exacte du pays : C'est là seulement que se trouveront les moyens d'éclaircissement les plus vrais, les données les plus sincères sur la force, la production, le développement des industries locales et régionales.

Pour tout dire d'un mot, le Député sera un représentant autorisé des besoins industriels et commerciaux de sa localité, et c'est du groupement de tous ces besoins que le législateur tirera une conclusion et appréciera de quel côté doit pencher la balance.

Il n'est pas jusqu'aux idées démocratiques qui ne puissent se féliciter de l'innovation de 1892. En effet, tout groupe d'industriels, ou tout citoyen isolé a le droit de provoquer par l'entremise de membres des Chambres le dépôt d'une proposition de loi d'Admission temporaire, bien mieux ces ou cet intéressé peut lui-même proposer une disposition législative sur ce sujet par voie de pétition, et le Parlement est tenu de s'y arrêter. Certainement sous le régime ancien de l'ordonnance ou du décret, les impétrants présentaient également leur *desiderata* au Ministre, mais celui-ci pouvait incontinent mettre la sollicitation au panier sans plus d'examen. Ce sont là autant d'avantages dont il est impossible de méconnaître l'importance.

Le seul reproche que l'on puisse adresser à la concession d'Admission temporaire faite par une loi, c'est que cette pratique entraînera des lenteurs et des complications pouvant préjudicier aux intérêts commerciaux, qui n'ont pas le temps d'attendre. Cette objection est malheureusement fondée, et on sait pour en avoir fait presque un aphorisme, que toute loi qui se respecte doit au préalable dormir dans les cartons parlementaires de 5 à 8 et même 10 années, quelquefois plus, avant d'avoir les honneurs de la Tribune parlementaire. Il est certain que dans l'espèce qui nous occupe, l'*urgence* serait votée, mais même l'urgence serait-elle suffisante? Il faudra faire des enquêtes, des contre-enquêtes, on prendra des avis, il y aura les discussions, les amendements, etc., et précisément, ces formalités et ces garanties qui ne sont pas exigées pour un décret, attarderont le vote définitif, et reculeront l'application du bénéfice si impatiemment attendu par les intéressés. Et puis, en l'absence des Chambres, comment procédera-t-on? On se trouvera renvoyé à la prochaine session, chose qui parfois pourra être très nuisible aux intérêts immédiats du commerce.

Si justifiés que soient ces reproches, nous ne les croyons pas irréductibles, ils pourraient être facilement supprimés, nous en sommes persuadés. Du reste, on peut constater que la plupart des Admissions temporaires concédées par Décret ont soulevé des questions semblables, des difficultés d'appréciation et de réglementation que le Gouvernement lui-même ne pouvait trancher à la hâte.

La concession de l'Admission temporaire rendue au

législateur est donc une importante innovation de la loi de 1892, d'ailleurs depuis bien longtemps déjà, cette modification capitale était à l'étude.

L'Empire libéral, le premier, à la date du 4 Décembre 1869 sur interpellation de 38 députés des régions industrielles fut mis en demeure de : « présenter le plus tôt possible un projet de loi ayant pour but de fixer les tarifs de Douane et de résoudre toutes les questions qui s'y rattachent, notamment celles des *Admissions temporaires*... » Cette interpellation fut close par l'ordre du jour pur et simple.

En 1870, les protestations devinrent plus vives, à la suite des deux décrets du 9 Janvier 1870 (sur les fontes et les tissus de coton). Ces décrets qui constituaient une mesure de réaction énergique contre la politique libérale suivie depuis 1860, étaient intervenus comme un coup de foudre sans préparation aucune, sans enquête préalable ; de là des colères et l'interpellation du Comte de Butenval déjà citée, sur la politique économique que comptait suivre le nouveau Cabinet. L'interpellation eut sans doute tourné fort mal pour le Cabinet sans une habileté du Ministre des Finances Monsieur Buffet, qui, après avoir soutenu la légalité des décrets de 1870, annonça à la Chambre son intention de déposer un projet de loi pour retirer le régime des Admissions temporaires à la sphère gouvernementale.

De fait, le 5 Mars 1870, le Gouvernement déposait un projet de loi qui fut voté à l'unanimité par le Corps Législatif, le 26 Mars suivant (1).

(1) Ce projet de loi était ainsi conçu :

Article unique :

« A l'avenir, des lois spéciales détermineront le régime des Admissions temporaires en franchise de droit,

Le paragraphe 1 de l'article 5 de la loi du 5 Juillet 1836 est abrogé. »

Le texte vint au Sénat, le 5 avril de la même année, mais il y eut des pertes de temps, des retards, bref les événements néfastes de cette époque se produisirent, et le projet de loi fut oublié dans les archives sénatoriales.

Ce n'est que le 17 juin 1872 que Messieurs Johnston. Fraissinet, André Feray et Joubert songèrent à la reprendre en lui ajoutant la disposition suivante : « Le paragraphe 1 de l'article 5 de la loi du 5 juillet 1886 est abrogé ».

L'urgence ayant été refusée à cette proposition, elle fut renvoyée à la Commission d'initiative parlementaire, qui présenta son rapport seulement le 28 juillet 1875. Le rapport était favorable à la proposition Fraissinet. toutefois la Commission laissait au Gouvernement le droit de statuer sur certaines Admissions temporaires exceptionnelles (1).

La décision de la Commission d'initiative n'avait pas été prise sans difficultés et l'adoption de ses conclusions fut précédée de longs débats. Quatre systèmes différents avaient été proposés. Le premier consistait à établir une distinction entre les objets susceptibles d'être admis à la franchise d'importation, et à attribuer selon le cas au pouvoir exécutif ou au pouvoir législatif le droit de statuer ; un autre traçait la ligne de démarcation entre le pouvoir à attribuer au Gouvernement et celui qui serait réservé à la

(1) Voici les articles tels que le rapport de la Commission les formulait :

Art. Ier. — A l'avenir des lois spéciales détermineront le régime des Admissions temporaires en franchise de droits.

Toutefois le Gouvernement continuera à accorder des autorisations d'Admissions temporaires dans les cas suivants : Demandes d'introductions d'objets pour réparation, essais et expériences.

Demandes d'introduction de tares et emballages à remplir.

Demandes d'introduction présentant un caractère individuel exceptionnel, non susceptible d'être généralisé.

Art. II. — Le paragraphe 1 de l'article 5 de la loi du 5 juillet 1836 est abrogé en ce qu'il a de contraire à la présente loi.

loi, en prenant pour base la distinction des Admissions à l'Identique et des Admissions à l'Equivalent.

Le troisième système laissait au Gouvernement le soin de décider à titre provisoire sur toutes les Admissions temporaires, en lui imposant l'obligation de soumettre ses décisions à la ratification de l'Assemblée.

Dans un dernier système enfin, on proposait de distinguer, non plus entre les objets assujettis ou non à aucun tarif protecteur ou prohibitif, mais entre les concessions d'Admission temporaire qui portent sur les objets d'une importance considérable et les concessions d'un intérêt secondaire, et de laisser ces dernières à la décision du pouvoir exécutif, avec intervention du Conseil d'Etat, pour établir au moyen d'un règlement d'Aministration publique les nomenclatures des objets réservés à la loi (1).

Le premier de ces systèmes fut écarté dans la discussion, à raison de la difficulté d'établir une fois pour toutes une nomenclature des produits admissibles à ce régime de faveur.

Contre le second, on argua de l'inconvénient de laisser au pouvoir exécutif, la solution de questions très graves et très délicates.

Le 3e système ne fut pas adopté, parce que l'on craignit que la réserve de ratification du Parlement d'une mesure économique prise par le Gouvernement, ne fut la plupart du temps un simple enregistrement imposé par des considérations politiques.

Restait le dernier système. On objectait contre lui, que,

(1) Cf. La circulaire ministérielle du 11 octobre 1875 adressée par le ministre du commerce Monsieur de Meaux à toutes les Chambres de Commerce, pour les consulter d'une façon générale sur les Admissions temporaires et plus spécialement sur l'opportunité de rendre la concession de ce bénéfice au Pouvoir Législatif.

outre la difficulté de fixer la limite exacte d'importance qui devait motiver l'intervention législative, cette méthode donnerait au Conseil d'Etat un rôle trop prépondérant puisqu'il serait chargé de fixer les catégories devant bénéficier de l'Admission temporaire, et en même temps d'en faire la répartition entre les deux pouvoirs (1).

Jusqu'en 1884, tout demeura dans le *statu quo*, mais à cette date MM. Claude et Dauphinot déposèrent au Sénat une nouvelle proposition de loi (2), ainsi conçue :

« Article premier. — L'article 5 de la loi du 5 juillet 1856 est abrogé.

Art. 2. — A partir de la promulgation de la présente loi aucune Admission temporaire ne pourra être autorisée que par les Chambres (3). »

Malgré tous les efforts faits, ces différentes propositions de lois, n'ont pas abouti, et il est probable qu'elles n'auraient pas eu la chance d'aboutir de sitôt, si en 1892, le régime douanier français n'avait pas été modifié.

Nous devons noter d'ailleurs que, même dans la Commission des Douanes de la Chambre des Députés chargés d'examiner le projet de loi douanière de 1892, certains

(1) Nous trouvons dans l'analyse des réponses des Chambres de Commerce à la circulaire Ministérielle du 11 octobre 1875, que, 18 Chambres ont conclu à une série de lois spéciales à chaque Admission Temporaire ; 13 ont opiné pour le maintien pur et simple de la la loi de 1836, enfin 8 voix étaient pour la réforme de la législation dans le sens d'une loi qui généraliserait à tous les produits le système des Admissions, en laissant au Gouvernement les mesures d'exécution ou bien entendu la suspension de la franchise.

Cf. Ministère de l'Agriculture et du Commerce. Conseil supérieur du Commerce de l'Agriculture et de l'Industrie. Admissions temporaires 1878). Analyse des réponses des Chambres de Commerce page 187.

(2) Séance du 23 février. Sénat 1884. Annexes, n° 51, p. 98.

(3) Nous ferons remarquer que toutes ces propositions demandent la suppression de l'art. 5 de la loi 1836 ce qui supposerait un remaniement complet de la législation des Admissions temporaires.

membres se montrèrent hostiles à une modification du régime en vigueur. Ces opposants déclaraient que la prérogative du Parlement se trouvait suffisamment sauvegardée par le droit d'interpellation par lequel tout député peut contraindre le Gouvernement à prendre une résolution.

Le rapporteur général de la Commission, Monsieur Méline, a fait prompte justice de cet argument en montrant que l'interpellation n'est pas toujours facile à obtenir, la raison politique retenant trop souvent les interpellateurs.

Aujourd'hui donc, l'autorité législative se réserve le droit exclusif de connaître de toute nouvelle autorisation d'Admission temporaire, ou plus exactement au législateur seul appartient de dégrever par une disposition spéciale des marchandises qui, légalement sont soumises à la taxe d'importation ; mais là se borne son rôle.

Tout comme sous l'empire de la législation de 1836, le Gouvernement est investi du pouvoir de réglementation, et c'est un décret du chef de l'Etat qui fixera toutes les conditions d'application du texte légal. Observons d'ailleurs que ce n'est là que le droit commun. Le Président de la République a seul mission de faire les réglements pour l'exécution des lois ; et le pouvoir législatif est totalement distinct du pouvoir réglementaire (1). Déjà, sur ce point, se sont élevées des difficultés, et au 9e Congrès de la Meunerie, tenu à Paris en juillet 1896, nous trouvons précisément une discussion sur un cas semblable.

Les meuniers à cette époque se préoccupaient du décret de Monsieur Méline tendant à réduire à 5 les zones d'importation et de réexportation et à modifier les taux d'extraction de mouture des blés. Or, certains des membres du Congrès prétendaient qu'en vertu de l'article 13 de la loi

(1) Cf. Esmein. — *Droit Constitutionnel*, p. 509 et 360.

de 1892, un décret était insuffisant et qu'il fallait une disposition législative. La réponse était bien simple cependant et il n'y avait pas de doute à avoir ; un simple décret était valable, puisqu'il ne s'agissait là que d'une question de réglementation. En un mot, toutes les fois que l'objet et les conditions de la loi qui a autorisé l'Admission temporaire ne sont pas explicitement ou même implicitement violés par le décret, la mesure qu'il prescrit doit être considérée comme prise dans les limites de la légalité.

La loi qui autorise une nouvelle Admission temporaire doit être précédée d'un avis du Comité consultatif des Arts et Manufactures, nous dit l'article 13. Cet avis est obligatoire, mais bien entendu, il n'engage pas le législateur. Cette consultation se conçoit on ne peut mieux, et elle ne se trouverait pas dans le texte de 1892 que pratiquement on s'y conformerait tout de même. En effet, avant d'autoriser l'entrée en franchise à charge de réexportation à l'Identique ou en compensation, de tel ou tel produit, il faut savoir si ce produit est susceptible d'être identifié ou compensé sans fraude et sans difficultés matérielles ; il faut par conséquent, connaître certains détails techniques qui certainement ne seront pas de la compétence des députés ou sénateurs. Ajoutons qu'au point de vue des intéressés, l'avis du Comité consultatif est encore une garantie précieuse, qui les assure que la loi sera faite en connaissance de cause par des gens de la partie et qu'elle ne contiendra pas des dispositions en rendant l'application pratiquement impossible.

Puisque c'est une loi qui doit autoriser l'Admission temporaire des produits il est évident que seule une nouvelle loi pourra supprimer la concession ; un décret serait insuffisant, à l'encontre de ce qui se passait sous la législation de 1886.

Si la loi de 1892 a rendu à l'autorité législative un pouvoir qui de plein droit était sa prérogative, elle a cependant voulu continuer à laisser au Gouvernement l'autorisation de concéder certaines Admissions temporaires de produits bien déterminés, et de peu d'importance. Ces concessions peuvent avoir lieu dans trois cas (1) :

1° Pour les introductions présentant un caractère *individuel* et *exceptionnel* non susceptible *d'être généralisé.*

2° Pour les introductions d'objet destinés à des essais, de réparation ou des expériences.

3° Enfin pour l'introduction des sacs ou d'emballages à remplir.

Cette faculté laissée au Gouvernement, se motive d'elle-même ; il serait en effet souverainement gênant pour le commerce d'avoir à se soumettre aux formalités compliquées de l'Admission temporaire pour obtenir le droit d'entrer en franchise, l'un ou l'autre de ces objets de valeur très minime en somme. Cette prérogative est bien entendu limitative, et l'on doit se renfermer étroitement dans ses termes. L'Identique le plus absolu régit d'ailleurs ces Admissions temporaires spéciales, qui donnent lieu à un acquit-à-caution descriptif, avec emploi strictement obligatoire de toutes les autres formalités nécessaires à l'identification des marchandises, (l'estampillage peut être remplacé par l'indication du nombre de fils de la toile pour les sacs). Pour les objets vides, le délai de réexportation doit être limité au laps de temps strictement nécessaire pour l'arrivée à destination et le renvoi à l'étranger. (Circulaire du 23 avril 1889, n° 1977). Ce délai en principe d'un mois (décision ministérielle du 3 mai 1889, circ. N° 1981, art. 13),

(1) Ce sont les trois cas prévus par la Commission d'initiative de 1875 chargée d'examiner la proposition Johnston Fraissinet.

peut être étendu par autorisation des chefs locaux (décision Ministérielle du 12 Février 1890) (1).

Nous voici à présent bien fixés sur la première modification apportée au régime des Admissions temporaires, par la législation de 1892. Ce n'est pas la seule, la loi du 11 janvier affecte également les conditions d'apuration de l'acquit-à-caution ; elle autorise encore les exportations à l'*Equivalent.* Cela résulte implicitement des termes de l'article 13 : « Sont maintenues en vigueur les facultés actuellement concédées en matière d'Admission temporaire, en vertu de décisions antérieures à la présente loi pour les produits suivants... etc. », suit l'énumération des produits (2). Or, ce tableau comprend toutes les marchandises admises jusqu'à la loi de 1892, sauf les fils de coton (art. 10) pour lesquels il y a un régime tout spécial que nous examinerons du reste ci-après et les maïs, riz et blés durs employés à la fabrication de l'amidon sec en aiguilles ou en marrons, dont la franchise a été supprimée par l'art. 11 de la dite loi de 1892 (3). Le décret de 1862 devient donc légal, et par suite, les compensations qu'il établit sont légales aussi. C'est la consécration définitive de l'exportation à l'Equivalent dans la législation douanière.

On le voit, l'article 13 dénature complètement l'esprit de

(1) Il existe enfin une autre franchise à charge de réexportation, (résultant, celle-là, non de la loi, mais d'une pratique constante). Les Directeurs des Douanes sont autorisés à laisser importer temporairement les objets en *cours d'usage* qui sont présentés isolément et en *petit nombre* pour recevoir des réparations ou un complément de main-d'œuvre. La réexportation doit nécessairement se faire dans les six mois. (Cir. du 24 Avril 1885, N° 283). CF. Tarif des Douanes. Observations préliminaires N° 195 p. 152.

(2) Cf. ce Tableau, page 151.

(3) Depuis la loi de 1892 il a été fait au tableau des Admissions temporaires par le législateur, un certain nombre d'additions. Voir ces additions, page 153.

la loi de 1836 en autorisant parallèlement à l'Identique les compensations à l'Equivalent. Et il ne peut y avoir là matière à conflit, les deux procédés sont exactement placés sur le même pied d'égalité, la loi de 1892 ne faisant aucune distinction entre eux. L'article 13 a donné force de loi à tous les anciens décrets, et il s'ensuit que ceux qui, antérieurement à la loi exigeaient la réexportation à l'Identique continueront à l'exiger comme par le passé ; cela ne souffre aucune difficulté. Reste à savoir quels seraient les droits du Gouvernement pour le cas où il voudrait modifier la réglementation de l'une de ces dispositions à l'Identique ; pourrait-il lui substituer le régime des compensations par simple décret ? Nous n'hésitons pas à l'affirmer ; l'art. 13 ayant donné à l'un comme à l'autre mode d'opération des acquits-à-caution la même autorité, le Gouvernement pourrait à son choix substituer l'un à l'autre et cela en vertu de son pouvoir règlementaire. Il est vrai qu'on peut discuter le caractère de l'Identique et de l'Equivalent et prétendre que ces deux formalités constituent plus que des mesures d'exécution, et qu'elles échappent par suite au pouvoir du Gouvernement ; c'est même en ce sens que le député Caze a en 1893 (1) cru nécessaire de déposer une proposition de loi pour exiger l'Identique dans les Admissions temporaires de blé. Mais selon nous, l'objection n'a et ne peut avoir de valeur juridique en présence du silence de l'art. 13 combiné avec l'art. 17 de la loi de 1892. Ajoutons que rien n'empêche le législateur lorsqu'il autorise une concession d'Admission temporaire nouvelle, de prescrire les conditions dans lesquelles s'effectueront les sorties, auquel cas, le Gouvernement se trouve obligé *stricto sensu*.

(1) Cf. *Offic.*, 1893. Session extraord. Séance 9 déc. Annexe n° 130, p. 154.

Voilà exposées les deux dérogations fondamentales apportées par la loi de 1892 à la législation antérieure des Admissions temporaires. Elles modifient le texte de l'article 5 sur deux points principaux : Le début de l'article comprenant ces termes « des ordonnances royales » est supprimé et remplacé par l'article 13 de la loi de 1892 ; en outre, il faut compléter la finale du 1er paragraphe, relative seulement aux apurements à l'Identique, en intercalant une disposition concernant l'Equivalent. Pour le surplus, les pénalités notamment, l'article 5 subsiste et les décrets depuis 1892 ne manquent jamais de le rappeler. — Au résumé, donc, c'est à la fois à la loi du 11 janvier 1892, aux différents décrets visés par cette même loi et à l'article 5 de la loi du 5 juillet 1836 qu'il faut se reporter pour trouver la législation actuelle des Admissions temporaires.

Comme il sera facile de s'en apercevoir dans les explications qui vont suivre, l'introduction de l'Equivalent a détruit complètement la portée et la *vérité économique* du principe de l'Admission temporaire. Désormais, le procédé douanier de l'article 5 de la loi du 5 juillet 1836 deviendra un nouvel instrument de spéculation qui, loin de protéger les intérêts du producteur national, permettra de les concurrencer d'une façon encore plus désastreuse (1).

Au cours de la discussion du tarif de 1892, plusieurs amendements qui n'eurent d'ailleurs aucune suite, avaient été proposés en faveur d'une extension de la liste des marchandises à admettre à la franchise d'importation. C'est ainsi que l'Admission temporaire fut demandée pour les peaux, mais sans succès, car on objecta que la multipli-

(1) Comme nous l'expliquerons au chapitre III, le système de l'Equivalent que nous blâmons est celui qui autorise le trafic des acquits, mais nous dirons que nous concevons la nécessité des compensations dans certains cas.

cité et la longueur des transformations dont seraient susceptibles ces produits, éloignerait le terme de la réexportation qui doit se faire promptement (1).

Une proposition bizarre fut celle que présenta M. Guillemin qui réclamait dans l'intérêt de l'élevage l'Admission temporaire des bœufs et des vaches ; bien entendu cet amendement ne fut pas pris en considération. M. Leydet (2) avait demandé la franchise à l'entrée des maïs servant à l'engraissement des animaux destinés à l'exportation ; cette proposition fut également repoussée : quelles relations en effet aurait-on pu établir entre le maïs et le bétail ?

Monsieur Peytral enfin ne put obtenir l'Admission temporaire des raisins secs pour la fabrication du vin : Messieurs Jamais et Pallain lui objectèrent les fraudes que motiveraient ces introductions, à raison des grandes difficultés que présente l'analyse des vins de coupages.

Parmi les additions intéressantes faites à la loi et qui résultèrent de la discussion, nous devons citer l'amendement Burdeau relatif à l'extension de l'Admission temporrire aux tissus de soie pure destinés à être imprimés, apprêtés ou gaufrés. Ce ne fut pas sans difficultés d'ailleurs, que cette extension fut admise car, malgré l'adoption du Sénat, la Commission de la Chambre la repoussait obstinément sous prétexte que le droit de 4 fr. déjà faible sur les tissus de soie, ne jouerait plus du tout. Ce fut la crainte de voir nos industries de teints en pièces se transporter à Zurich, crainte sombrement évoquée par Burdeau qui fit adopter l'amendement.

Dans cette dernière période, depuis la loi de janvier 1892, l'Admission temporaire a pris une ampleur extraordinaire

(1) Cf. Discussion Viger, Chambre, séance du 28 août.
(2) Cf. Chambre des Députés. 2e séance du 29 décembre.

avec la question des blés, et l'on a assisté jusqu'à la fin de l'année 1897. à une lutte épique que nous verrons tout au long entre l'Agriculture et la Meunerie. Bien entendu, c'est l'Equivalent et l'Identique qui en firent tous les frais.

Aujourd'hui, le calme est revenu : est-ce pour longtemps ? Bien fort qui pourrait le dire : les situations et les intérêts en présence sont trop délicats pour que l'on puisse donner une certitude ; toutefois ainsi que nous l'expliquerons *infrà*, il est permis de croire à une accalmie durable.

L'histoire de l'Admission temporaire de 1836 à nos jours, on le voit, n'offre pas une grande diversité ni beaucoup d'imprévu. — Sur le grand nombre de produits admis à profiter de ce bénéfice, il n'y en a guère que deux qui soulèvent des difficultés et provoquent des discussions : *les fers* et *les blés*. Et ces difficultés, ces discussions tiennent à quoi ? à l'introduction des compensations et de l'Equivalent dans la loi de 1836, c'est-à-dire à une *dérivation absolue* des principes qui présidèrent à l'élaboration du fameux article 5, ce qui nous permet de dire que l'histoire de l'Admission temporaire réside tout entière dans la théorie de l'Identique et de l'Equivalent.

APPENDICE

I. — De l'Admission temporaire des tissus

C'est le décret du 13 février 1861, qui a le premier fait application du bénéfice concédé par l'article 5 de la loi du 5 juillet 1836, aux tissus étrangers destinés à l'impression en France (1). Ce décret ne visait que les tissus de coton.

Le décret du 25 août 1861 étendit la concession aux tissus en pièces, de laine pure ou mélangée, de coton, de soie ou de poil.

Enfin, le 29 octobre 1862, un nouveau texte amplifiait encore les deux dispositions précédentes en les rendant applicables aux tissus en pièces de fils et de coton mélangés.

Ces décrets avaient été rendus à la suite de l'enquête de 1860, et sur les sollicitations des ateliers d'Alsace, dont l'industrie de l'impression périclitait et menaçait de disparaître.

Cette industrie de l'impression sur tissus résidait presque exclusivement dans « l'indiennerie », qui consiste à appliquer sur des calicots à l'état écru des dessins et des formes de couleurs variées (2).

Les toiles peintes avaient toujours constitué une industrie éminemment française, et, suivant le mot de Monsieur Rouher, à la tribune du Sénat (3) « tout y était réuni, le goût et l'art, l'habileté et la puissance mécanique ».

L'indiennerie datait en France de 1741, elle s'était établie à cette époque à Mulhouse où elle imprimait des tissus étrangers. En 1860, l'industrie et l'impression occupait deux centres : Rouen et Mulhouse, avec des spécialités différentes de travail. L'impression et la teinture à Rouen n'employaient que des étoffes grossières et lourdes, et c'est à peine si le 1/10e des opérations se faisait sur des étoffes

(1) En 1849, dans sa séance du 14 novembre, la Chambre de Commerce du Haut-Rhin avait déjà pris une délibération tendant à accorder l'Admission temporaire aux fabricants d'indienne, mais pour jusqu'au 1er avril suivant seulement.

(2) Cf. Déposition Cordier. Conseil supérieur du commerce, séance du 26 janvier 1877.

(3) Sénat, séance du 14 janvier 1870. — *Of.* du 15.

étrangères. L'Alsace au contraire, opérait sur des tissus fins, destinés à peu près exclusivement à l'exportation.

Jusqu'à la fin de la Restauration et aux premiers temps de l'évolution économique du pays vers la liberté commerciale, l'industrie de l'impression avait prospéré ; à l'intérieur elle avait des débouchés assurés et sur les marchés extérieurs surtout, ses fabrications de luxe, les organdis, les percales, les brillantés, très estimés, faisaient l'objet d'une demande considérable.

Peu à peu cependant, les habitudes nouvelles, les changements dans les goûts de la mode firent préférer aux indiennes les laines légères et mélangées et il se produisit une contraction de l'impression Alsacienne telle, qu'elle ne conserva bientôt plus que ses débouchés de l'étranger (1).

Malheureusement, ces débouchés eux-mêmes, si l'on n'y prenait garde, étaient destinés à lui échapper à brève échéance. Nos indienneurs, en effet, sur les marchés internationaux, se trouvaient en concurrence avec les imprimeurs Suisses et Anglais dont les produits aussi beaux, mais moins bons, coûtaient 15 et 20 °/₀ moins cher que les leurs (2) (le coût des matières premières variant

(1) Monsieur Rouher (Sénat, séance du 14 janvier 1870) déclarait que de 1848 à 1830, sur 42 fabriques d'indiennes à Rouen, 24 avaient fermé, et en Alsace, 34 sur 140.

(2) Les tissages anglais et suisses se vendaient à un prix très bas, comparativement aux prix français. On explique cela pour les tissus suisses par plusieurs raisons dont les principales sont le bon marché de la main d'œuvre et du transport.

En Suisse, les filatures marchant toutes à l'eau et non à la vapeur, cela constituait une économie sur la houille d'environ les 3/4 de la différence dans les prix de revient de chez nous.

Quant aux frais de transport de Zurich et Winterthur sur la place de Mulhouse, ils étaient inférieurs même à ceux payés par les manufactures des Vosges pour se rendre sur la même place ; en Suisse, en effet, les transports se faisaient à des conditions particulières passées de gré à gré entre le particulier et les Compagnies des chemins de fer.

dans cette proportion dans les deux pays). La lutte devenait dès lors impossible.

C'est dans le but de remédier à cette déplorable situation, que les imprimeurs Alsaciens s'adressèrent aux Pouvoirs Publics et que furent rendus les décrets de 1861 et 1862 qui autorisaient l'Admission temporaire des tissus écrus étrangers.

Mais si satisfaction était ainsi accordée aux imprimeurs, toute l'industrie textile se leva en masse et un mouvement d'opinion considérable protesta contre la législation de faveur dont bénéficiaient les ateliers Alsaciens. Une opposition d'intérêts se trouvait en jeu en effet ; la question économique de l'Admission temporaire des tissus était née.

L'industrie du tissu comprend trois grandes branches de fabrication, parfois réunies, mais le plus souvent distinctes : la filature qui prépare le fil ; le tissage qui avec ce fil, confectionne le tissu ; l'impression et la teinturerie qui donnent la couleur et le dessin à l'étoffe du tisseur ; il existe par suite entre ces trois catégories de producteurs une étroite solidarité, et le moindre fait pénible à l'une de ces branches se répercute aussitôt sur les deux autres. C'est précisément au nom de cette solidarité que les intéressés se plaignaient.

En effet, les indienneurs ayant obtenu le bénéfice d'importer en franchise de l'étranger les toiles écrues dont avait besoin leur industrie, le tissage et par contre coup la filature française perdirent de ce chef, des débouchés importants : ils ne vendaient plus leurs fabrications, ou du moins ils n'en trouvaient qu'un prix dérisoire à raison de la concurrence étrangère des tissus d'importation. En un mot la question se posait de la sorte : les filateurs voulaient vendre leurs produits aux tisseurs, ceux-ci étaient désireux de faire accepter leurs tissus pour l'indiennerie et l'impression, mais les imprimeurs n'offraient de les payer qu'un prix égal aux prix demandés par les tisseurs étrangers dont ils recevaient les étoffes en Admission temporaire.

La solution à donner à cette question a été particulièrement délicate, puisque, comme nous allons le constater, il a fallu trente ans pour la découvrir. Voyons donc l'histoire de ces discussions.

Au lendemain des fameux décrets de 1861 et 1862, les tisseurs protestèrent d'abord timidement, peu à peu leurs plaintes devinrent plus vives, et à partir de 1867 et 1868 ils réclamèrent violemment l'abrogation des mesures qui les gênaient : 158 filateurs et tisseurs de l'Est adressèrent une pétition au Ministre du Commerce et une vaste enquête fut ordonnée, en 1868, par le Gouvernement. Les griefs qui furent formulés contre le régime des Admissions temporaires des tissus ont été condensés tout au long dans les procès-verbaux de la Commission (1), et nous allons brièvement les passer en revue. Comme il est juste, le principal argument invoqué contre les décrets de 1861 et 1862 par les filateurs et tisseurs se fondait sur la mévente de leurs fabrications. Grâce aux importations en franchise disaient les intéressés, les imprimeurs ne nous achètent plus nos fabrications, nos produits se trouvent dépréciés et nous végétons en attendant que nous fermions nos usines. L'argumentation était certainement très plausible, mais comme leur répondaient très bien les imprimeurs, pourquoi voulez-vous que nous exposions à la ruine, non seulement notre commerce, mais encore une

(1) Cf. Ministère du Commerce. — Comité consultatif des Arts et Manufactures. — Enquête relative à l'importation en franchise temporaire des tissus de coton destinés à être réexportés après impression ou teinture. — Procès-verbaux de la Commission.

industrie presque unique dans le monde. — Nulle autre nation n'a le monopole de nos couleurs et du fini de notre main-d'œuvre : en entravant nos exportations, (car nous sommes presque exclusivement une industrie d'exportation), vous obligez les ateliers d'Alsace à fermer, vous les engagez à passer de l'autre côté de la frontière, et vous faites perdre à la France une richesse économique inappréciable. C'est à vous, dont les fabrications trouvent toujours une consommation dans le pays à nous faire les concessions que nous souhaitons et dont dépend notre existence.

A cela, les tisseurs et filateurs objectaient que leur industrie était quant au nombre d'employeurs et d'employés et à la valeur du matériel beaucoup plus intéressante que l'impression ; un filateur doublé d'un économiste, M. Pouyer-Quertier affirmait même que la filature et le tissage réunis employaient trois fois autant de bras pour faire la même quantité de pièces de tissus que la fabrication de l'indienne.

On est en droit de s'étonner de la pauvreté de cet argument qui laisse supposer que la nécessité d'une industrie, au point de vue de la meilleure direction économique du pays, dépend du plus ou moins grand nombre de salariés qu'elle emploie. Certainement, la considération que la filature et le tissage en utilisant une plus grande main-d'œuvre que l'industrie de l'impression, paient une proportion plus forte de salaires, et contribuent à relever d'autant la situation sociale de la natio, doit être tenue pour excellente, mais nous ne croyons pas qu'on puisse donner cet argument d'une façon aussi *a priori* et sans réserves ; en tous cas, cette considération ne pourra jamais être qu'accessoire.

Bref la seule objection qui ait une valeur économique, est celle d'après laquelle les importations en franchise des tissus étrangers déprécient les cours des tissus français et cela alors même qu'ils sont identiquement réexportés aprés main-d'œuvre. Ce reproche adressé par la filature et le tissage au régime des importations en franchise ayant une portée générale, nous nous dispenserons de l'examiner à cette place et nous le reporterons à l'examen des avantages et des inconvénients de l'Admission temporaire, au chapitre III (1).

Dans l'enquête de 1868, les imprimeurs mis en cause se sont défendus et aux objections de leurs adversaires ils ont opposé des objections tout aussi fortes. C'est ainsi que les indienneurs ont à maintes reprises fait grief aux tisseurs de ne fabriquer que les poids lourds et non les tissus légers en filés fins de 28 fils et plus, chaîne et trame aux 5 m/m et pesant 4 kilogr. 700 gr. les 100 mètres carrés et au-dessous ; ces tissus appelés jaconas dont l'impression faisait une grande consommation se trouvaient au contraire couramment sur les marchés étrangers : produisez ces tissus, disaient les indienneurs, nous vous les achèterons.

Ce grief paraît-il portait juste, car aucun industriel n'a jamais essayé de le démentir. M. Pouyer-Quertier déclarait à ce sujet : « Nous protestons formellement contre ce reproche de mauvaise volonté ; avant 1860 la France fabriquait toute espèce de tissus, seulement il est arrivé que par suite des combinaisons du traité de commerce, certains articles se sont trouvés moins frappés que d'autres, et que les uns sont restés dans une condition plus favorable tandis que d'autres n'ont pu être fabriqués qu'à des conditions défavorables, d'où la conséquence qu'on n'a plus fabriqué que ceux qui présentaient des conditions favorables. » Cette réponse du célèbre leader protectioniste

(1) Cf., page 168.

constitue une excuse, mais ne détruit en aucune façon le bien fondé de la plainte des indienneurs.

Suivant la déplorable habitude de toutes les enquêtes et de tous les enquêteurs, on a fait intervenir en 1868 la statistique, tant pour démontrer que l'impression malgré le régime de faveur dont elle bénéficiait demeurait stationnaire comme production et exportation, que pour prouver le contraire. Bien que nous soyons hostiles par principe à ces tableaux de chiffres (suprême argument de ceux qui n'en ont pas) auxquels on fait dire tout ce que l'on veut, nous présenterons brièvement l'argument des statistiques, car en l'occurènce il offre un certain intérêt et prouve amplement qu'il ne faut lui accorder qu'une créance très limitée.

Monsieur Pouyer-Quertier avait fait observer à l'enquête que l'effet des franchises était nul au point de vue de l'accroissement d'exportation. Les tissus imprimés exportés qui étaient de 2,083,000 kilogs en 1858, de 2,100,000 kilogs en 1859, ne formaient plus qu'un poids de 2,065,000 kilogs en 1865 et 2,086,000 kilogs en 1866. — D'ailleurs, ajoutait-il en guise de conclusion, à son sens cette dépression se justifiait on ne peut mieux, car en imprimant des tissus étrangers qui sont inférieurs comme qualité aux tissus français, les indienneurs avaient mécontenté leurs acheteurs et perdu leur clientèle.

A cette constatation des états de douane, les imprimeurs ont eu vite fait de répondre que ce n'était pas le poids mais le nombre des mètres employés, qu'il fallait voir, et que précisément ce nombre avait presque doublé, car les exportations qui se pratiquaient jadis sur des tissus pesant de 9 à 10 kilogs les 100 mètres ne se faisant plus que de tissus de 4 à 5 kilogs au plus la proportion avait augmenté en réalité. D'ailleurs, ajoutait l'industrie de l'impression, la période de comparaison était tout-à-fait mal choisie, puisqu'à ce moment la crise cotonnière provoquée par la guerre de Sécession battait son plein, et que le prix du coton s'était élevé au quintuple de sa valeur ordinaire.

Si on peut discuter plus ou moins la valeur des arguments apportés de part et d'autre dans l'enquête de 1868, et si le Gouvernement chargé de départager les intéressés pouvait se trouver embarrassé dans la décision à prendre, il est du moins un point pour la solution duquel aucune difficulté ne devait exister et sur lesquels les réclamations des tisseurs étaient fondées, il s'agissait de l'application du décret du 28 novembre 1862. Ce texte permettait l'entrée en Algérie et dans les colonies françaises des tissus imprimés en France *francs* et *quittes* de tous droits ; or, l'indiennerie rouennaise avait utilisé cette faculté, pour se livrer à un trafic très fructueux et très légitime d'ailleurs, qui consistait à imprimer des tissus importés en franchise qui étaient ensuite vendus en Algérie, où ils concurrencaient les tissus proprement français.

M. Pouyer-Quertier porta la question devant l'Enquête : (1) « Prenons, disait-il, un tissu entré en France sans avoir payé aucun droit, du moment qu'il reçoit une impression si minime qu'elle soit, s'il est envoyé en Algérie, il y entre sans droit. N'y a t-il pas là un privilège d'une nouvelle nature ?.... Comment ! voilà des marchandises qui, si elles entrent en France sous forme de filés paieront un droit de 75 cent., et sous forme de tissus un droit de 60 à 75 cent. mais qui sont affranchies de tout droit si elles sont destinées à la réexportation !... Ainsi un fabricant français ira en Angleterre acheter du coton pour lequel il paiera 75 cent. de droit et le tissu qu'il aura fabriqué se trouvera en

(1) Cf. *Procès-verbaux de la Commission*, op. cit. p. 28.

concurrence dans les colonies françaises avec des tissus étrangers importés en franchise de droit ! »

L'observation était fort juste : les filateurs et les tisseurs se trouvaient dans une inégalité complète par rapport aux imprimeurs qui se fournissaient en franchise à l'étranger.

Il faut croire que tous les arguments précités et bien d'autres que nous n'avons pas rappelés ici, n'influencèrent pas les enquêteurs, puisque dans sa séance du 29 avril 1868, sur rapport de Monsieur Roy, le Comité Consultatif des Arts et Manufactures vota le maintien du décret du 13 février 1861 ; quant à la question de l'Algérie, le Comité fut d'avis de la recommander à l'attention du Ministre de l'Agriculture et du Commerce.

Presque au même moment une nouvelle crise survenait sur les cotonnades et rendait encore plus âpres les protestations des adversaires des Admissions temporaires : le Ministre du Commerce, Monsieur Leroux, pour donner un semblant de satisfaction à l'opinion, réduisit à 4 le délai de 6 mois exigé pour la réexportation des tissus imprimés. Monsieur Gressier, après lui, dans un même but de conciliation, chargea une Commission mixte d'entendre et de discuter les arguments pour et contre le maintien des décrets contestés, mais vainement ; tisseurs et filateurs voulaient le retrait pur et simple de ces décrets. Le Gouvernement était de plus en plus hésitant, et il ne savait trop à quel parti s'arrêter, quand arriva au pouvoir le Ministère du 2 janvier 1870, avec Monsieur Buffet au département des finances. Monsieur Buffet, en sa qualité de député des Vosges, était particulièrement bien placé pour connaître la question et entendre les plaintes des tisseurs d'Alsace ; c'est précisément sous cette impression qu'il fit rendre le décret, le fameux décret du 9 janvier 1870 qui décidait que 4 mois après son apparition « les tissus de coton purs et mélangés cesseront d'être admis au régime de l'importation temporaire » C'était la suppression pure et simple de l'Admission en franchise pour les tissus. Ce décret, qui avait été rendu avec une hâte tout à fait anormale et en dehors des règles ordinairement suivies, motiva l'interpellation du Comte de Butenval que nous connaissons déjà, et qui aboutit au vote d'un ordre du jour. Mais les intéressés, c'est-à-dire les imprimeurs, ne se tinrent pas si facilement pour battus, et à leur tour ils adressèrent pétitions sur pétitions aux Pouvoirs publics. Avant l'apparition du décret du 9 janvier, le Syndicat des manufacturiers des tissus imprimés avait transmis une lettre collective de protestation de ses membres au Corps législatif ; le 10 janvier, le même Syndicat adressait une seconde lettre tandis que de tous côtés émanaient des plaintes et notamment de la Chambre de commerce de Marseille, des centres d'impression de Rouen et de Mulhouse, et aussi d'initiatives privées (1). Survint la guerre franco-allemande.

La lutte entre l'impression et le tissage très plausible, alors que l'Alsace-Lorraine était française, devait semble-t-il se clore d'elle-même une fois les ateliers de cette province perdus pour notre pays, d'autant mieux qu'en Normandie (cela résulte de l'enquête de 1868) l'Admission temporaire des tissus n'avait jamais offert qu'un intérêt tout à fait secondaire. Il n'en fut rien cependant, et l'industrie rouennaise après 1870 reprit la campagne avec une nouvelle ardeur et pour son propre compte. Le Conseil supérieur du Commerce ayant eu à s'occuper de la question des Admissions temporaires en général, une place

(1) Cf. Discours Tachard au Corps législatif à la séance du 1er février.
Voir *Officiel*, 2 février 1870, p. 225.

fut faite à la question des tissus, à la demande même des imprimeurs rouennais.

Par une bizarrerie qu'on ne s'explique guère, les principaux intéressés, c'est-à-dire les imprimeurs ne se présentèrent qu'en très petit nombre devant le Conseil, tandis que les filateurs et tisseurs au contraire venaient en majorité déposer et soutenir le régime du décret de 1870. D'ailleurs, hâtons-nous de le dire, les adversaires n'apportèrent aucun argument nouveau à l'appui de leur thèse, ils rééditèrent simplement les dépositions de l'enquête de 1868.

Le Conseil supérieur du Commerce de 1877 (1) entendit des choses intéressantes sur la situation de l'industrie de l'impression en Normandie, la seule qui nous restât depuis la perte de l'Alsace. Les délégués rouennais s'attachèrent à faire un tableau saisissant des difficultés que rencontrait leur industrie, difficultés qui tenaient à deux causes principales. D'abord, un genre tout nouveau s'était créé depuis deux ou trois ans dans les tissages « je veux parler, disait Monsieur Petit, négociant de Rouen, des tissus à rayures qui se fabriquent avec des fils teints et qui viennent remplacer dans beaucoup de cas l'impression. »

Mais le véritable motif des souffrances des impressions rouennaises était imputable à la perte des débouchés coloniaux que les concurrents étrangers avaient su accaparer.

L'un des délégués de l'industrie d'exportation, Monsieur Malathiré, expliquait de la sorte cette main-mise. Les colonies françaises se trouvant au point de vue douanier sous le régime dit des octrois de mer, chaque colonie possédait le droit d'imposer elle-même indifféremment les entrées de marchandises étrangères et françaises.

(1) Cf. *Officiel* du 27 mai 1877, p. 4047.

Or, ces tarifs ne faisoient qu'une différence de 2 0/0 en faveur des produits français, quand la métropole estimait qu'un droit de 15 0/0 à l'entrée des tissus étrangers était indispensable à soutenir la concurrence étrangère ; les calicots français valant de 30 à 40 0/0 plus cher que les calicots anglais, la lutte, on le voit, était devenue impossible.

Les indienneurs rouennais reprirent enfin devant le Conseil Supérieur le grand reproche de 1868, à savoir que le tissage français ne fabriquait ni les largeurs, ni le poids, ni le fil fin dont ils avaient besoin et qu'ils trouvaient seulement en Angleterre.

Bref, ces griefs firent impression sur les membres du Conseil supérieur qui se prononça pour le rétablissement de l'Admission temporaire à l'Identique des tissus de coton. Deux décrets des 6 septembre 1879 et du 20 avril 1887 vinrent sanctionner ce vote en rétablissant la franchise pour les tissus de soie mélangés de coton. Ce furent d'ailleurs jusqu'en 1892 les deux seules applications qui furent faites de l'Admission temporaire aux tissus.

La question de la franchise d'importation des tissus, telle que nous l'avons jusqu'ici présentée s'est cantonnée exclusivement entre l'industrie du tissage et celle de l'impression, la filature n'intervenant qu'incidemment et par répercussion ; mais les importations temporaires *de filés pour la fabrication des tissus* ont également donné lieu a des discussions fort intéressantes qu'il nous est impossible de passer sous silence.

En 1872, Monsieur Deseilligny, Ministre du Commerce, avait autorisé l'industrie des lacets et tresses de Saint-Chamond (1) à réclamer la franchise temporaire, à charge de

(1) Près de Saint-Etienne. Cette industrie avait une spécialité de lacets et de passementerie qui concurrençait la fabrication allemande de Barnem.

réexportation pour les fils de laine destinés à la fabrication de ces lacets. Cette Admission temporaire n'était du reste concédée que pour un seul fil de laine, le N° 40 que la fabrication française ne fournissait pas.

Depuis, ce bénéfice fut étendu à la demande de la Chambre de Commerce d'Amiens, à l'industrie similaire de cette ville.

Mais cette tolérance avait autorisé les réclamations des tisseurs, et au même Conseil supérieur du Commerce de 1877, la question des Admissions temporaires des fils pour la confection des tissus fut soulevée pour la première fois (1).

Monsieur Bertrand-Milcent, député du Nord pour les fils de lin et Monsieur Tezenas du Moncel pour ceux du coton, réclamèrent la franchise d'importation en faveur de tous les industriels qui employaient ces fils. L'Admission temporaire ne devait d'ailleurs être appliquée qu'au tissage ; et les fils à coudre de même que ceux dont la tapisserie se servait, bien que soumis aux mêmes droits de douane seraient complètement exclus du bénéfice. Monsieur du Montcel donnait comme raison de sa demande que les fils mécaniquement produits en Angleterre et en Islande ayant complètement bouleversé les intérêts du tissage français, il était indispensable d'accorder à celui-ci des compensations.

La question était nouvelle et le Conseil supérieur du commerce décida d'en référer au Comité consultatif des Arts et Manufactures, qui ordonna une enquête (18 avril 1877) (2).

Dans le rapport assez flottant qu'il rédigea à la suite de

(1) Conseil Supérieur. Séance du 27 janvier 1877.

(2) Cf. Enquête sur l'Admission temporaire des fils de coton et de lin.

cette enquête, M. Roy s'efforça de justifier la nécessité d'appliquer le régime de l'Admission temporaire aux filés.

Nous ne retiendrons de ces justifications que le passage dans lequel le Rapporteur attribue la crise qu'il s'agit de conjurer à la perte de l'Alsace. L'annexion de cette province avait rompu l'équilibre jusque-là existant entre la filature et le tissage (perte de 1.600.000 broches de filature et de 30.000 métiers à tisser), et tandis que les tisseurs augmentaient en 1 an leur matériel de 4.500 métiers, les filateurs demeuraient dans l'état stationnaire le plus absolu.

M. Roy expliquait cette inégalité de développement des deux industries similaires, uniquement par la cherté d'établissement d'une filature comparativement au coût d'un tissage.

Quoiqu'il en soit le résultat de cette inégalité était moins que satisfaisant. Les tisseurs ne pouvant trouver en France les filés qui leur étaient nécessaires n'avaient que la ressource de les faire venir de l'étranger ; mais bien entendu en acquittant le droit d'entrée. Dès lors autant valait dire tout de suite qu'on ne voulait pas laisser exporter de tissages français (1).

En ce qui concernait les fils de lin, les tisseurs et notamment les fabricants de batiste du Cambresis prétendaient qu'au dessus du n° 130 la filature française était incapable de leur fournir aucun fil. D'autre part, d'une façon courante à partir du n° 100, la qualité des fils français était tellement inférieure à celle que fournissait l'Islande, que son emploi en était le plus souvent impossible Les tisseurs de Tarare affirmèrent même nettement devant le Comité consultatif

(1) Les tisseurs employant des fils retors pour les velours tramés soie et des guipures pour ameublement, payaient des droits équivalant parfois jusqu'à 11 0/0 de leur valeur.

que seulement en Angleterre ils trouvaient les fils n° 50 et au-dessus.

M. Roy concluait donc à l'adoption du régime de l'Admission temporaire, mais il entrevoyait une difficulté au sujet des moyens qui permettraient de reconnaître dans les tissus exportés, les fils importés. — Sans doute la condition de l'identité à la sortie pourrait ne pas être requise, et la simple constatation lors de l'exportation du produit fabriqué que le numéro du fil constituant l'étoffe était bien le même que celui du fil entré en franchise, serait suffisante : mais cette équivalence elle-même n'était pas aussi simple à établir qu'on se l'imaginait, bref le rapport n'était affirmatif dans ses conclusions qu'avec cette réserve essentielle. Malgré les protestations des intéressés, et malgré les affirmations réitérées que l'Admission temporaire des filés ne donnerait lieu à aucun abus sérieux (1), le Comité Consultatif abonda dans le sens de son rapporteur et il ne vota pas de plano la franchise des filés. Sa décision fut qu'à raison de la nature très variée des tissus purs ou mélangés, il ne convenait pas d'admettre l'Admission temporaire des fils destinés à être transformés en tissus en *règle générale*, mais seulement de décider que l'importation en franchise des dits produits, serait autorisée par une décision spéciale du Ministre de l'Agriculture et du Commerce rendue sur l'avis du Comité consultatif des Arts et Manufactures statuant sur chaque demande. — C'était d'ailleurs le régime appliqué aux filatures d'Alsace deve-

(1) Les fils pour la teinture ont une valeur spécifique trop grande pour qu'il y ait un véritable profit à se livrer au trafic des Acquits. La cause de ce trafic, c'est l'économie des frais de transport coûteux sur une marchandise lourde et encombrante et de peu de valeur en proportion de son poids. Or, ainsi que Monsieur du Montcel le déclarait au Comité consultatif, la tonne de fil n° 143 qui vaut 15.000 francs coûterait tout au plus 90 francs de transport du Havre à St. Etienne.

nues allemandes. Pour éviter toute contestation et toute fraude sur l'équivalence entre le fil importé et le fil employé, le Comité était encore d'avis d'exiger : 1° une déclaration contenant les numéros de fil à importer, la proportion de coton entrant dans le tissu à exporter, la nature et le poids des apprêts ; 2° Un dépôt d'échantillons des tissus à exporter.

Le système d'autorisation spéciale ainsi proposé par le Comité fut très di·cuté, car il était de nature à créer d'injustifiables inégalités. Ainsi l'industriel employant tel numéro de fil sera privé des avantages de l'Admission temtemporaire, alors que son voisin en bénéficierait tout naturellement, à raison de la nature même de sa fabrication.

Ces explications nous montrent désormais la lutte déplacée et circonscrite entre les tisseurs et les filateurs autrefois unis. Les tisseurs, ces farouches adversaises de la franchise d'importation tant qu'elle leur préjudiciait, se sont réconciliés avec elle, et sans crainte de ruiner l'industrie et la filature, ils la demandent, ils la réclament comme une question de vie ou de mort pour eux, et ils rééditent précisément contre les filateurs tous les arguments précédemment fournis par les imprimeurs pour conserver le bénéfice de l'Admission temporaire (1). Tant il est vrai de

(1) Dans « L'Enquête sur l'Admission temporaire des fils de coton et de lin, devant le Comité Consultatif des Arts et Manufactures », nous trouvons des déclarations intéressantes à ce sujet. C'est ainsi qu'on lit, page 9 : « Monsieur Tézenas du Montcel explique que les filateurs de Lille ne livrent les fils à un prix *abordable pour les opérations à l'étranger*, que lorsque les affaires sont stagnantes et que les cours des fils se sont abaissés. Dans les circonstances ordinaires, les *tisseurs ne trouvent les filés à bas prix qu'à Manchester* ».

Le même déposant fait remarquer, à un autre endroit, que les tisseurs français ont à l'étranger la mauvaise réputation de vendre leurs produits à un prix trop élevé, et il ajoute :

« Il importe de triompher de ce préjugé en soutenant des offres à

dire qu'en tout, la question personnelle et égoïste domine et que les plus belles doctrines et les plus beaux principes ne sont plus ou moins au fond qu'une question d'opportunité.

La décision du Comité consultatif fut portée en 1881 devant le Conseil supérieur du Commerce. Le Conseil nomma une Commission d'analyse qui, à *l'unanimité*, décida « qu'il conviendrait d'appliquer l'Admission temporaire à tous les fils de coton ».

En 1882, le Conseil général des Manufactures prenait la même décision à la même unanimité de voix, à la condition qu'on pourrait trouver un procédé d'analyse des tissus. Le Directeur du laboratoire du conservatoire des Arts et Métiers, Monsieur de Luynes, ayant prouvé que cette analyse était possible, le Gouvernement se préoccupa de rendre le décret d'exécution, qui a pris la date du 18 septembre 1883.

Ce décret autorise l'Admission temporaire des fils de coton écru simples ou retors, N° 50 et au-dessus, destinés à la fabrication des mousselines et des tissus de soie et de coton. Ce décret donnait surtout satisfaction à la Chambre

bas prix. Notre infériorité relative tient non à notre mode de fabrication qui est égal sinon supérieur à celui des Anglais, mais au *prix élevé de la matière première ; l'Admission temporaire aura pour effet de niveler les cours* ».

Mais il y a mieux, dans le rapport fait par Monsieur Roy sur les deux séances du Comité consultatif des 18 et 21 avril 1877 ; l'auteur s'exprime de la sorte : « Il n'est personne parmi nous qui ne soit convaincu que cette opération (Admission temporaire) ne soit nécessaire à nos exportations, et que sa nécessité ne puisse être calculée en raison directe des droits inscrits à nos tarifs de douane. Les objections que l'on peut faire au régime des Admissions temporaires nous sont également connues et nous avons dû, dans bien des cas, passer outre pour donner l'essor à nos exportations et satisfaire à un intérêt général ».

Mais les imprimeurs ne demandaient pas autre chose et cependant on ne les a pas écoutés.

de commerce lyonnaise. Les tisseurs lyonnais en effet jetaient les hauts cris en invoquant les exigences nouvelles de la mode pour les habillements féminins, pour les ameublements. Le dernier luxe étant de préférer aux soieries riches et pures des soieries à bon marché où le coton entre en grande proportion, il fallait pouvoir faire face à ces goûts nouveaux, et pour cela obtenir des réductions fiscales considérables sur les droits grevant les filés de coton à leur entrée en France ; le nouveau décret leur en donnait précisément le moyen (1). Le décret de 1883 cependant n'eut pas l'heur de satisfaire tout le monde et par une lettre du 14 novembre 1884, la Chambre syndicale de la fabrique de Tarare demandait au Ministre du Commerce de compléter encore ce décret en accordant la franchise aux numéros de filés 0 à 50 qui sont des gros numéros très demandés par la consommation, et surtout de simplifier le fonctionnement de l'Admission temporaire et d'étendre le délai de réexportation. Cette motion fut reprise par un très grand nombre de Chambres syndicales, de Conseils municipaux, etc.. de la région lyonnaise, elle fut même portée à la Chambre des Députés dans une interpellation que le député du Rhône, Monsieur Ballue adressa au Gouvernement en 1885 (2).

Les filatures du Nord sacrifiées une première fois par le décret de 1883 opposèrent une vive résistance à l'extension de ce texte, et les Chambres de Commerce de Lille, Rouen, Roubaix, le Hâvre, Epinal, Saint-Quentin, Tourcoing, combattirent les prétentions lyonnaises avec la dernière énergie. La Chambre de Commerce d'Amiens, dans la lettre qu'elle adressait le 30 septembre 1891 aux Sénateurs pour leur

(1) Cf. *Journal des Chambres de commerce,* 1884. P. 371 et 1885, p. 252.

(2) Cf. *Officiel* 1885. Débats Chambre, séance du 20 juillet, p. 1335.

demander de ne pas ratifier le nouveau tarif douanier voté par la Chambre allait même plus loin, elle réclamait purement et simplement la suppression radicale des Admissions temporaires de filés de coton (1).

En 1892, la question se posait donc de la sorte : l'industrie de l'impression et le tissage demandaient l'un et l'autre avec raison, le bénéfice de l'Admission temporaire, chacun pour sa matière première, tandis que la filature protestait avec non moins de droit contre cette mesure qui la ruinait. Deux intérêts antagonistes se trouvaient dès lors en présence, le législateur de 1892 réussit à les concilier au moyen du système douanier dit « *Remboursement à forfait* » que nous allons rapidement esquisser bien que ne rentrant pas directement dans notre sujet.

Aux termes de l'article 10 de la loi du 11 Janvier 1892, les droits perçus à l'entrée des fils de coton destinés à la fabrication des tissus mélangés en soie et coton, et de tissus de coton teints en fils, etc., sont partiellement remboursés à forfait lors de la réexportation.

Ainsi donc, les filés qui sont importés de l'étranger doivent acquitter le droit porté au tarif : ce qui détruit a *priori* les plaintes des filateurs indigènes, mais en même temps le tisseur ne peut protester, car s'il veut réellement faire de l'exportation, il obtient un remboursement partiel du droit qu'il a payé à la douane.

Le droit n'est que partiellement remboursé ; ce remboursement porte sur les 60 0/0 des perceptions de la douane correspondant aux quantités de coton exportées. C'est un forfait établi d'après le rapport qui existe entre les importations des filés et les exportations de tissus.

Les tissus présentés au remboursement, pour l'obtenir

(1) *Lettre relative au régime économique et aux tarifs douaniers*, page 8.

doivent renfermer au moins 50 0/0 de coton, sauf pour certains rubans mélangés de soie et de coton et des tissus de velours et de peluche mélangés de soie et de coton où la proportion est réduite à 25 0/0.

L'exportateur qui veut bénéficier de ce remboursement devant déclarer le poids du coton de chaque numéro de fil simple ou retors entrant dans le tissu, il s'ensuit que la douane doit vérifier la sincérité de ses affirmations. De là une foule de formalités minutieuses et aussi pratiquement difficultueuses qui sont énoncées dans le décret d'exécution en date du 5 mars 1892. A titre d'indication disons que le remboursement s'applique exclusivement aux fils ramenés à l'état écru, mais que la proportion de 25 ou 50 0/0 de coton exigée est calculée d'après le poids brut tel qu'il existe à l'importation.

Les déclarations pour le remboursement à forfait ne sont reçues qu'autant que la somme à rembourser soit supérieure à 10 francs (1).

Le Remboursement à forfait de l'article 10 de la loi de 1892 est, on en peut juger, un système tout à fait particulier. Ce système n'est certainement pas une Admission temporaire puisqu'à l'entrée on perçoit le droit porté au tarif sur les filés. Ce n'est pas davantage un Drawback car toute sortie de tissu destiné à l'exportation obtient un remboursement, que le fil qui le compose provienne de filatures françaises ou de filatures étrangères. Ce procédé constitue un système mixte qui tient à la fois de l'Admission temporaire, du Drawback, et de la Prime directe d'exportation (2).

(1) Cf. *Tarif des Douanes de France*. Observ. prélimin. Règles générales, p. 235 et suiv.

(2) Le projet de loi de 1892 du Gouvernement ne parlant pas de l'Admission temporaire, ne pouvait mentionner par conséquent le remboursement à forfait.

Pour être complet, nous devons dire que l'article 10 de la loi de 1892 fut assez chaudement enlevé, et qu'il y eut au Parlement un très grand nombre d'opinions en faveur de la suppression complète de l'Admission temporaire, pour les filés, et le relèvement des droits grevant ces produits (1).

Le remboursement à forfait fut surtout très violemment pris à parti par M. Burdeau à la séance de la Chambre du 29 décembre, ce député critiquait l'article 10 et demandait la suppression de ce système pour une triple raison :

1° Comme onéreux pour l'Etat qui pourrait se trouver obligé de rembourser à la sortie des droits qu'il n'aurait pas touchés.

2° Comme donnant lieu à un remboursement mal établi et inique fondé sur des moyennes.

3° Comme une véritable prime d'exportation à laquelle l'étranger ne manquera pas d'opposer des représailles.

Le rapporteur général, M. Méline, sans contester le bien fondé des allégations de M. Burdeau répondait en déclarant que le principal motif de l'article 10 était « l'impossibilité de trouver un meilleur procédé pour donner satisfaction aux intérêts engagés », et le remboursement à forfait fut maintenu.

Le législateur de 1892 ne pouvait davantage rester sourd aux revendications d'ailleurs fort légitimes de l'industrie

(1) Cf. Rapport Gustave Denis, rapporteur de l'industrie du coton. Voir *Ministère du Commerce et de l'Ind. Enquête sur le régime douanier. Examen des tarifs de douane. Tome I. Compte-rendu des séances* (1890). Séance du 5 Juillet, page 157, du 8 Juil. p. 193, du 9, page 226. Voir aussi d'une façon générale sur la question de la filature et du tissage dans la discussion du tarif douanier de 1892 : *Le tarif des Douanes* de 1892, Tome I, page 105, le rapport Pierre Legrand, page 522, le rapport Balsan, page 376, le rapport Georges Graux.

de l'impression, et la législation des Admissions temporaires pour les tissus destinés à être teints ou imprimés fut rétablie complètement avec la plus large extension. Aujourd'hui l'Admission temporaire est concédée : 1° aux foulards écrus en pièces et tissus de bourrés de soie en pièces.

2° Aux tissus de soie pure.

3° Aux tissus de soie mélangée de coton ou d'autres matières.

4° Aux tissus de laine pure ou mélangée de coton, soie ou poil en pièces. En vertu d'une décision ministérielle du 27 août 1872 encore en vigueur, le régime de l'Admission temporaire n'est possible pour les tissus mélangés qu'autant que la laine domine en poids dans le mélange.

5° Enfin l'Admission temporaire est autorisée pour les tissus de lin ou de chanvre purs ou mélangés écrus en pièces. Ici encore dans les mélangés, le lin et le coton doivent dominer en poids.

Tous ces produits seront présentés à la réexportation imprimés, teints ou apprêtés.

Citons enfin les crêpes de Chine unis, en châles ou en pièces qui ressortiront brodés, teints ou imprimés.

Remarquons que dans chacun de ces cas, aucun déchet n'est accordé. Cependant, une décision ministérielle du 4 août 1883 a autorisé une différence de 2 0/0 sur la longueur et de 10 0/0 sur la largeur et le poids des tissus de laine ressortant après teinture ou impression.

Ainsi se trouve étudié l'historique des Admissions temporaires des tissus et des filés.

De nos jours cette question ne soulève plus aucune difficulté ; le remboursement à forfait comme les franchises à charge de réexportation fonctionnent d'une façon rationnelle et les intéressés ne se plaignent pas.

II. — L'Admission temporaire des sucres destinés au raffinage ou à la confection de produits sucrés et des savons transparents

La nature et les conditions de l'Admission temporaire des sucres destinés au raffinage, sont tout à fait distinctes de celles qui résultent pour les autres marchandises de la loi du 5 juillet 1836 (art. 5).

D'après M. Pallain, ancien Directeur général des Douanes l'Admission temporaire des sucres « a pour objet de permettre aux importateurs et aux producteurs indigènes de prendre livraison de leurs marchandises, moyennant l'engagement cautionné de payer les droits dans le délai de deux mois, ou de produire des titres constatant qu'une quantité équivalente de sucre raffiné ou brut a été exportée ou constituée en entrepôt réel (1).

Deux parties très distinctes sont donc à considérer dans cette législation de l'Admission temporaire des sucres suivant qu'elle est demandée par un importateur ou au contraire par le producteur national :

Prenons d'abord le premier cas : l'Admission temporaire est utilisée par l'importateur ; en effet, peuvent être admis temporairement en franchise des droits, les sucres étrangers non raffinés de toute qualité (y compris ceux titrant plus de 98 degrés) importés en *droiture* des pays hors d'Europe (art. 18 de la loi du 19 juillet 1880 et loi du 6 mai 1863, art. 23).

L'Admission temporaire dans cette première hypothèse est assimilable au procédé que nous avons étudié jusqu'ici et l'importateur a les mêmes intérêts et les mêmes devoirs

(1) Pallain. *Les Douanes Françaises*, 1896, t. I, p. 472, n° 750.

que s'il s'agissait de blé, de riz ou de fonte. Toutefois, nous remarquerons que le bénéfice de la franchise est inapplicable à la totalité des sucres d'origine Européenne ainsi qu'à ceux de provenance extra-européenne importés par la voie des entrepôts d'Europe, ce qui constitue une dérogation avec la législation ordinaire de ce procédé douanier.

Une autre différence tient à la non obligation pour l'importateur de transformer le produit. Il se libère de son engagement soit par l'exportation ou la constitution en entrepôt de quantités correspondantes de sucres raffinés en pains et de sucres candis ou de vergeoises. ou enfin de sucres simplement raffinés ; mais il lui est toujours loisible ou bien de réexporter le sucre *brut* ou bien de l'entreposer si mieux il n'aime acquitter les droits avec intérêts de retard (loi du 15 février 1875, art. 35) à compter de la date de l'obligation, et en outre le paiement des intérêts à raison de 5 0/0 l'an à partir de l'expiration du délai de l'acquit (2 mois, lois du 7 mai 1864, art. 8). Nulle pénalité n'est encourue par lui, si à l'expiration du délai soumissionné, le sucre n'a pas été raffiné, il a le choix de le ressortir en l'état ou même de le mettre dans la consommation en payant les droits. Les sucres bruts ne peuvent être à la sortie de l'entrepôt de nouveau déclarés pour l'Admission temporaire.

Les compensations en cette matière ont été toujours admises de plein droit (1) ; les sucres sont pris en charge pour la quantité de sucre raffiné qu'ils sont présumés pouvoir fournir (loi du 19 juillet 1880, art. 18). Le rendement s'établit par l'analyse polarimétrique ; et il ne peut jamais

(1) Il ne pourrait en être autrement d'ailleurs ; quand l'importateur peut se libérer de son engagement en entreposant ou en exportant des quantités *correspondantes* de sucres raffinés en pains ou de vergeoises ; forcément il y aura une compensation.

être inférieur à 65 0/0, non compris un déchet de 1/2 0/0 (loi du 5 août 1890, art. 5). Cela n'empêche pas qu'il y ait une prime de rendement de 15 0/0, soit de 4 fr. 50 par 100 kilogr. de sucre raffiné.

L'apurement des acquits doit se faire dans les deux mois de l'enlèvement des sucres (loi de finance du 8 Juillet 1865) en aucun cas il ne peut être accordé de prorogation (sauf un délai de droit de 10 jours) avant la contrainte ; cela est très naturel, puisque l'importateur a la faculté d'entreposer ou de réexporter le produit *brut* :

Il serait bien difficile d'expliquer les divergences de ces dispositions comparées à celle de la législation ordinaire des Admissions Temporaires, autrement que par la nature exceptionnelle du produit sur lequel elles portent. Le sucre a toujours préoccupé le législateur qui a fait un certain nombre de lois de circonstance à ce sujet. On sait à quelles rivalités douanières la production sucrière donne lieu depuis plusieurs années, avec l'Allemagne surtout. L'intérêt national exigeant que l'importation du sucre étranger soit absolument restreinte, et l'exportation au contraire très développée, le législateur s'est servi de l'Admission temporaire à cette fin. L'Admission temporaire ici non seulement est utile à la production indigène, en empêchant les introductions de sucre étranger en franchise, mais encore elle permet à l'importateur qui a pris un acquit de tant de quintaux de sucre étranger pour le raffinage et qui ne peut ou ne veut satisfaire à son engagement, de se débarrasser de son produit brut et par suite d'apurer son pouvoir sans encourir aucune pénalité douanière. Au point de vue des industries sucrières d'exportation, c'est une condition très avantageuse puisqu'elle les incite à gagner la prime d'exportation de 15 0/0, sans crainte d'avoir à supporter le droit d'entrée, si à l'expiration des deux mois le sucre n'est pas raffiné. En un mot la législation des Admissions temporaires des sucres est toute spéciale et ne rentre en aucune façon dans l'interprétation générale des principes de l'art. 5 de la loi de juillet 1836 qu'elle emprunte cependant.

La franchise est en second lieu, accordée aux sucres non raffinés de toute qualité, indigènes ou du cru des colonies françaises passibles du droit plein ou du droit réduit (loi du 19 juillet 1880, art. 80).

Voilà qui déroute un peu la conception qu'on a dû se faire précédemment de la notion d'Admission temporaire : On ne voit pas très bien un produit du pays, admis temporairement en France. L'expression de la loi de 1880 est en effet tout-à-fait impropre et elle eût pu être un peu mieux formulée. C'est de l'Admission temporaire au raffinage dont il s'agit ici. On sait en effet que toutes les raffineries de sucres sont soumises à l'exercice et à la surveillance des employés des Contributions indirectes. Toute entrée en raffinerie d'un sucre brut ne peut se faire que sous justification du paiement de la taxe de consommation, à moins que le raffineur n'ait obtenu l'Admission temporaire. Dans ce dernier cas, la sortie de l'usine ne peut être librement effectuée. Il faut que le sucre obtenu soit exporté de France ou entreposé : en un mot, on applique les mêmes règles que s'il s'agissait d'un sucre importé de l'étranger sous la condition de réexportation. Il saute aux yeux que cette pratique constitue une mesure d'exportation au premier chef, surtout que, par ce moyen, le producteur de sucre indigène non seulement n'acquitte pas la taxe indirecte sur son produit, mais obtient encore un boni de rendement. Bien entendu il lui est toujours loisible de conserver le sucre raffiné dans la consommation sous l'acquit des droits.

Nous ne nous attarderons pas à l'examen des diverses

formalités exigées pour le fonctionnement de l'Admission des sucres ; ces formalités assez spéciales sont très minutieuses et délicates, et nous renvoyons aux traités pratiques sur la question (1).

Nous insisterons simplement sur les conditions de la sortie des sucres raffinés. Aussitôt la déclaration de sortie régularisée, le service inscrit les résultats de l'opération sur un registre spécial et en détache le volant qui est remis à l'exportateur contre reçu. Ce volant prend le nom de Certificat d'exportation et il constitue le titre de décharge de l'obligation d'Admission temporaire, il est transmissible par endossement. Quand il y a simplement une mise en entrepôt, ce volant devient un Certificat d'entrée en entrepôt et le déclarant en dispose de la même manière qu'il dispose du Certificat d'exportation.

La soumission d'Admission temporaire de sucres bruts peut être déchargée non seulement par une quantité équivalente de sucre raffiné, mais encore par des produits sucrés. En effet, le sucre cristallisable qui existe en cet état dans les fruits, bonbons, etc., exportés à l'étranger et aux colonies et possessions Françaises (l'Algérie exceptée) ou constitués en entrepôt, est assimilé à du sucre raffiné en pain et compte comme tel pour son poids effectif (Avis du Comité consultatif des Arts et Manufactures du 1er Décembre 1886). Il donne droit à la décharge des obligations d'Admission temporaire de sucres non raffinés souscrites réglementairement. Les conditions d'apurement de ces soumissions par le sucre cristallisable sont les mêmes que celles que nous venons d'indiquer.

Egalement les chocolats valant au moins 2 fr. 50 le kilogr.

(1) *Tarif des Douanes de France.*— Obs. Prélimin. — Règles Générales p. 210 et suiv., nos 213 et suivants.

en fabrique, droits compris et *composés exclusivement de sucre et d'aromates sans mélange d'aucune autre substance*, sont admis à la décharge des soumissions d'Admission temporaire de sucres bruts (décret du 17 août 1880).

Enfin en vertu d'un décret tout récent (du 1er avril 1899), le sucre cristallisable contenu en cet état dans les savons transparents exportés, donne droit à la décharge d'obligations d'Admission temporaire de sucre non raffiné. Cette mesure a pour but de multiplier les usages du sucre et de lui trouver en même temps des débouchés nouveaux. Il faut une proportion de 10 0/0 au moins de sucre cristallisable dans les savons ainsi admis au bénéfice de l'Admission temporaire.

III. — Liste des Marchandises admissibles à l'Admission temporaire.

Produits admis à l'importation temporaire antérieurement à la loi du 11 janvier 1892.

Sucres destinés au raffinage où à la préparation des bonbons, fruits confits, savons transparents, etc.

Métaux.

Blé-froment.

Brome.

Cacao et sucre destinés à la fabrication du chocolat.

Chapeaux de paille.

Chlorate de potasse.

Crêpes de Chine unis.

Cylindres en cuivre pour la gravure.

Essence de houille.

Fer laminé et ouvrage en fer ou en tôle, à galvaniser.

Fils dits de caret pour la fabrication des cordages et ficelles.

Garance (racine de).

Girofle (clous et griffes).

Graines oléagineuses et amandes de coco et coprah.

Huiles brutes de graines grasses.

Huile brute d'olive.

Huile de palme.

Iode.

Liège brut.

Orge.

Planches de pin et de sapin.

Plomb, en masses brutes ou en saumons.

Potasse et carbonate de potasse.

Riz en grain et en paille.

Suif brut.

Tartre brute et en cristaux coloriés.

Tissus de bourre de soie.

— de soie mélangée.

— foulards écrus.

— de laine.

— de lin ou de chanvre.

Zinc brut ou en saumon.

Produits admis à l'importation temporaire par la loi du 11 janvier 1892.

Cages de montres pour monteurs de boites. Cages de montres pour planteurs d'échappements.

Tissus de soie pure destinés à être teints, imprimés, apprêtés ou gaufrés.

Pelleteries brutes à apprêter et à lustrer.

Peaux de gants à teindre.

Fils de laine retors mesurant en fil simple de 45,000 mètres à 45,500 mètres au kilogramme pour la confection des lacets d'alpaga.

Fils de poils de chèvre pour la fabrication des velours d'Utrecht ou pour la teinture.

Fils de schappe et soies moulinées.

Cordonnets bourre de soie pour la teinture.

Boîtes de montres à décorer, dorer, graver.

Cuivre et feutre pour le doublage des navires.

Pièces de machines à réparer.

Minerais de cobalt pour la préparation des oxydes.

Glycérine brute pour le raffinage.

Jus de citron pour la fabrication de l'acide citrique.

Feutres de laine à teindre et à imprimer.

Gants à broder.

Verres de lunettes à monter.

Cloches de feutre pour chapeaux à teindre.

Chicorée sèche.

Amandes, noisettes en coques ou cassées.

Produits admis à l'Importation temporaire depuis la loi du 11 janvier 1892.

Huiles de pétrole (huiles de schiste et autres huiles minérales brutes pour l'épuration, loi du 30 juin 1891).

Mélasses pour distillation en alcool à 90 0/0 (loi du 17 novembre 1894).

Maïs et orges pour la production des glucoses massées ambrées (loi du 31 mars 1896).

Fils de laine retors du n° 32 anglais, mesurant en fil simple de 36.000 à 36.500 mètres au kilogramme pour la confection des lacets d'alpaga (loi du 2 décembre 1897).

NOTE. — Le résumé de la législation et des réglementations applicables à chacune de ces marchandises admissibles au régime de l'Admission temporaire a été fait sous forme de tableaux synoptiques très clairs et très complets et se trouve dans le *Tarif des Douanes. Observations préliminaires. Règles générales,* aux n°s 198, 199, 210, pages 157, 200 et 210.

CHAPITRE III

Appréciation du régime de l'Admission temporaire

Nous voici parvenus au chapitre capital de notre étude. Après avoir indiqué sur quelle notion économique, sur quel principe reposait l'Admission temporaire, après avoir recherché les phases de son évolution et de sa législation, nous arrivons enfin à l'examen des conséquences de son application. Dans ce chapitre, en dehors de quelques notions générales d'économie douanière, nous aurons presque exclusivement à discuter des faits et à départager des intérêts antagonistes. C'est pourquoi, dès à présent, nous tenons à bien prendre position et à faire en quelque sorte une profession de foi nette et loyale. Nous discuterons tous les arguments que nous rencontrerons avec une égale impartialité en eux-mêmes et abstraction faite de toute autre considération en nous pénétrant d'une idée, celle du développement du travail et de la richesse nationale.

Cette observation préliminaire a bien son importance : il est en effet malheureusement avéré que les intérêts particuliers ont joué dans la question des Admissions temporaires un rôle très important, sinon principal. Des recherches auxquelles nous nous sommes livré pour apprécier la valeur de cette pratique douanière, il nous est nettement apparu que toutes les discussions qu'elle a provoquées ont été dominées par cette opposition d'intérêts. La préoccupation de la grandeur du pays et des nécessités générales, tout cela a été relégué au second plan, depuis l'apparition du régime de l'Equivalent.

Ajoutons que durant ces quinze dernières années, les discussions, tant officielles que privées au sujet de l'Admission temporaire ont été empreintes d'un caractère profondément discourtois, indigne des personnalités en cause. Les polémiques de presse sont arrivées à un diapason inconnu jusqu'alors dans les controverses et les discussions d'idées et de principes. — Nous déplorons qu'une question douanière ait ainsi provoqué tant de colères ; et nous nous permettrons simplement de constater qu'une lutte si passionnée devait s'inspirer d'arguments tirés d'une autre source que le bon droit et l'intérêt général.

Cette remarque faite, voici l'ordre que nous adopterons dans ce long et important chapitre. Nous aurons deux grandes divisions. Dans une première section, nous examinerons quelles critiques ont été faites à l'Admission temporaire telle que l'a organisé l'art. 5 de la loi de juillet 1836.

La section 2ᵉ sera consacrée à l'appréciation du régime de l'Equivalent, et comprendra elle-même plusieurs sous-divisions.

Entre ces deux sections, nous tenons à bien faire remarquer qu'une différence capitale existe.

L'Admission temporaire à l'Identique représente en effet pour nous la seule application possible du principe dont nous avons donné la formule dans le chapitre d'Introduction ; théoriquement donc les griefs formulés contre ce régime sont seuls discutables, et la pratique des substitutions à l'Equivalent ne doit apparaître ici que comme une contre-partie, en quelque sorte destinée à mieux mettre en relief les avantages et la vérité économique de l'obligation de l'Identique, et d'une façon générale de l'art. 5 de la loi de 1836.

SECTION I. — Appréciation de l'admission temporaire avec réexportation a l'identique

Dans le chapitre d'Introduction de cette étude, nous avons tenté, et nous espérons y avoir réussi, de démontrer que le principe sur lequel repose l'Admission temporaire, n'a pour effet de donner au régime de la Protection (qui est la première forme économique de tout pays) son véritable caractère utile et non prohibitif. Or, précisément, c'est cette brèche faite au tarif douanier, cette possibilité d'éluder le droit d'importation qui a été invoqué contre le procédé de l'Admission temporaire.

On a dit : l'Admission temporaire est une suppression des droits compensateurs c'est une atteinte directe au régime protectioniste. Vous obligez sans doute les fontes étrangères à acquitter à leur entrée en France une taxe ; c'est là sans contredit une mesure excellente qui permettra au maître de forges français de conserver le marché intérieur et de développer de plus en plus une industrie particulièrement utile et nécessaire. Mais après avoir si bien organisé la défense de cet intéressant producteur, vous venez au moyen de formalités plus ou moins faciles à éluder lui retirer cette protection et autoriser librement et en toute franchise l'entrée de ces mêmes fontes. N'y a-t-il pas là quelque chose de contradictoire ? Un même produit ne peut être taxé et dégrevé à la fois ; en tous les cas, cette mesure est mauvaise comme opposée aux véritables intérêts du pays qui sont conformes à ceux du métallurgiste et du maître de forges producteurs de fontes en France. La pratique douanière en question est donc essentiellement anti économique, car elle méconnaît les droits à l'existence de certains industriels qu'elle expose à la libre concurrence des rivaux étrangers.

Cet argument a été constamment reproduit contre l'Admission temporaire et ainsi présenté il est de nature à égarer les esprits, c'est pourquoi nous voudrions en démontrer toute l'inanité.

L'article 5 de la loi du 5 juillet 1836 prévoit précisément un cas tout différent de celui qui fait l'objet de l'argumentation ci-dessus : la fonte étrangère qui a été prise pour exemple et qui entre en France n'a nullement perdu son caractère d'extranéité : elle n'est ni fonte nationale, ni fonte nationalisée : elle vient recevoir une transformation de la part de nos ouvriers, mais ensuite elle ressortira de France. Il y a là un véritable transit, ou si l'on préfère, le produit entré en Admission temporaire dans les *termes de la loi de 1836* pénètre dans une zone fictive, distincte du marché national et qui n'est cependant pas le marché étranger. Que si cette marchandise veut entrer dans la consommation intérieure du pays qui la transforme, aussitôt elle se trouve *nationalisée* et elle acquitte le droit d'entrée intégral. Dans ces conditions où peut-on trouver la concurrence néfaste indiquée par les protectionistes ?

La fonte admise en franchise ne peut nuire aux producteurs de fontes françaises puisque toute l'opération se passe en dehors du marché national. Rappelons-nous les idées théoriques que nous avons présentées pour légitimer l'Admission temporaire et nous verrons précisément que la caractéristique de ce régime consiste en cette séparation et cette incompatibilité absolue. Incontestablement l'Admission temporaire est une mesure libérale, mais c'est une mesure qui ne détruit en aucune façon la plus petite parcelle de protection accordée à l'industrie nationale pour l'excellente raison qu'elle joue complètement en dehors du marché intérieur.

La suppression du droit protecteur se produit dans un seul cas : quand il y a une compensation à la sortie ; oui, avec l'Equivalent un produit étranger est nationalisé en franchise du droit, mais nous l'avons montré, l'Equivalent ne constitue pas l'Admission temporaire créée par la loi de 1836.

Les partisans de l'argument que nous réfutons en ce moment devraient, au contraire, se rallier à notre appréciation et reconnaître les bienfaits de cette pratique douanière.

En effet, que veulent les protectionistes intransigeants, sinon le développement de toutes les forces productrices du pays et l'accroissement du travail et de la richesse nationale ? Or, l'Admission temporaire tend précisément à cela quand elle procure à l'ouvrier et à l'industriel français un quantum de travail retiré à l'ouvrier étranger. La réexportation du produit fabriqué se solde par un salaire et un profit souvent considérables : Que veut-on de mieux ?

La vérité dans tout ceci c'est que les défenseurs de la Protection ne peuvent admettre la suspension du droit de Douane : l'Admission temporaire pour eux *a priori* est mauvaise parcequ'elle constitue une mesure libérale. Réciproquement, cette pratique attire les libres échangistes comme semblant confiner à la liberté commerciale.

Au fond, elle n'est ni l'une ni l'autre, c'est une mesure de Protection rationnelle, de juste milieu économique ainsi que nous l'expliquerons dans notre conclusion. Les économistes spéculatifs ont voulu introduire ici la question de la Protection et du Libre-Echange qui n'y avait rien à faire et c'est en vertu de cette théorie que les uns ont combattu et les autres prôné la pratique des Admissions temporaires.

Tel est le premier argument contre le régime de l'art. 5 de la loi de 1836 ; en voici un second beaucoup plus pratique. On a reproché à l'Admission temporaire de créer un *privilège* et un *monopole* qui provoquent la dépression des prix sur le marché intérieur.

Parler de privilège économique est chose suffisamment grave pour qu'avant toute autre discussion nous précisions bien le sens et la portée de ce mot. Quand en matière d'Admission temporaire on emploie le terme « *privilège* » on n'a en aucune façon l'intention de prétendre que le Gouvernement concède des passe-droits, refuse le bénéfice de l'art. 5 aux impétrants qui ont la malchance de lui déplaire pour le réserver à ses seuls amis. Bien évidemment cela ne saurait être : le régime de la loi de 1836 est largement ouvert à tous, au plus petit comme au plus grand à condition qu'il se conforme strictement à tout ce qui est prescrit ; le privilège dont il est ici question tient à une tout autre cause : à des raisons de fait que nous allons examiner.

Tout d'abord, objecte-t-on, bien que le régime de l'Admission temporaire soit de droit, il y a une grande quantité de producteurs et d'industriels qui ne *pourront* en avoir la jouissance.

Conçoit-on aisément que le petit commerçant, qui possède tout au plus le fonds de roulement indispensable à son négoce, aille réclamer un acquit-à-caution d'importation en franchise ? L'importation pour lui constituerait une opération trop onéreuse pour laquelle il n'a pas les avances nécessaires. Mais même, les eût-il ces avances qu'il ne voudra pas les exposer à raison des risques, des aléas que fait courir le trafic international ; il a besoin de tout son capital, et il préférera s'étendre sur le marché intérieur. Une autre difficulté qui rebutera souvent le négociant à petite surface, désireux de faire de l'exportation, c'est que pour un certain nombre de produits il ne pourra obtenir d'acquit, qu'en s'engageant à importer une quantité minima, le plus souvent trop considérable pour le capital qu'il peut débourser momentanément et même pour l'outillage et la mise en œuvre dont il dispose. C'est ainsi que l'entrée des blés pour la mouture ne peut être inférieure à moins de 150 quintaux ; c'est ainsi qu'il faut encore importer au moins 1,000 kilos de riz pour le décorticage ou le nettoyage. Ces raisons et bien d'autres toutes morales empêchent que l'industriel moyen ne bénéficie de l'Admission en franchise. A l'inverse, au contraire, le gros trafiquant, le négociant de grande envergure qui, ayant des capitaux ou qui, même sans en posséder, jouit d'un crédit suffisant pour s'en procurer immédiatement, celui-là use de l'importation en franchise temporaire presque exclusivement dans toutes ses opérations internationales. La situation est donc bien différente suivant qu'il s'agit de l'un ou de l'autre industriel. Dans le premier cas, le bénéfice de l'importation en franchise ne sera qu'exceptionnellement ou même jamais demandé, dans le second, au contraire, il formera l'une des opérations commerciales ordinaires du spéculateur. C'est précisément de cette différence de traitement dont se plaignent les adversaires de l'Admission temporaire ; ils appellent cela un privilège : en droit, le bénéfice de l'art. 5 de la loi de 1836 est à la disposition de tous, mais, en fait, une toute petite majorité peut seule en user.

A cette situation déjà tout-à-fait anormale, s'en ajoute une autre, dans laquelle le privilège s'étend pour devenir un véritable monopole.

Nous savons que le but de l'article 5 de la loi du 5 juillet 1836 est de permettre au producteur ou au fabricant français de se procurer sa matière première à un prix sensiblement égal à celui du marché international sur lequel il veut exporter les produits de sa fabrication.

Pour qu'il en soit *réellement* ainsi, il faut supposer que le transport et ses divers fra s (commission, frêt, chargement, déchargement, etc.,) soient aussi minimes que possible. Si, par exemple, le constructeur du sud de la France réclame l'Admission temporaire pour amener à son usine les fontes belges dont il a besoin, il est évident qu'il dépensera en frais de chemin de fer autant, sinon plus, que son bénéfice sur la fonte étrangère : la conséquence est donc toute naturelle il ne prendra pas l'Admission temporaire.

Au contraire en face de ces industriels il s'en trouve d'autres que cette préoccupation ne touche nullement, et pour lesquels ces frais n'existent pas, ce sont ceux dont les usines sont à cheval sur les frontières ou situées dans un port de mer. Ces favorisés de la fortune, à proximité des points d'importation n'ont guère à supporter que le transport du pays étranger en France. C'est là un privilège exorbitant affirment les détracteurs de l'Admission temporaire et beaucoup plus grave que le précédent. En effet, tant qu'il ne s'agit que des négociants qui, à raison de leur position commerciale et de leur situation d'affaires *peuvent* faire de l'Admission temporaire une pratique habituelle, le privilège se trouve toujours quelque peu atténué, car il n'est jamais que virtuel, et des faits imprévus, comme le taux trop élevé du transport, les dérangements que cause l'opération, des offres avantageuses faites dans le pays sont susceptibles de le suspendre : au contraire, ici le privilège est *fatal* et *nécessaire*. Les manufacturiers particulièrement bien situés n'importeront jamais une marchandise admise par la loi à la franchise temporaire sans réclamer l'application de ce bénifice, le contraire serait trop inadmissible.

Les partisans de cette thèse concluent en disant que

dans ce cas l'importation en franchise devient une intervention illégale et injuste de l'Etat, et une atteinte à la liberté du travail. Nous ne repoussons pas absolument le reproche d'inégalité révélé par ces deux griefs : mais il nous est impossible de reconnaître au régime des Admissions temporaires ce caractère *illégal* et *injuste* qu'on veut lui trouver.

Si, en toute impartialité, on ne peut méconnaître la faveur faite aux industriels du littoral et des frontières, si, d'autre part, il est certain que seuls, les gros négociants peuvent demander l'importation en franchise, au fond cependant ce monopole et ce privilège constituent une nécessité économique et ils se justifient aisément. Il n'y aurait pas l'Admission temporaire qu'on les retrouverait tout de même sous une autre forme tout aussi bien établis.

En effet, les industries d'un pays se classent suivant leur nature et leur but en trois grands groupes : les industries qui ne produisent qu'en vue de l'exportation, celles qui ne visent que l'alimentation du marché intérieur et enfin les industries mixtes, qui ont des débouchés à la fois sur les marchés intérieurs ou extérieurs suivant que les transactions sont plus ou moins profitables sur l'un ou sur l'autre.

Entre les deux premières, l'opposition est absolue : l'approvisionnement de la consommation intérieure est chose très simple et peu coûteuse, à laquelle tout petit producteur tout industriel peut coopérer d'une façon vraiment rémunératrice. L'exportation au contraire, c'est-à-dire l'approvisionnement des marchés internationaux exige une conformation *ad hoc* de l'industrie, et surtout des capitaux que seules à peu près les grandes maisons peuvent posséder. Ceci posé, les détracteurs de l'Admission temporaire viennent nous dire : Votre procédé douanier est injuste, car il n'y a que les industries de la seconde sorte qui soient outillées matériellement et pécuniairement pour en profiter, et tout le petit commerce doit opérer exclusivement dans le pays ; c'est là une atteinte au droit de travailler, et il faut supprimer un régime qui n'est praticable que pour quelques-uns L'argumentation est pour le moins singulière et pour la réfuter nous n'avons qu'à la retourner contre ses auteurs. Ce qu'il faut savoir, c'est précisément si le privilège existe avec la franchise d'importation, ou si bien plutôt ce ne sont pas les adversaires qui en demandant sa suppression le réclament à leur profit exclusif.

Il semble assez difficile de parler de privilège devant la situation faite par le législateur à tous les industriels à propos de l'Admission temporaire. Tout intéressé a la faculté absolue de réclamer l'application de l'article 5, s'il n'use pas de la faculté ainsi concédée, c'est qu'il ne le *veut* ou ne le *peut* pas. Dans le premier cas, il ne doit s'en prendre qu'à lui-même, et dans le second, s'il n'a pas la possibilité de se servir de la franchise d'importation, si les capitaux, l'outillage et la main-d'œuvre nécessaire lui font défaut, c'est certainement très regrettable, mais l'Etat n'y peut rien. Or, les industriels ainsi exclus par leur propre fait du bénéfice de la loi de 1836 s'insurgeraient contre les importateurs qui, plus heureux pourraient en profiter...! C'est là, à coup sûr, qu'apparaît le privilège : en supprimant en leur faveur la loi de 1836, le législateur méconnaîtrait d'une façon formelle le principe de la liberté du travail. Il en est de ceci, comme des problèmes sociaux, on n'empêchera jamais de se former une aristocratie commerciale pas plus qu'on n'a empêché les aristocraties de condition, de caste et de fortune. C'est un domaine qui échappe à la loi, à peine de tomber dans l'arbitraire et d'échouer misérablement d'ailleurs. Les intéressés peuvent bien objecter qu'ils sont la majorité et qu'une toute petite fraction comparativement à leur nombre s'adonne aux transactions internationales ; cela est vrai, mais l'infériorité numérique se trouve compensée ici par l'intérêt de la mesure ; ne perdons pas de vue en effet, que l'Admission temporaire doit favoriser l'exportation : le commerce d'exportation est suffisamment utile pour que le Gouvernement du pays lui donne toutes facilités de s'étendre, n'en déplaise à ceux qui ne peuvent profiter de ces facilités (1).

Le reproche de privilège est d'ailleurs d'autant moins fondé que les industries et le commerce local bénéficient indirectement des Admissions temporaires faites par d'autres. En effet, les transformations des matières introduites à charge de réexportation sont précisément confiées à cette petite industrie, et se traduisent pour elle en des salaires et en profits. Et puis, il faut bien voir que si les producteurs à petits moyens conservent l'approvisionnement, local c'est à la condition de ne pas trouver devant eux le concurrent puissant, qui vend au prix de revient les mêmes produits. Pour peu que les adversaires de ce prétendu monopole veuillent considérer l'avenir, ils s'apercevront que l'Admission temporaire (ou toute autre mesure

(1) La question de l'exportation est si nécessaire que nous ne craignons pas d'affirmer que s'il était prouvé que la concession de l'art. 5 fut une mesure arbitraire et une intervention injustifiée de l'Etat en faveur de certains producteurs, même dans ce cas on ne devrait pas parler de privilège injuste. L'exportation que l'Admission temporaire a pour but de développer est en effet directement une mesure d'intérêt général devant laquelle l'intérêt privé doit s'effacer.

L'Etat d'ailleurs tire de sa Souveraineté le droit strict de concéder l'Admission temporaire à qui il lui plaît, à l'exclusion de tous autres. Cette théorie n'est pas plus exorbitante que celle qui justifie l'expropriation pour cause d'utilité publique (violation du droit de propriété) ou l'impôt du sang (violation de la liberté individuelle) ou que la théorie qui défend au citoyen de fabriquer certains produits de consommation, et réserve à l'Etat en dehors de toute raison sérieuse, un certain nombre de monopoles (Violation de la liberté du travail).

analogue) une fois supprimée, l'industrie subira une contraction générale dont voici les deux phases. Les gros manufacturiers (industrie d'exportation), ne pouvant plus exporter leurs produits qui seront à un prix plus élevé que ceux du concurrent étranger, chercheront des débouchés sur le marché local et écraseront les petits industriels qui jusque-là l'approvisionnaient. Voilà la première phase. La seconde phase commencera dès l'instant où les gros producteurs demeureront seuls en présence ; alors ils se concurrenceront, se détruiront eux-mêmes et finalement il ne restera bientôt plus que quelques grandes usines pour toute une région ; bien entendu, ces usines détenant la place, auront un *monopole* et feront les prix du marché. La vérité donc, c'est que les Admissions temporaires doivent être accueillies avec bienveillance par ceux-là même qui n'ont pas la possibilité d'en profiter puisqu'elle empêche une concurrence fatale et irrésistible.

Toute cette argumentation contre la franchise d'importation ne repose en somme sur rien de positif, et derrière il faut voir non pas l'industriel qui se plaint, mais le théoricien. Le reproche de privilège et de monopole malheureusement est une arme à deux tranchants dont on ne doit se servir qu'à bon escient, car elle peut être retournée très facilement contre son imprudent manieur ; et, comme le déclarait dans une circonstance officielle un ancien Ministre : ce n'est pas le bénéficiaire de l'Admission temporaire qui jouit d'un privilège, c'est l'adversaire qui en réclamant l'abrogation de ce régime douanier prétend à une injuste faveur.

Ce sont les mêmes raisons qui militent en faveur de l'objection tirée de la situation géographique des industries. Pour parler en effet de monopole en matière économique il faut au préalable établir qu'il y a eu un privilège concédé, d'une façon directe ou indirecte, peu importe ; or on ne peut justifier ici d'un semblable privilège puisqu'il s'agit d'un emplacement naturel et purement physique. Ce sont là : « des qualités indestructibles et impérissables du sol » suivant l'expression des économistes orthodoxes, dont les propriétaires jouissent, mais dont ils pourraient parfaitement ne pas jouir.

C'est une objection bien malencontreuse que celle qui s'autorise de la situation locale pour répudier l'Admission temporaire. Dans un pays il faut bien que tous les points du territoire soient occupés ; et si certains emplacements sont plus avantageux que d'autres, l'Etat n'a pas le droit sans nécessité d'ordre général d'entraver la source des bénéfices que retirent les propriétaires de leurs terrains, surtout si cette entrave a pour but de donner satisfaction aux revendications de ceux qui sont moins bien situés. Cet argument sur lequel nous le verrons, les partisans du régime de l'Equivalent ont basé tout leur système, a été réfuté par nombre de contradicteurs éminents, il n'en a pas moins été toujours reproduit.

Nous arrivons à présent au troisième groupe d'industries nationales, aux industries que nous avons appelées « mixtes ». Ici la concession de l'article 5 de la loi du 5 juillet 1836 n'est pas davantage un privilège ni un monopole, c'est toujours le même raisonnement que suprà, mais il y a une question d'incidence et de répercussion qui se pose, et qui dans une certaine mesure motive les griefs adresssés au régime de la franchise temporaire. Dans les industries qui approvisionnent à la fois le marché intérieur et le marché extérieur, la pratique de l'Admission temporaire peut amener une dépression considérable des prix en même temps qu'une contraction économique locale.

Ces industries ont une clientèle nationale et une clientèle étrangère. Pour satisfaire la première, pas de difficulté ; il n'y a qu'un seul prix, celui du marché intérieur qui est protégé par les tarifs compensateurs contre la concurrence de l'étranger. Mais lorsque le producteur français fournit les marchés internationaux il se trouve en présence d'un *double cours*, celui du marché français et celui du marché étranger. Si le premier est inférieur au second, aucune question ne se pose, ce sera tout bénéfice pour le trafiquant, mais ce qui est le cas le plus ordinaire, quand le prix de revient étranger est au-dessous du cours français que fera l'industriel ? Comme ce prix de revient est fixé pour la plus grande part sur la valeur de la matière première, l'intéressé commencera par obtenir le bénéfice de l'Admission temporaire. L'opération sans doute lui permettra de mettre ses produits fabriqués au même taux que le fabricant étranger, mais il lui restera toujours pour compte des frais généraux assez élevés : le transport, les commissions, etc. Cet industriel se dit que s'il pouvait se fournir directement en France à un prix semblable à celui de l'étranger, ses bénéfices seraient bien plus considérables. Il y réussit en fait : et voici comment.

Raisonnons sur une Admission temporaire de tissus, l'industriel en cause est un imprimeur qui reçoit de l'étranger une commande d'indiennerie, par exemple. Il se rend chez le tisseur et lui tient ce langage : J'ai besoin pour l'exportation de tant de pièces de calicot à imprimer : Voulez-vous me les fournir, et à quel prix ? Le tisseur lui donne un prix ; mais l'imprimeur se récrie, ce prix est beaucoup supérieur à celui du même tissu sur les places étrangères, et il lui est impossible de le prendre à ce taux, il ne pourrait faire son exportation. Le tisseur ne cède pas, finalement l'imprimeur se retire en déclarant qu'il va demander un acquit-à-caution d'Admission temporaire et importer de l'étranger. Le fournisseur cependant réfléchit, il se dit que déjà son usine est encombrée d'un stock de calicots qui ne se place pas, que d'autre part, il est peut-être maladroit de laisser son collègue s'accommoder des importations en franchise, il estime que mieux vaut encore vendre à perte que pas du tout, et il adoucit ses prétentions. Pour peu que le preneur soit habile, il peut obtenir une réduction considérable sur le prix primitif et s'approvisionner à un taux sensiblement égal aux cours étrangers. Que fait-il alors ? Il achète d'un seul coup une énorme quantité de ce tissu, 10,000 pièces par exemple, qu'il imprime ou teint, et dont il exporte une petite partie, réservant l'autre pour le marché intérieur. Bien entendu son prix de vente sur ce marché étant diminué de toute la réduction obtenue chez le tisseur, les consommateurs affluent à son usine où ils achètent au meilleur compte ; les autres imprimeurs cependant ne pouvant lutter, n'acceptent plus de payer leur matière première plus cher que leur confrère, et tous les tisseurs pour conserver leur clientèle sont amenés à baisser leur prix ; en un mot, le prix du premier tisseur devient le cours de la place, qui lui-même se rapproche s'il ne se confond même pas avec celui du marché international (1).

Le rôle de l'Admission temporaire dans l'espèce est des plus néfastes. Ce procédé devient un moyen commode de déprécier les prix du marché intérieur.

La situation ne peut jamais être mauvaise pour l'imprimeur qui fait cette opération. De deux choses l'une en effet, ou bien il a obtenu sa toile au prix qu'il voulait, alors il

(1) Cf. Déposition de M. A. Noblot, président du Syndicat Central des Industries textiles, membre de la Chambre de Commerce de Besançon devant le Conseil supérieur du Commerce. Séance du 23 janvier 1877. *Officiel* 27 mai 1877, p. 1050.

peut faire une exportation ; mais la mise dans la consommation du pays est bien préférable : il n'a pas de frais de transport, et son prix de vente plus bas que celui des autres imprimeurs attire l'acheteur. Dans cette hypothèse, il est à peu près certain qu'il préfèrera approvisionner le marché local.

Où bien les affaires sont faciles pour le tisseur, l'offre est inférieure à la demande : dans ce cas l'imprimeur n'obtient aucune concession, mais cela le touche peu et n'entrave aucunement ses opérations commerciales, il demandera en effet un acquit-à-caution et fera de l'exportation. Dans les deux hypothèses, on le voit, l'industriel en question ne pâtit pas.

La dépression des cours peut continuer indéfiniment, car l'abaissement des prix de vente sur le marché français oblige par l'effet de la concurrence l'imprimeur étranger à réduire lui-même son ancien prix, ce qui contraint l'industriel français à recommencer la spéculation cidessus.

C'est là un gros grief à adresser à l'Admission temporaire dans les industries mixtes. Quand il s'agit d'une industrie qui fait exclusivement de l'exportation ou pour laquelle l'exportation constitue la plus sûre et la plus importante marge de bénéfices, cet inconvénient ne se présente pas. Ces centres importants de production, en effet, ont besoin à peu près instantanément des matières qu'ils mettront en œuvre, il leur serait donc assez difficile d'attendre que l'effet de la dépression des cours se soit produit ; d'ailleurs ils emploient fréquemment des matières premières spéciales qui ne se trouvent qu'à l'étranger. D'autre part, à raison même du développement de leur production ces industriels utilisent des quantités considérables de matières ouvrables qu'ils importent en franchise, et leurs frais généraux se réduisant au minimum, leur intérêt n'est pas de s'approvisionner en France même en pesant sur les cours.

L'Admission temporaire accordée aux industries mixtes, à une époque difficile où les rapports entre l'offre et la demande ne sont pas en proportion normale, serait certainement une mesure anti-économique. Il est bien vrai que l'intérêt de l'exportation peut toujours être mis en avant pour justifier cette concession, mais précisément en cette circonstance nous n'aurions pas le droit de nous arrêter à cette seule considération. Les industries nationales pâtissent en effet de cet état de choses, la protection accordée à nos producteurs est sournoisement mais effectivement supprimée on doit remédier à cette fissure, car le développement du marché intérieur prime le développement du commerce international : l'idée d'exportation n'apparaît qu'ensuite.

Nous reconnaissons que le remède pourrait être difficile à trouver, à moins de supprimer purement et simplement les Admissions temporaires incriminées, ce qui d'ailleurs a été fait pendant un temps pour les tissus. Hâtons-nous d'ajouter d'ailleurs qu'en l'espèce le mal n'est pas considérable, les industries mixtes qui donnent lieu à ces critiques sont une exception, et cela pour deux raisons ; d'abord l'adoption quasi-générale du régime de l'Equivalent qui n'a pas besoin de mesures détournées pour impressionner les cours, et ensuite les conditions très particulières qui sont exigées de la marchandise au moyen de laquelle on espère déprécier les prix français. C'est ainsi qu'il faut un article de consommation très *courante* dans le pays, et qui soit en même temps préféré par le consommateur étranger au produit similaire de sa propre nation. Or, de tous ces produits qui ont été admis au bénéfice de l'Admission temporaire un seul, le tissu imprimé a satisfait à cette double condition.

Cette marchandise évidemment est très consommée en France et en outre l'étranger a prisé très fort nos impressions d'Alsace, nous l'avons précédemment indiqué.

Il n'y a donc pas lieu de donner plus d'importance que cela à ce reproche.

Nous en avons ainsi terminé avec la première section de notre 3e chapitre. Notre but dans ces pages était de rechercher les griefs adressés au procédé de l'Admission temporaire considérée comme une application du principe économique que nous connaissons. Nous avons d'abord rencontré un argument basé sur les nécessités de conserver son plein effet au droit de protection ; nous avons démontré que cette objection ne pouvait toucher l'Identique puisqu'il n'y a aucune concurrence possible entre le produit national protégé et la marchandise importée en franchise.

On a également reproché au régime des Admissions temporaires d'être un procédé douanier d'un emploi difficile et même impossible pour tous les industriels dont les opérations se limitent au marché intérieur, et qui ne jouissent pas d'une situation géographique privilégiée.

Nous avons répondu que ce privilège était une nécessité économique ; pour le supprimer, il faudrait au préalable interdire à certaines industries de disposer de plus de capitaux que d'autres et leur enseigner un emplacement ni plus ni moins avantageux. Nous avons dit que sous une forme particulière, c'était la question des inégalités sociales qui se posait de la sorte. Il n'y avait donc pas lieu d'insister.

Du reste, avons-nous ajouté, la difficulté ne se présentait réellement que pour les industries qui fournissent à la fois le marché intérieur et le marché extérieur. Ces industries ayant intérêt à faire de l'exportation, mais en prenant leurs matières premières dans la production nationale au même prix qu'à l'étranger (ce qui leur évite des frais généraux inutiles) font en sorte de niveler les cours français et internationaux : de là une contraction des branches de production ainsi touchées.

Ce grief, s'il avait été justifié d'une façon générale, aurait eu assez de valeur pour faire interdire le régime des Admissions temporaires : mais il ne s'adressait qu'à une seule industrie, celle des *tissus* peints pour laquelle d'ailleurs son application fut des plus intermittentes. Donc sous cette réserve, l'Admission temporaire à l'Identique n'a pas présenté les inconvénients pratiques qu'on aurait cru devoir y trouver, d'après certains économistes.

Dans ces conditions nous revenons aux idées théoriques posées dans notre Introduction, et nous constatons qu'elles sont parfaitement mises en application par le procédé de l'Admission temporaire à l'Identique ; c'est donc que ce régime est économiquement parlant conforme au principe et que nous pouvons l'adopter.

SECTION II. — APPRÉCIATION DE L'ADMISSION TEMPORAIRE A L'ÉQUIVALENT (COMPENSATIONS ET SUBSTITUTIONS)

L'Admission temporaire telle qu'elle résultait de l'article 5 de la loi du 5 Juillet 1836 a fonctionné absolument régulièrement et sans soulever la moindre difficulté, quant à son application, jusque sous le second Empire, nous l'avons indiqué au chapitre précédent.

C'est le système de l'Equivalent et des Compensations qui a tout désorganisé en *dénaturant* entièrement le caractère primitif de l'Admission temporaire, et en créant à côté du régime douanier de 1836, une opération *sui generis* que la loi du 11 Janvier 1892 a consacrée et rendue légale.

Dans notre premier paragraphe, nous allons discuter les compensations au point de vue théorique et de l'application des principes, et nous n'aurons pas de peine à prouver que l'Equivalent est un régime douanier spécial, mais à coup sûr pas celui que le législateur de 1836 avait en vue.

Le second paragraphe, non le moins intéressant, aura pour objet l'examen des faits de désorganisation économique provoquée par cette pratique des substitutions.

§ I. — *L'Equivalent — Notions théoriques — Sa légitimité — Son utilité*

A proprement parler, ce paragraphe ne sera qu'une synthétisation et une coordination de toutes les appréciations que nous n'avons pu éviter d'émettre à propos de cette pratique, toutes les fois que nous l'avons rencontrée sur notre route. Dans l'Introduction de cette étude, nous disions que la notion fondamentale de l'Admission temporaire résidait dans le souci de nos exportations et le développement de notre commerce extérieur, mais avec cette très importante restriction que les tarifs douaniers ne seront pas touchés, que les droits compensateurs continueront à produire comme par le passé leur plein effet en faveur des industries similaires nationales ; qu'en un mot l'opération d'Admission temporaire se passera toute *en dehors* du marché intérieur, avec réexportation à l'*Identique* absolu.

Ces réserves, nous ne les retrouvons certainement pas dans le régime des compensations qui se font sur le marché *national*, et donnent lieu à toutes sortes d'abus, de fraudes et de spéculations.

Avec ce régime, on importe un produit A et on ressort

un produit B, c'est-à-dire que l'on fait une double opération, savoir ; l'entrée d'un produit étranger, qui est importé en franchise et l'exportation d'un produit *français* national ou nationalisé peu importe. La marchandise étrangère vient donc sur le marché intérieur prendre la place d'un produit français. Tout serait excellent si théoriquement l'équivalence absolue était appréciable ; on pourrait alors soutenir qu'aucun effet nuisible ne peut exister puisqu'une valeur égale est exportée et que par suite il y a équilibre entre les différentes forces productrices ; malheureusement il n'en est pas ainsi. Si on ne peut déjà déterminer l'identité de valeur du produit après transformation, à plus forte raison l'évaluation sera complètement impossible quand elle portera sur une double marchandise, à deux états moléculaires différents (l'une marchandise brute ou semi-ouvrée tout au moins, l'autre travaillée et finie). On doit se contenter d'une approximation (et notons-le nous ne tenons pas encore compte des fraudes et des abus qui se produisent). – D'une façon moyenne donc, et en tablant sur la meilleure bonne foi, sur la plus scrupuleuse loyauté, l'Equivalent laisse certainement un *excédent* de matière qui est entré franc et net et n'a pas été compensé, c'est l'imperfectibilité même des moyens humains qui le veut (1).

Or, cette parcelle si infinitésimale soit-elle, fait une concurrence désastreuse aux productions similaires françaises : c'est là le gros grief que l'on doit adresser à l'Equivalent. En présence de cette action néfaste, nous ne croyons pas qu'il soit possible d'affirmer que le système

(1) Nous supposons que l'excédent se produit en faveur de l'importateur. L'expérience des compensations a en effet démontré que le produit qui sera substitué tendra toujours à avoir une valeur moindre que le produit importé : du reste dans notre hypothèse, nous ne raisonnons que sur la moyenne des entrées et des sorties.

des compensations soit *légitime*, il détruit pour partie la Protection et de ce chef il ne répond pas à l'idée d'après laquelle la défense des intérêts de la production nationale doit tout primer dans une nation. Théoriquement le système de l'Equivalent ne fait pas application du principe sur lequel nous avons fondé l'Admission temporaire : il n'est donc pas ce régime.

La pratique des franchises temporaires avec compensation et substitution à la sortie ne présente pas davantage les caractères d'utilité économique que nous nous sommes plu à trouver dans l'Identique. La loi de 1836 était un moyen de développer les exportations et d'activer notre mouvement commercial, ici au contraire ce but n'est pas ou n'est que très imparfaitement atteint. En effet, qu'exige ce régime ? Qu'un produit français ou francisé à un degré de fabrication plus avancé, remplace sur le marché international celui qui est entré franc et net de charges dans la consommation intérieure. Mais l'importateur trouvera toujours, sinon chez lui, du moins chez les autres fabricants (au besoin en leur payant une prime), une quantité suffisante de matière ouvrée qui attendait une *occasion* d'être réexportée directement et qui, à date plus ou moins éloignée l'aurait certainement été. En somme, la compensation prend la place, dans la plupart des cas d'une exportation directe, et l'effet sur le commerce extérieur ne peut s'en trouver bien augmenté.

Nous n'insisterons pas plus : l'examen des diverses fraudes et fissures auxquelles le système des compensations a complaisamment servi de prétexte et de moyen, nous édifiera plus complètement sur la valeur de ce procédé, dont la spéculation à peu près seule serait en état de nous définir l'utilité et de nous citer les avantages.

Nous tenions simplement à signaler le vide que laisse

l'analyse théorique de la pratique des substitutions à l'Equivalent, en attendant que l'expérimentation et les observations empiriques nous aient révélé son insuffisance complète et son action néfaste sur l'Economie Nationale. C'est l'objet du paragraphe que nous abordons à présent.

§ II. — *La pratique de l'Equivalent — Les Fraudes Les Fissures*

L'Equivalent considéré au point de vue théorique était déjà une très grosse erreur économique qui aurait dû dessiller les yeux des moins clairvoyants ; il n'en fût rien cependant, l'Empire libéral laissa le régime fonctionner et s'étendre et l'on eut le spectacle pénible d'un procédé douanier favorisant par des moyens légaux (fissures) et illégaux (fraudes) la spéculation la plus éhontée. Ce sont là des faits patents que nous allons étudier tout-à-fait en détail. L'Admission temporaire avec compensation à la sortie, a été dans ces dernières années indiquée par tous les économistes et praticiens comme l'un des facteurs principaux de la spéculation malhonnête ; quand nous aurons passé en revue les développements qui vont suivre, cette affirmation ne pourra plus nous étonner.

Les fraudes et les fissures de l'Equivalent ne sont apparentes que dans deux catégories de marchandises, les seules d'ailleurs qui, au point de vue du commerce, donnent lieu à un mouvement d'importations ou d'exportations réellement important : les *métaux* et les *blés* (1). Ajoutons que l'Admission temporaire des métaux ayant

(1) Il n'y a que les Admissions temporaires de ces deux produits que l'Administration des douanes comprend dans les tableaux mensuels du commerce ; les autres sont réservées pour les grandes publications annuelles.

depuis 1888 perdu beaucoup de son intérêt, ce sont les céréales et les blés qui devront particulièrement nous intéresser.

A. — LES MÉTAUX

Les fraudes. — Le trafic des acquits-à-caution.

Les compensations à la sortie des métaux importés en franchise de l'étranger, permettaient une suite de *fraudes* dont l'effet avait sa répercussion sur le marché national. Ces fraudes tenaient tout d'abord à la difficulté pour ne pas dire à l'impossibilité où se trouvait la Régie d'assurer l'équivalence mathématique de la marchandise compensatrice avec la marchandise compensée, de sorte que les industriels, avaient toute facilité pour décharger leur acquit-à-caution au moyen d'une valeur inférieure à celle importée. Cette spéculation se pratiquait notamment sur les fers de Suède Ces fers, de qualité excellente coûtaient en même temps très peu (ils étaient en effet obtenus avec du bois sans valeur dans le pays et du charbon à 5 fr. le mètre cube qui en France n'arrivait pas à moins de 18 fr.) Les constructeurs français importaient dès lors une certaine quantité de fers au bois qu'ils conservaient dans la consommation intérieure et compensaient avec des fabrications obtenues au moyen de fers au coke d'une valeur très inférieure. Ainsi des fers de Suède du prix de 380 à 400 francs la tonne, étaient compensés à l'exportation par des produits ne valant pas plus de 350 francs. D'ailleurs pour donner un caractère de sincérité plus grand à la spéculation, on faisait arriver des fers suédois par les entrepôts anglais et on les présentait comme fers à la houille.

La même opération se passait pour les fontes de moulage auxquelles on substituait des objets provenant de fontes d'affinage d'une valeur bien moindre (1); on exportait encore des aciers communs à 500 et 600 francs en remplacement d'aciers fins à 1800 et 2.000 francs ; des rognures de tôles découpées à l'emporte-pièces, et dont la valeur ne dépassait pas 6 francs le quintal étaient reçues en compensation de tôles neuves, etc., etc. (2).

Ces spéculations que nous caractérisons de malhonnêtes avaient ému le Gouvernement qui inséra dans le décret du 9 janvier 1870 une disposition destinée à les réprimer. Ce sont les articles 1 *in fine* et 3 ainsi conçus : art. 1... : « Les fontes de moulage ne pourront être importées sous ce régime (des importations temporaires) que pour la fabrication d'ouvrages en fontes moulées. »

Article 3... « Les fers obtenus au charbon de bois ne pourront être compensés à la sortie par des ouvrages fabriqués avec des fers au coke. »

Voilà une première catégorie des fraudes : mais ce sont les plus insignifiantes et le vrai spéculateur n'aurait jamais consenti à faire de l'Admission temporaire s'il n'avait été assuré de pouvoir *trafiquer de ses acquits-à-caution.*

Le trafic des acquits-à-caution pour nous servir de l'expression en usage, remonte à loin, à la loi sucrière de 1822 qui organisait le Drawback pour les sucres importés.

Le négociant de Nantes qui recevait un chargement de sucre, vendait au raffineur de Paris la quittance d'acquit du

(1) La fonte a deux emplois distincts : certaines qualités sont employées pour les moulages en deuxième fusion. Les autres appelées fontes d'affinage constituent la matière première du fer et de l'acier.

(2) Cf. Déclaration de la Chambre de Commerce de Saint-Dizier, en réponse au questionnaire du Ministre du Commerce (Circ. 11 oct. 1875).

droit de douane, moyennant une légère rémunération. Ce raffineur lorsqu'il exportait des sucres présentait la susdite quittance au bureau de sortie de la douane qui lui remboursait en ristourne et proportionnellement à la quantité du produit, le montant du droit acquitté par le négociant nantais.

Cette pratique déjà avantageuse pour le cédant, qui percevait un gain de pure complaisance, offrait en outre au cessionnaire raffineur de Paris un intérêt capital. Ce remboursement du droit (déduction faite de ce qu'il avait payé au cédant) constituait en effet pour lui une prime, et une prime d'exportation. Il en imputait le montant sur les frais de transport de sa marchandise de Paris à la mer ou à la frontière, et de la sorte pouvait égaliser son prix de revient aux prix des marchés extérieurs acheteurs. Sans cette entente le raffineur de Paris n'aurait vraisemblablement pas fait l'exportation car il lui eût été impossible de concurrencer le raffineur étranger.

C'est cette spéculation qui s'introduisit dans l'Admission temporaire des métaux sous le nom de Trafic des acquits-à-caution et qui va faire l'objet d'explications détaillées.

Afin de mieux saisir tout le mécanisme de cette opération, et pour en comprendre toute la portée, nous raisonnerons sur une espèce.

Nous supposerons qu'un constructeur du centre de la France, Pierre par exemple possédant une usine métallurgique complète qui lui fournit la fonte, le fer et l'acier qu'il doit ensuite mettre en œuvre, reçoive de l'Italie une commande de 6000 tonnes de rails d'acier. La première préoccupation de notre industriel va être de prendre à son usine le poids de fonte nécessaire à l'exécution de la commande et de la commencer ; cela fait, il demande au

Gouvernement un pouvoir d'importation de pareille quantité de fonte luxembourgeoise (1).

Muni de ce titre, il se met de suite en rapport avec Paul industriel sur une place de la frontière du Nord par où entrera ce produit et lui dit : J'ai un acquit d'admission en franchise de 6.000 tonnes de fonte d'affinage pour une commande en Italie ; cette fonte, m'est absolument inutile, j'ai trouvé dans mon usine tout ce dont j'avais besoin, voulez-vous bénéficier de l'opération et m'acheter cette fonte entrée franche de tout droit ?

Paul accepte avec empressement, car il se dit que son usine étant sur la frontière, il n'aura pas de frais généraux et qu'il obtiendra de la sorte un produit excellent qui fera avantageusement concurrence aux fontes françaises. Il accepte d'autant plus volontiers, qu'aucune des obligations d'Admission temporaire ne demeure à sa charge : le soumissionnaire de l'acquit c'est Pierre ; c'est Pierre qui fera l'exportation en compensation et apurera l'acquit en sortant sur l'Italie la commande achevée ; lui, Paul, n'a qu'à accomplir l'importation et à en profiter. Vis-à-vis de la Douane il n'apparaît que comme le mandataire de Pierre. Paul toutefois paye à Pierre une *certaine* somme, qui est considérée comme le prix de cession du pouvoir d'importation ou plus exactement comme la rémunération de cette cession.

Ceci posé supposons que le droit à l'entrée des fontes étrangère soit de 15 francs (ce qui signifie théoriquement, que le même poids de fonte française coûte à produire chez nous 15 francs de plus qu'en Belgique, en vertu de la théorie du droit compensateur), supposons par ailleurs que.

(1) La situation serait identiquement la même si Pierre ne produisait lui-même sa fonte, dans ce cas le bénéfice serait moindre pour lui, car il devrait demander sa matière première à une usine voisine qui la lui vendrait en percevant un certain gain.

Pierre ait vendu son acquit-à-caution 5 francs à Paul, quel sera le résultat de la combinaison pour les deux parties ?

Pierre au moyen de ce gain de 5 francs rentrera dans une partie de ses déboursés : il a fabriqué une commande pour l'Italie avec une fonte tirée de son usine et qui lui coûtait 15 francs de plus par quintal que sur les places étrangères, la rémunération de 5 francs qu'il perçoit viendra en déduction de ce chiffre ; et quant à la différence de 10 francs qui reste encore à sa charge, on doit supposer qu'il la regagne aisément par la *valeur* plus grande qu'il incorpore au produit et qui a précisément fait préférer sa fabrication à celle du concurrent belge ou anglais par l'Italie.

Cette rémunération, payée par le cessionnaire de l'acquit, permet donc au constructeur du centre de la France de jouir sinon de la totalité, du moins d'une partie des avantages de l'Admission temporaire dont régulièrement sa situation géographique lui interdit de profiter.

Mais l'opération n'est pas moins avantageuse pour l'industriel du Nord qui fait l'importation. Au lieu d'acquitter un droit de 15 francs par quintal de produit, il ne paie plus qu'une taxe de 5 francs : le tarif douanier ne joue plus contre lui que dans la proportion d'un tiers. Au résumé, Pierre et Paul s'entendent pour partager à leur avantage le droit de douane, dans une certaine proportion.

Quelle est cette proportion ? Ce que nous pouvons dire tout d'abord, c'est qu'elle varie énormément d'une période à l'autre. Voici quelques chiffres empruntés à une publication officielle qui démontrent cette extrême variabilité (1).

(1) Ministère du commerce. Comité Consultatif des Arts et Manufactures. Enquête sur l'application du décret du 15 février 1862 relatif à l'Importation en franchise temporaire des métaux. *Procès-verbaux de la Commission*, p. 8 et 15,

Prix moyen des acquits-à-caution par 100 kilogrammes.

Années	Fontes (droits)		Fers (droits)		Tôles (droits)	
1858	— 4.10	4.80	5.»»	12	5.50	24
1859	— 4.30		4.50		6.»»	
1860	— 4.»»		4.»»		5.»»	
1861	— 2.60	2.60 pour les importations anglaises	3.50	7	5.»»	8.50 ou 13 suivant l'épaisseur
1864	— 2.30		3.»»		3.50	
1867	— 1.95		2.25 à 2.45		2.55 à 5.»»	

D'où provient cet écart très sensible entre les différentes époques ? Pour l'expliquer il faut faire intervenir la grande loi économique de l'offre et de la demande : Pierre ne trouvera une bonne rémunération de son acquit qu'autant que les offres sur le marché des importations seront nulles ou à peu près, ce qui se produira toutes les fois que les commandes étrangères seront restreintes Dans cette première hypothèse, suivant la rareté des cessions le pouvoir pourra se négocier (le droit étant de 15 francs) à 10, 12 et 13 et même 14 francs mais jamais au-dessus de 15 francs, cela est évident. Si Paul au contraire reçoit les offres simultanées de cessions d'acquits de 5, 10, 20 constructeurs du Centre, il les mettra en concurrence les uns contre les autres et ne consentira à prendre l'acquit qu'au moindre enchérisseur. C'est ce qui explique l'écart des prix des pouvoirs ; tout dépendant de l'activité du marché international, il est par suite complètement impossible de donner une règle immuable à cette variation.

Une chose cependant est certaine comme étant l'application d'une règle économique, c'est que dans un moment où les industriels français auront à satisfaire à un plus grand nombre de commandes étrangères, où par suite les exportations seront nombreuses, malgré ses tendances à la baisse, le prix de l'acquit-à-caution oscillera toujours vers un juste milieu, c'est-à-dire que le droit se partagera entre le cédant et le cessionnaire. La raison en est très simple à donner : du moment que le constructeur du Centre ne retire pas de la négociation de son pouvoir une somme suffisante à compenser l'écart des prix de vente de son produit fabriqué et du même produit sur le marché international, il cesse de prendre des commandes étrangères. L'offre des acquits se raréfiant de la sorte, la demande consent à les payer plus cher d'où tendance continue à un équilibre qui se mesure par le partage égal du montant du droit. C'est la seule règle que l'on puisse donner du *quantum* de l'oscillation.

Voilà exposé le procédé dit « trafic ou cession des Acquits-à-caution » procédé employé par tous les industriels, que leur situation topographique oblige à payer des frais de transport considérables, pour bénéficier de la pratique de l'Admission temporaire.

Nous avons parlé d'un industriel que nous avons appelé Paul et avec lequel Pierre se serait mis en rapport. Pratiquement tout se passe beaucoup plus simplement.

Le soumissionnaire désireux de céder son acquit va trouver des courtiers, dont la spécialité est de rechercher les pouvoirs disponibles et de les céder à leur tour contre rétribution aux importateurs des frontières. On arrive par ce moyen à cette conséquence bizarre, d'un bénéficiaire de l'Admission temporaire ayant soumissionné sur un titre authentique une obligation d'importer puis de réexporter ou du moins de compenser l'objet entré, qui non seulement n'importe rien, mais ignore jusqu'au nom même de l'importateur. Il est bien permis de dire après cela que l'on est loin de l'article 5 de la loi du 5 juillet 1836.

Au fond cependant, l'emploi des intermédiaires est certainement préférable à la vente directe, car les courtiers qui ne voient dans l'opération que matière à commission plus forte, recherchent les acheteurs qui ont réellement besoin d'acquits, et dès lors le prix du pouvoir est beaucoup moins déprécié.

Le trafic des acquits-à-caution est loin de constituer une mesure économique ; tout au contraire c'est une pratique néfaste qui n'a guère à son actif que des ruines et des injustices. C'est ici que nous pouvons reprendre le fameux grief protectioniste de « *monopole* » et de « *privilège* ». Il apparaît avec une telle évidence qu'il est impossible de le nier.

Cependant la cession des acquits-à-caution s'est toujours donnée comme un moyen pratique d'utiliser l'Admission temporaire ; sans elle, a-t-on dit, le transport de la fonte importée, en exigeant le déboursé de frais coûteux, aurait absorbé tous les bénéfices de la franchise, et l'incidence finale aurait été une contraction des exportations, ce qui eût été à l'encontre du but de la loi de 1836.

En réalité, ce n'était là qu'un prétexte, et nous ne nous faisons aucune illusion sur la véritable portée du trafic des acquits qui, au fond, constituait une application fructueuse et commode à l'Admission temporaire de la spéculation. Pour l'instant, supposons cependant que le but ait été sincère, et que l'industriel du Centre en négociant son acquit ait poursuivi simplement le désir de bénéficier de la franchise d'importation dans les termes de la loi de 1836 et de supprimer les frais de transport. Ce désir est-il légitime ? La question qui se pose est certainement très délicate. Il n'est pas douteux en effet que l'industriel, qu'il habite Saint-Etienne ou Lille, qu'il soit situé dans le Centre ou dans le Nord, a le droit de travailler dans les meilleures conditions possibles et de réduire conséquemment au strict minimum ses frais généraux, ses frais de transport notamment. En vertu du principe de la liberté du travail, il a non seulement la faculté, mais encore un droit acquis à employer tous les moyens de nature à accroître ses bénéfices. Voilà l'idée individuelle, mais en regard se pose l'intérêt général du pays : l individu ne peut se développer qu'à la condition de ne pas gêner la collectivité : c'est de l'examen et de la comparaison de ces deux intérêts antagonistes que sortira la solution.

Si nous reprenons les situations respectives que crée le trafic des acquits aux deux intéressés, le soumissionnaire de l'acquit Pierre et l'importateur Paul, nous n'apercevons pas précisément que ce procédé respecte l'intérêt général et fasse application des grands principes de l'Economie Nationale.

La cession du pouvoir que fait le soumissionnaire constitue à son profit une prime d'exportation ; comme nous l'avons vu, le prix que Paul lui verse viendra en déduction sur son prix de revient, sur son prix de vente par conséquent, et au point de vue de l'exportation, il semble bien que ce soit excellent. On ne peut pas contester que la mesure n'incite le producteur du Centre à exporter sur les places étrangères, et à faire par suite une opération très utile au point de vue national ; mais il reste à savoir si la prime payée par l'importateur est susceptible de produire cet effet, si elle est suffisamment élevée pour cela. Or, l'examen des cours d'acquit-à-caution de métaux n'offre pas de tels écarts avec le droit d'importation que l'avantage de l'exportateur soit bien considérable. Les dépositions des trafiquants d'acquits devant le Conseil supérieur du Commerce ont toujours été très affirmatives en ce sens ; nous avons surtout le rapport de Monsieur de Freycinet (1) qui nous fournit là-dessus des détails fort intéressants. La prime ainsi réalisée, avec son caractère variable, apparaît bien plus comme un gain aléatoire, un bénéfice de jeu de spéculation qui vient en diminution du prix sans avoir d'influence effective sur le mouvement des exportations. Admettons cependant que l'effet de ce prix développe les sorties dans une certaine mesure, au point de vue des principes il y a en tous cas quelque chose de très répréhensible. Comment, c'est un particulier qui verse à un autre particulier la prime d'exportation dont il a besoin pour commercer avec l'étranger ? Sans être plus formaliste qu'un autre, nous devons constater que la combinaison présente quelque chose d'anormal. Il n'y a pas deux situations à considérer, en effet : ou bien le prix de la cession forme un adjuvant nécessaire à la sortie du produit dont s'agit, et alors pourquoi l'intéressé ne s'adresse-t-il pas à celui qui dispense des primes, c'est-à-dire au Trésor Public ? ou bien la somme payée par l'importateur est un pur gain, et dans ce cas on s'explique fort bien que le Gouvernement n'intervienne pas.

On ne persuadera à personne que si la métallurgie du Centre de la France qui s'est fait une spécialité du trafic des acquits, avait eu besoin pour exporter ses fabrications

(1) Il a été déjà question de ce rapport *suprà.*

d'une prime compensatrice, elle ne l'eût pas demandée au législateur. Or, jamais pareille sollicitation n'a été même proposée. Les explications qui seront données à un autre endroit prouveront d'ailleurs que les débouchés de ces industriels étaient suffisamment nombreux et assurés pour qu'une prime leur fut inutile.

Ajoutons enfin que le décret du 9 janvier 1870 qui supprimait le trafic des acquits en créant le convoyage à l'usine, fut l'objet de plaintes très vives, mais ne contracta nullement l'industrie du fer en France, effet qui vraisemblablement aurait dû se produire si la prime d'exportation était aussi indispensable qu'on le prétendait.

Le prix donné par le cessionnaire de l'acquit, constitue donc bien un gain, une spéculation pour le cédant. M. Amé, dans toutes les déclarations qu'il fût appelé à faire devant les enquêtes officielles a encore reproché au trafic des acquits son effet anti-fiscal. L'ancien Directeur Général des Douanes affirmait que cette pratique préjudiciait gravement aux intérêts de l'Etat, que le droit de douane se partageait entre deux industriels au lieu d'être encaissé par le Trésor public. Il estimait que dans la seule année 1869, l'Etat avait de la sorte dû abandonner de 12 à 1.500.000 francs.

Sans être aussi absolus que M. Amé (1) qui en *définitive* parlait en qualité de représentant du Ministre des finances, nous devons reconnaître cependant que l'opération du trafic conduit à une fraude fiscale qui est très justement critiquable.

Enfin comme il est permis de tout supposer et que nous

(1) Il faut en effet considérer que les pertes faites par le Trésor sur un produit, sont regagnées par lui sur une autre marchandise : il y a toujours compensation. — Voir à ce sujet un article de « *l'Economiste français* » du 27 janvier 1877, page 99.

devons précisément envisager ici les éventualités qui pourraient se produire de quelque nature qu'elles soient, nous nous demandons si le gain ainsi réalisé sur la cession de l'acquit, à l'occasion ne deviendrait pas un moyen pour le cédant d'influencer les cours du marché local.

Dans certains cas en effet, l'exportateur pourrait imputer ce gain sur le prix de revient de ses fontes, qu'il laisserait dans la consommation intérieure, provoquant ainsi une dépression générale du marché, analogue à celle dont nous parlions à propos des tissus de coton.

Pour résumer en quelques lignes toutes ces idées, nous devons dire que le gain réalisé par l'exportateur au moyen de la vente de son pouvoir, offre difficilement un intérêt économique. Sans doute ce boni viendra en déduction du prix brut de fabrication de l'objet qui sortira sur les marchés internationaux, et de ce chef il revêtera le caractère d'une prime à l'exportation (1) ; mais cette conséquence est-elle aussi nécessaire qu'on veut bien le dire ? En l'espèce nous pensons au contraire qu'il faut faire la part la plus large possible à l'aléa ; et en tous cas ce qui est certain, c'est que ce boni n'aura jamais une importance telle que l'exportation en reçoive une impulsion véritablement efficace : cette prime sera toujours trop faible.

Au regard de l'acheteur de l'acquit, le trafic des pouvoirs d'importation se présente comme un fait de spéculation très bien caractérisée, dont les effets sont nettement opposés aux intérêts généraux du pays. Ici les suppositions ne sont plus permises ; il est impossible de disculper

(1) C'est en ce sens que M. Amé a pu dire devant le Conseil Supérieur du Commerce (séance du 12 Décembre 1876. — Officiel du 26 mai 1877, p. 4021). « Je ne conteste pas que ce mécanisme (le Trafic des Acquits), n'ait produit certains résultats. En développant nos exportations sous le stimulant de la prime, il a réduit les frais généraux de nos grandes usines...... »

cette opération, elle est néfaste au premier chef et par suite condamnable sans rémission.

Nous avons vu que si l'industriel de la frontière avait consenti à prendre l'acquit-à-caution de Pierre, c'est qu'il y trouvait son avantage. Il a en effet, supposons-le, donné à son cédant, une somme égale au 1/3 du droit, soit 5 francs : cela signifie pour lui que le droit compensateur à l'entrée des fontes étrangères étant de 15 francs, il n'a réellement payé que 5 soit une différence de 10 francs en sa faveur. L'opération a eu pour effet de réduire la protection accordée aux producteurs de fonte française dans la proportion des 2/3, et toutes les fontes ainsi entrées se présenteront sur le marché intérieur à un prix dix fois moindre au maximum que les mêmes fontes d'origine nationale.

Pour récupérer la plus grosse partie de la somme qu'il lui a fallu payer moyennant cession du pouvoir d'importation, Paul livrera la fonte étrangère à l'acheteur français à un certain taux, appréciable d'après l'activité du marché et qui sera par exemple de 112 ou 114 (en admettant que le producteur français vende la même fonte 115) ; 3 ou 1 franc restant à sa charge.

L'analyse économique de l'opération révèle très distinctement que le trafic des pouvoirs laisse un bénéfice aux mains du cessionnaire de ces pouvoirs. Autant de fois l'industriel de la frontière achète un acquit, et autant de fois il perçoit un gain aléatoire et variable, une véritable prime en un mot.

Que pourrait être en effet la différence de 10 francs que nous avons trouvée ?... Rien ne la justifie, elle ne peut que constituer une prime, et une prime à l'importation. Ce gain en effet incitera le bénéficiaire à recommencer une opération aussi fructueuse, et l'entrée des fontes étrangères au moyen du trafic des acquits d'Admission temporaire deviendra pour lui une industrie très productive.

Il faut d'ailleurs ne pas perdre de vue que le cessionnaire se trouve dans une situation excellente pour mener à bien cette spéculation ; en effet, à la différence du soumissionnaire de l'acquit, de son cédant par conséquent, il n'a aucune formalité ultérieure à remplir, aucuns frais, et notamment il ne devra ni réexportation ni compensation d'aucune sorte. En outre, ce droit de douane qu'il annihile à son profit continuera toujours à le protéger lui, importateur, contre toutes les entrées de produits étrangers similaires qui viendraient lui faire concurrence. En un mot, cet importateur supprime la taxe d'importation quand cela est directement utile à son intérêt et la laisse produire ses effets dans le cas contraire.

Le cessionnaire d'un pouvoir d'importation peut donc, cela n'est pas douteux, déterminer le cours du marché à sa guise et détenir ce fameux monopole que les Economistes attribuaient au régime des Admissions temporaires en général ; et chose particulièrement grave la prime d'importation dans ses mains constitue une échelle mobile qui agit au rebours des intérêts de la production.

Cette sévère appréciation émane d'un industriel métallurgiste de Maubeuge. M. Hamoir disait en en effet devant les enquêteurs de 1867 (1) : « Le trafic des pouvoirs d'introduction a substitué au droit inscrit sur nos tarifs de douane un droit nouveau qui n'est autre que *le prix de cession* de ces pouvoirs.

Ce droit nouveau mobile et instable a jeté la perturbation dans le commerce des fers. *Contrairement à toute règle* économique, le prix des fers en France ne repose plus

(1) Cf. *Enquête*, p. 21 et 22.

aujourd'hui sur l'offre et la demande de ces produits ; il repose essentiellement sur un fait accessoire : l'offre et la demande des pouvoirs d'introduction... Il est résulté de ce trafic une sorte d'Echelle *mobile appliquée à contresens* et qui cependant réagit actuellement le cours des fers français ».

M. Hamoir avait raison. Grâce à la spéculation effrénée des cessionnaires d'acquits, les besoins du marché sont influencés complètement en sens inverse de ce qu'ils devraient être.

En effet, les commandes étrangères sont-elles nombreuses et les exportations de fontes françaises plus considérables, qu'aussitôt les prix des pouvoirs s'abaissent : le nombre des acheteurs étant inférieur à celui des vendeurs, les premiers imposent leur volonté, fixent les prix, et prélèvent une très forte prime d'importation qui leur permettra de négocier en France les fontes étrangères importées, à peu près au taux du marché international ; et par suite de détruire la protection accordée à notre industrie métallurgique.

Que si au contraire les sorties de fontes nationales sont *lentes*, ce qui suppose une hausse des prix des pouvoirs et l'effet presque complet du droit compensateur, la spéculation a bientôt fait de détruire cet état de choses. Les acheteurs d'acquits à la recherche de pouvoirs de plus en plus rares deviennent la majorité ; ils consentent donc à verser au vendeur, au cédant par conséquent, une prime plus forte, la moitié du montant du droit d'entrée par exemple. Celui-ci obtenant un avantage inespéré, un gain fortuit l'impute sur les prix de revient de ses produits, ce qui lui permet de recommencer ses exportations, de créer des acquits d'Admission temporaire et de ramener la première situation, c'est-à-dire la dépression des cours, et l'annihilation du droit protecteur. Bien entendu les cessionnaires qui pour amener cette contraction ont dû débourser une prime équivalente à moitié du droit ne la perdront pas, car ce sont les consommateurs de la dite fonte étrangère qui la leur rembourseront sur leur prix d'achat.

Ainsi donc, le trafic des acquits-à-caution détermine des situations complètement anti-économiques et en opposition absolue avec les intérêts du producteur national. Le cours des pouvoirs d'importation est-il bas, c'est-à-dire l'effet du droit protecteur est-il déjà à peu près nul, que la spéculation l'annihilera plus complètement encore.

Si à l'inverse, le marché local a pu maintenir à peu près intacte la protection du tarif douanier, c'est un jeu pour le cessionnaire (dans notre exemple, Paul), de déterminer au moyen d'une prime payée par le producteur national lui-même, la baisse et la dépression des prix français, dont il espère tirer profit. Et nous remarquerons que cet effet sera en raison directe de la production ; plus les industriels français auront de fontes sur le marché local et plus la spéculation à la baisse sera facilitée, car les exportateurs alléchés par la prime de Paul seront plus nombreux. En définitive on arrivera à cette conclusion, qu'au moment où l'industrie nationale aurait le plus besoin d'être protégée, à une époque de surproduction par conséquent, à cet instant les tarifs compensateurs ne joueront plus. M. René Hamoir était donc fondé à invoquer l'exemple d'une échelle mobile à rebours, et dans ce fait il y a raison plus que suffisante pour contester la légitimité du trafic des Acquits-à-caution.

La pratique de la cession des pouvoirs déjà contraire aux intérêts du pays, ne peut davantage invoquer pour sa justification certains besoins particuliers et des nécessités privées.

En effet, avec le régime des compensations, l'industrie

métallurgique française importait presque exclusivement par le Nord, (on évalue que les importations moyennes par cette région étaient de 87 0/0 de la totalité des entrées), réciproquement, les exportations des objets fabriqués avaient lieu par le Centre et le Midi, (dans une proportion de 75 0/0). Or, la situation des groupes métallurgistes du Centre et du Midi était des plus prospère, et tant au point de vue des ressources de la matière première, que des procédés de fabrication et de leur situation géographique, ils possédaient un véritable monopole. Leur fabrication était très spéciale : ils ne fournissaient guère que les produits supérieurs comme les tôles d'acier, les blindages, les canons, etc... C'est dire suffisamment que les commandes étrangères affluaient dans ces usines, et que les objets fabriqués devaient incorporer une très grande valeur. Dans ces conditions, on peut s'étonner à bon droit qu'il fut indispensable à ces industriels (du moins ils le prétendaient) d'obtenir une prime d'exportation au moyen de la cession des acquits. Il semble qu'au contraire les conditions exceptionnelles de leur travail dussent compenser avantageusement les autres causes d'infériorité. Les frais généraux de transport n'existaient pour ainsi dire pas pour eux, puisque leur clientèle comprenant les marchés suisse, italien, portugais et espagnol et les colonies françaises leur était facilement accessible par les ports du Midi et les frontières de l'Est. Dans ces prétentions d'industriels avantageusement situés, il faut donc voir autre chose qu'une idée économique : il n'y avait là qu'un mode de spéculation commode, sans aucun risque.

Les métallurgistes du Nord le comprirent bien ; et protestèrent vivement nous l'avons précédemment vu contre la situation qui leur était faite. Leurs transformations à l'inverse de celles de leurs collègues du Midi s'exerçaient surtout sur objets communs et grossiers, de valeur courante très ordinaire, les rails par exemple, fabriqués avec des fontes venues en franchise temporaire des pays circonvoisins.

De par leur situation, ces usines de la frontière se trouvaient dans une condition excessivement défavorable relativement à l'exportation. En effet, la sortie vers les pays du Nord de l'Europe était complètement impossible, ces régions ayant précisément une surproduction de métaux et possédant des constructeurs très habiles. Restaient les pays du Midi, mais cette clientèle était réservée aux industriels du Centre, et alors même que les commandes italiennes et espagnoles leur eussent été acquises, les métallurgistes du Nord de la France se seraient vus dans l'obligation de les refuser dans la plupart des cas, car le transport des marchandises à travers la France aurait absorbé et bien au-delà les bénéfices de l'opération.

L'existence se trouvait donc très difficile pour les usines du Nord. Malgré cela la métallurgie du Centre et du Midi en spéculant sur les acquits d'Admission temporaire s'attachait à déprécier davantage encore le taux du marché déjà bien compromis. Il se trouvait d'ailleurs certains théoriciens pour affirmer que les doléances de ces constructeurs n'étaient pas fondées. Cet écrasement de votre marché dont vous arguez, disaient-ils ne peut pratiquement exister puisque des compensations s'établissent entre les régions du Nord et celles du Centre, le trop plein des importations de l'une est absorbé par les exportations de l'autre; l'équilibre se rétablit de lui-même : les deux régions jouent l'une par rapport à l'autre le rôle de deux vases communiquants. Quand le niveau est bien établi, l'acquit ne se négocie plus.

L'observation ainsi présentée serait des plus vraisemblables si une question accessoire ne venait pas en détruire la valeur. Les partisans de la théorie des vases communiquants n'oublient qu'un point, c'est que la communication n'existe pratiquement pas, qu'il y a de fréquentes solutions de continuité constituées par le coût des transports d'une région à l'autre.

Injustifié au point de vue de la production nationale qu'il laisse en concurrence avec la production similaire étrangère, illégitime en ce qui concerne les industriels métallurgistes du Midi, qu'il favorise au détriment de ceux du Nord, le trafic des acquits-à-caution constitue encore une pratique *illégale* et une *mesure* de pure spéculation.

La cession du pouvoir d'importation est *illégale* en *droit* comme en *fait*. En droit, le trafic des acquits ne saurait pas plus être validé que l'Equivalent. Ces deux procédés font également application des substitutions et des compensations et la loi de 1836, nous l'avons montré, n'a voulu que l'Identique. A la vérité on a pensé tourner la difficulté en prétendant que le trafic des acquits n'était que le développement *nécessaire* de la pratique de l'Equivalent ; ce qui impliquerait sa tolérance administrative avant la loi du 11 janvier 1892 et sa reconnaissance légale depuis cette loi au même titre que l'Equivalent lui-même. Pour justifier leur appréciation, les partisans du trafic de l'acquit déclaraient que sans ce trafic l'Equivalent serait à peu près lettre-morte : l'utilité des compensations n'apparaissant réellement qu'à distance ; et avec une certaine hardiesse ils ajoutaient que la négociation des pouvoirs était l'une des conditions même du fonctionnement de l'Equivalent.

Nous protestons absolument contre cette prétention : l'Equivalent, bien qu'erroné en tant qu'il prétend appliquer le principe de l'Admission temporaire, n'en constitue pas moins un procédé douanier spécial qui contient une parcelle de vérité économique, tandis que le trafic des acquits n'en possède aucune et ne constitue qu'une simple opération de jeu.

On conçoit très bien l'Equivalent soumis à des règles spéciales et limitatives, posées par une loi *exceptionnelle* dans la législation (1) : l'Equivalent peut devenir un expédient douanier, la cession des acquits, au contraire, ne sera jamais qu'une pure spéculation, qu'une disposition législative devrait formellement exclure de notre régime des douanes.

La Chambre de commerce de Lorient n'a même pas hésité à assimiler le trafic des acquits-à-caution à une véritable fraude en douane, poursuivable par les mêmes moyens que la contrebande (2).

Et le Tribunal de Boulogne-sur-Mer, dans des considérants fortement motivés (3) a jugé que la négociation des pouvoirs d'Admission temporaire constituait une *suite de faits illicites.*

Pour en revenir à notre première proposition, jamais le trafic des acquits n'a pu être considéré comme l'une des conditions de la compensation, et la meilleure raison, c'est que l'on a des cas dans notre législation douanière où l'Equivalent fonctionne seul sans qu'il y ait possibilité de négocier le pouvoir. Il en est ainsi d'après les décrets de 1870 et 1888 réglementant l'importation temporaire des fontes. Le convoyage prescrit pour ces métaux, a pour effet de supprimer, théoriquement du moins, tout l'avantage des cessions d'acquits, puisqu'il oblige à *transporter* effectivement à l'usine le produit à travailler.

(1) C'est le cas par exemple de la loi de 1866 sur la marine marchande qui, bien qu'autorisant les substitutions à l'Admission temporaire, n'a cependant rien d'excessif.

(2) Cf. Réponse des Chambres de commerce à la circulaire ministérielle du 11 octobre 1876, op. cit.

(3) Jugement du 4 mai 1860.

Le régime des compensations avec l'Equivalent a par rapport à la loi de 1836 supprimé l'identité des matières, le trafic des acquits a supprimé à la fois l'identité de matières et l'identité de lieu et de personne. Ce qui est exact, c'est que l'on peut fort bien concevoir l'Equivalent sans trafic sur les acquits, mais la réciproque n'est plus vraie et il faut absolument une compensation à la sortie de la marchandise fabriquée pour qu'il y ait un intérêt quelconque à la cession.

Si, en droit et à s'en tenir aux termes de la législation, rien n'autorise à recevoir comme légitime la spéculation sur les titres d'Admission temporaire, en *fait* il n'est pas davantage possible de trouver une justification à cette singulière protection à rebours. Aucune mention dans les textes officiels ne permet de parler d'une reconnaissance quelconque du trafic des Acquits. M. Pernolet dans la discussion sur l'interpellation Mézières (1), malgré toute sa bonne volonté n'a jamais pu légitimer *juris* et *de jure* cette opération. Toute son argumentation se résume dans cette conclusion que « de même que le régime de l'Admission temporaire à l'Equivalent a été l'extension nécessaire du régime du travail en entrepôt, de même la cession des pouvoirs d'introduction devait être le complément nécessaire de l'Admission temporaire à l'Equivalent général et absolu... Si on n'avait pas admis en effet la cession des pouvoirs d'introduction, on aurait limité le régime de l'Admission temporaire aux régions frontières. . » Ce raisonnement simple et à la portée de toutes les intelligences, manque malheureusement d'un peu d'autorité juridique. En somme M. Pernolet faisait état de cette question des transports dont nous avons déjà réfuté tous les termes.

(1) Chambre des Députés, *Officiel,* p. 111, séance du 23 janv. 1888.

Si à la Chambre des Députés où les convictions et les principes n'ont pas des attaches bien fermes, les errements peuvent s'expliquer aisément, en revanche, on est en droit de s'étonner que ceux qui ont pour mission de « dire le droit » les juges par conséquent, aient interprété d'une façon aussi peu conforme à la réalité ce qui était soumis à leur appréciation souveraine. En effet, un arrêt de la Cour d'Amiens du 29 mars 1873 a légitimé le trafic des acquits sur les considérants suivants :

« Considérant que le décret du 15 février 1862 est éclairé par l'interprétation qu'en ont donné les circulaires et règlements du Ministre du Commerce et du Directeur général des Douanes, et par l'application constante qu'en a faite cette Administration ;

« Qu'il est certain que la cession des pouvoirs d'introduction a toujours été, non seulement tolérée, mais admise par l'Administration précitée ;

« Qu'au double point de vue des intérêts du Trésor et de ceux du commerce français en général, il était indifférent en effet, que le pouvoir d'introduction fut utilisé par un autre que celui qui l'avait obtenu dès que l'acquit-à-caution garantissait l'exportation d'un poids semblable de la même matière mise en œuvre dans les ateliers français ».

Cet arrêt qui ne s'inspire que de la question d'utilité et de tolérance omet malheureusement de viser à l'article 5 de la loi du 5 juillet 1836, cela peut être intentionnellement, car ces considérants n'auraient pas été ce qu'ils sont, en présence des termes absolument nets et précis de cet article. Les juges vraisemblablement n'auraient pu affirmer que la loi de 1836, devait fléchir sous la puissance des Décrets interprétés par les circulaires et les règlements administratifs. Au point de vue du fond, la décision judiciaire de 1873 est des plus singulières. Elle prend le contrepied absolu des idées jusque là admises, elle justifie une spéculation qui malgré des divergences nombreuses était considérée par nombre de bons esprits comme lésant à la fois et les intérêts généraux du pays, de la production et de la vie nationale, et le Trésor public.

Quant à la reconnaissance de cette cession par l'Administration, nous aurions désirés que la Cour d'Amiens appuyât ses affirmations sur des références quelconques ; nous n'avons personnellement trouvé nul texte, nulle circulaire, nulle autorisation de trafiquer des acquits. Les décrets depuis 1857 parlent bien de compensations, mais sont muets sur les substitutions de personnes et de lieu. Le décret du 15 février 1862 particulièrement invoqué, supprime simplement l'exigence de l'identité de matière à la sortie, c'est-à-dire qu'il établit l Equivalent pur et simple ce qui était d'ailleurs son but, mais ne parle pas de la substitution de personnes qui est la caractéristique du trafic des Acquits.

Au surplus le décret de 1862 ne doit pas être interprété dans le sens de l'arrêt de la Cour d'Amiens, si l'on s'en tient au réglement du 26 mai 1883. Ce règlement intervenant après le décret du 9 janvier 1870 qui exigeait le convoyage à l'usine, c'est-à-dire la suppression de toute espèce de trafic d'acquits, ne fait aucune allusion à cette probibition qui à son point de vue était cependant intéressante ; bien au contraire, les articles 2 et 3 de ce règlement sans reproduire intégralement l'art. 1 du Décret de 1862 s'en inspirent cependant d'une façon non équivoque : c'est donc que l'art. 1 ne visait pas la cession des Acquits.

Nous le répétons, rien dans les documents officiels ne justifie cette pratique du trafic des acquits, et comme d'après les principes généraux, ce procédé est contraire aux données de la loi de 1836, même étendue par l'Equivalent, nous pouvons dire qu'il est illégal *ipso jure*.

La légalité du trafic des Acquits a vivement préoccupé le Sénat aux séances des 28 février (1) et 5 mars 1863 (2); nous avons déjà eu l'occasion de parler incidemment de ces discussions qui ne nous apprennent rien de nouveau.

La question intéressante serait de savoir si l'art. 13 de la loi du 11 janvier 1892 qui a légalisé les pratiques de l'Equivalent antérieurement tolérées, a également donné force législative au trafic des acquits alors en plein développement, ce trafic étant bien entendu considéré comme un régime distinct. Nous n'avons aucun motif de le penser : aucun décret d'Admission temporaire antérieur à cette loi ne faisant mention des cessions d'acquits, on ne voit pas que la loi de 1892 aurait pu légitimer une pratique qui n'a jamais été formulée légalement ou illégalement dans un texte. D'ailleurs, nous avons un motif excellent; pour le croire. Depuis le 9 août 1897, un décret a autorisé la négociation des pouvoirs de blés, mais en des termes tels que cette mesure apparait comme tout à fait exceptionnelle, d'où nous concluons *à contrario* que la cession serait applicable aux seuls cas prévus par une disposition formelle.

Le législateur, et ce sera là notre dernier mot, ne pouvait autoriser librement à trafiquer de l'acquit à raison du caractère de spéculation que revête la négociation des pouvoirs. Elle est un jeu à la hausse ou à la baisse, Pierre et Paul n'ont qu'un but, l'un payer, l'autre acheter le titre le moins cher possible : en un mot, c'est la spéculation au

(1) Cf. Rapport Mallet. — Discours de Messieurs Boissy et de la Riboisière.

(2) Cf. Discours Boissy, Chevalier, Dumas, de la Riboisière, de Beaumont, Rouher.

sens le plus rigoureux. Cela est si vrai que le trafic des acquits est devenu un placement : un cordonnier, un professeur peut spéculer sur un titre d'Admission temporaire tout aussi bien qu'un métallurgiste ou un meunier de profession et ce fait n'est pas aussi isolé qu'on pourrait le croire, il suffit pour s'en convaincre de faire un tour à la Bourse de commerce de Paris.

Ce mot de spéculation appliqué à la négociation des acquits-à-caution a sonné fort mal auprès de certains théoriciens, M. de Butenval notamment prétendait que ce trafic est aussi légitime que le « courtage d'un chargement de blé ou de sucre, que la négociation d'une action de chemin de fer ou d'un titre de rente, que la circulation d'un effet de commerce. C'est la simple transmission d'un pouvoir et d'un crédit, d'une faculté *sui generis* aliénable, cessible comme toute autre propriété (1). »

Dans un article de l'Economiste français (2), on a été jusqu'à affirmer que « en somme il n'y a pas une différence considérable entre l'acquit et le warrant. Ces deux papiers sont des signes représentatifs et descriptifs des marchandises, et dans l'espèce, ils servent tous deux à faciliter les transactions ordinaires, en évitant les frais et les déplacements superflus : actuellement l'acquit-à-caution est en quelque sorte un warrant officiel. »

Il était bien inutile de se torturer l'esprit pour arriver à une conclusion aussi peu respectueuse des principes du droit et de la législation. En effet l'acquit-à-caution n'est que la valeur représentative d'un impôt, et n'est par suite pas négociable en vertu de l'article 1598 du Code civil. C'est bien du reste pour respecter cette condition que

(1) Butenval. — *Régime des Admissions temporaires des fils au Conseil supérieur du Commerce* (15 mars 1877).

(2) Année 1874, page 230.

l'opération qui, pratiquement nécessite la présence de trois personnes, la Douane qui autorise la franchise, le cessionnaire de l'acquit qui fait l'importation, et le cédant qui exécute l'apuration au moyen d'une exportation équivalente, n'est considérée théoriquement comme ne mettant en cause que la Régie et le soumissionnaire, quant à l'importateur, il n'est tenu en aucun cas. Comment pourrait-il en être autrement puisque la vente est nulle comme faite extra-commercium.

On ne peut davantage pour cette raison assimiler l'acquit à un effet de commerce. D'ailleurs c'est de jurisprudence, que les *soumissions* quelles qu'elles soient, consenties par les receveurs des Douanes, bien que rédigées en forme d'effets de commerce ne constituent pas cependant des effets commerciaux. Cela n'a été jugé qu'en matière de contribution indirecte, mais peu importe, le principe est entièrement applicable en matière douanière (1).

Ce décret d'août 1897 qui autorise l'endos des acquits de blé doit donc être considéré comme une disposition tout à fait exceptionnelle, sur la légalité de laquelle il y aurait beaucoup à dire.

Ainsi, l'acquit-à-caution n'est en droit, ni cessible, ni aliénable, il est personnel à celui qui l'a souscrit, en conséquence le trafic des acquits pour cette autre raison constitue un procédé frauduleux et malhonnête qui n'a certainement pu être toléré par l'autorité compétente.

Le trafic des acquits de métaux étant depuis le décret du 9 Janvier 1870 pratiquement rendu impossible, l'intérêt de ces explications est tout rétrospectif, toutefois, par elles, nous avons pu nous assimiler certaines idées générales que nous retrouverons à propos des acquits de blés.

(1) Jugement du tribunal civil de Laon. 9 juil. 1874, et Cassation arrêt du 16 février 1876. Affaire Devivoise. Dalloz. 76, 1, 163.

B. — LES BLÉS-FROMENTS

Avec la question des blés et céréales nous abordons l'étude d'un sujet particulièrement grave et important, à raison des intérêts en jeu. L'approvisionnement en subsistances, doit dans un pays, préoccuper tout d'abord le législateur. Or de toutes les subsistances en est-il de plus nécessaire que le pain ? Le Gouvernement a donc l'impérieux devoir de fournir au producteur de blé, c'est-à-dire au paysan, à l'agriculteur, au petit propriétaire rural toutes les garanties nécessaires à son indépendance et à sa production dans les meilleures conditions. La culture des céréales, de fait, a toujours éveillé l'attention des Gouvernements qui se sont succédé en France, et depuis les premiers monuments connus, depuis l'édit de 806 des Capitulaires de Charlemagne (1) jusqu'à la disposition de l'article 14 de la loi du 11 janvier 1892, toujours le producteur de blé a reçu des encouragements spéciaux (2).

La France est un pays riche en blé, ce sont là les premiers mots de M. Tisserand dans son étude sur l'enquête agricole de 1882 « La France est un pays à céréales, dit-il ». Cette constatation d'un homme compétent fait certainement plaisir et nous l'enregistrons d'autant plus volontiers qu'elle

(1) *Capitul.* Reg. franç. Baluze, I, 267.

(2) Cf. *Précis histor que et critique de la législation française sur le commerce des céréales*, par Rivière, Paris 1859 ; et aussi, *Rapport de M. Tisserand*, Directeur de l'Agriculture au Ministre de l'Agriculture du 1er janvier 1886 contenu en tête des « *Résultats généraux de l'Enquête décennale de 1882.— Statistique agricole de la France.* »

nous repose du pessimisme de tous ces disciples de Schopenhauer, chez qui le découragement dominant tout autre sentiment, disent : le pays ne peut plus nourrir ses habitants. Ce sera aussi une arme contre les arguments et les sophismes de la spéculation internationale, trop heureuse de déclarer que les stocks qu'elle jette sur le marché français sont une nécessité de plus en plus fatale, et qu'elle fait là œuvre d'humanité et de libéralité.

Si la France est un pays riche, un pays de céréales, il n'est pas moins vrai que sa production actuelle est inférieure à sa consommation, et que tout en poursuivant l'espérance de voir cette production suffire un jour aux besoins du consommateur français, il faut bien faire appel pour l'instant aux nations plus fortunées, pour obtenir ce complément indispensable. Mais au-delà de cet excédent toute autre importation doit-elle être prohibée ? — Evidemment non, à côté de l'industrie de l'agriculture, il y a une industrie non moins utile à protéger et à développer, celle de la meunerie (1) ; l'une est le complément de l'autre, ce sont deux industries-sœurs, trop souvent hélas sœurs ennemies.

La Meunerie française tirant ses plus gros bénéfices de

(1) La meunerie est une industrie très fructueuse. Dans l'*Economiste français* du 11 novembre 1876, p. 632, nous trouvons sous le titre « La question des Admissions temporaires,— les Céréales. » un article qui met très bien en lumière ces divers avantages. Nous en extrayons ce passage : « La transformation du blé en farine est une des industries les plus simples et, qui laissent à l'industriel pour le rémunérer de son travail la marge la plus modeste ; mais c'est peut-être celle, qui, d'une manière indirecte procure au pays les plus grands avantages. Le blé, en effet, est une marchandise encombrante qui donne à la grande navigation et même au cabotage un élément considérable, qui procure aux chemins de fer et à la batellerie le plus de transports et aussi aux négociants-commissionnaires de nos ports de mer des affaires et de grands mouvements de marchandises ».

l'exportation, il est nécessaire qu'elle ait toute facilité pour exporter, or, elle ne peut exporter les blés français puisque la production en est insuffisante, mais même le pourrait-elle qu'elle ne le chercherait pas, car elle devrait vendre ses farines plus chèrement que les concurrents hongrois ou américains qui ont des blés à un prix déprécié. Ceci nous amène dès lors à la question principale : il faut pour les blés destinés à la mouture comme pour les métaux, que des facilités d'importation soient concédées par le Gouvernement ; il faut, c'est le cas ou jamais, que l'Admission temporaire soit accordée aux meuniers, à condition bien entendu, qu'elle ne touche en rien les intérêts du producteur français. Cette condition *sine qua non* a malheureusement été complètement oubliée et l'importation en franchise temporaire des céréales a provoqué des fraudes et des inconvénients d'application dont la répercussion sur les forces agricoles du pays furent et sont même encore très sensibles.

Ce sont ces faits que nous examinerons dans les deux paragraphes qui suivent.

Le premier paragraphe aura pour objet les fraudes proprement dites résultant du trafic des acquits de blé et de la suppression des zones.

Le second paragraphe sera consacré à l'examen des différentes difficultés pratiques et en quelques sortes *fatales* d'une bonne application de l'Equivalent aux blés..... ces inconvénients constituent les *fissures* du régime.

Enfin à titre documentaire nous passerons brièvement en revue les palliatifs proposés pour supprimer ces vices de fonctionnement.

§ I. — *Le trafic des acquits de blés. — La question des zones d'exportation.*

La production et la culture des céréales de la France, du blé tout particulièrement, ne se fait guère et ne réussit que dans la région de l'Ouest et du Nord ; dans la partie méridionale du pays, cette culture est très restreinte ; pour ne pas dire insignifiante.

C'est sur cette inégalité de production que les spéculateurs ont étayé leur combinaison du trafic des acquits de blé, de la façon suivante :

Paul, grand courtier, habitant Marseille importait en Admission temporaire une cargaison de blé destinée au marché de Provence qui en était dépourvu ; puis, muni de son acquit, il s'entendait avec Pierre meunier dans le Nord ou l'Ouest qui se chargeait d'exporter par Dunkerque ou Nantes une qualité équivalente de farine obtenue avec les blés français qu'il achetait dans sa région surproductive, en apurement de l'acquit.

Bien entendu, en échange de ce bon procédé, Paul donnait une commission à Pierre, il lui cédait une quote-part dans le montant du droit au paiement duquel son acquit d'Admission temporaire le faisait échapper. La taxe d'entrée étant de 7 francs, il abandonnait en sa faveur par exemple 5, 6, ou 3 francs ou même moins, suivant l'activité de l'offre ou de la demande.

De la sorte Paul qui avait importé une cargaison de blé, sinon en franchise, du moins en n'acquittant qu'un droit réduit de 3 ou 5 francs, pouvait vendre ce blé sur les places françaises soit à l'état brut, soit sous forme de farines avec un bénéfice égal à la différence de 3 à 7 francs. A son égard, la cession du pouvoir créait une prime d'importation. A l'égard de Pierre, le gain ainsi obtenu en dédommagement de l'exportation qu'il s'engageait à accomplir par les frontières du Nord ou par les ports du littoral équivalait à une véritable prime de sortie en faveur des blés indigènes.

Le quantum de ces primes, en raison inverse l'une de l'autre, se déterminait exclusivement d'après l'état des récoltes en France et les besoins du meunier exportateur. Dans les années d'abondance, en effet, il est évident que Pierre imposera sa volonté et soulèvera de nombreuses difficultés pour apurer les acquits-à-caution créés dans le Midi. Il prétextera que le blé n'a pas de valeur sur les places de sa région, qu'il fait par conséquent des sorties avantageuses et que la prime que pourrait lui payer Paul n'affectera pas sensiblement le chiffre de ses opérations tout en lui causant des ennuis et des pertes de temps considérables ; bref il n'accepte qu'à la condition de retirer de cette exportation un avantage sérieux, dans lequel le bénéfice réalisé sur la cession du pouvoir devra rentrer pour une part importante.

L'importateur du Midi, Paul, qui a le plus grand intérêt à faire décharger son obligation d'Admission temporaire, accorde tout ce qu'on lui demande ; le bénéfice qu'il va réaliser sur le montant du droit d'entrée ne sera peut-être pas très élevé, mais ne serait-il que du franc, cela lui permet de vendre chaque quintal de blé un franc moins cher que ses concurrents du marché marseillais.

Dans une année médiocre au contraire, si les cours des blés français sont élevés dans sa région, Pierre, qui n'exporte que très difficilement et en ne gagnant que fort peu sur chaque transaction, va de lui-même trouver Paul pour lui proposer d'apurer son titre d'importation, moyennant une très minime rémunération. Inutile de dire que l'industriel de Marseille ne refuse jamais. Dans cette hypothèse il est entendu que Pierre n'a pas la meilleure situation, et cependant il n'est nullement à plaindre, car cette prime, si petite soit-elle deviendra pour lui un moyen de peser sur les cours du marché, et de les ramener au taux qu'il lui plaît.

Nous n'insisterons pas davantage.

En somme c'est là le trafic que nous connaissons, avec cette différence que le soumissionnaire de l'acquit reçoit lui-même la marchandise et la consomme chez lui, c'est la situation inverse de ce que nous avons vu se produire pour les métaux, ici l'exportateur est l'acheteur de l'acquit et le soumissionnaire l'importateur.

On remarquera que le courant des importations est également inverse, il a lieu du Sud au Nord.

La question du trafic des pouvoirs d'importation de céréales est étroitement liée à la question des *zones d'importation et d'exportation* ; il est évident que si la compensation à distance était impossible, Pierre et Paul n'auraient pu se livrer à la spéculation ci-dessus, c'est pourquoi il convient de bien comprendre ce que sont les *zones* et qu'elle est leur utilité.

Quand nous avons examiné les spéculations sur les acquits de fontes nous avons vu que la compensation à la sortie se faisait indifféremment par tous les ports et frontières du pays, et que l'acquit de la fonte entrée par le Havre par exemple, pouvait parfaitement être déchargé par une machine exportée de Nantes ou de Marseille. C'est qu'en effet pour les métaux, la France était assimilée à une vaste et unique zone douanière ; mais pour les blés cette unification n'a pas toujours existé : la question des zones d'exportation a donné lieu au contraire à une législation très variable, dont l'examen va nous retenir quelque temps.

Lorsque l'Equivalent fut introduit pour les céréales par le décret de 1850, on était encore sous la législation de l'Echelle mobile aux termes de laquelle, le pays se trouvait partagé en plusieurs zones suivant le cours du blé, qui était fixé par le Gouvernement à époque déterminée. La nécessité de respecter cette législation obligea le décret d'Admission temporaire de 1850 à distinguer les zones. En effet, s'il en avait été autrement, comme les droits pouvaient varier d'une contrée à l'autre, au moyen des compensations on eut éludé facilement la loi. On aurait entré des blés en *franchise* dans une région où les droits élevés avaient précisément pour but d'empêcher les importations pour ressortir des farines d'une zone appauvrie où les blés étant rares, les droits avaient pour effet d'empêcher l'exportation. Si l'on n'avait pas tenu compte des zones, on le voit la législation de l'Echelle mobile fut devenue lettre morte. C'est pourquoi le décret de 1850 exigeait que la réexportation des farines se fit exclusivement par un des bureaux appartenant à la classe et à la section par lesquelles l'importation du blé se serait faite. (V. décret 1er juin 1850).

Survint la loi du 15 juin 1861 qui supprima l'Echelle mobile ; la restriction des zones de sortie n'ayant plus sa raison d'être, le décret du 25 août suivant dispensa la Meunerie nationale de l'obligation de sortir ses farines en apurement des acquits par les zones d'entrée.

C'est à partir de cette date que la spéculation obtint ses lettres de naturalisation et que le trafic des acquits, laissé libre par la suppression des zones douanières s'exerça sur une vaste échelle.

L'autorité du pays a-t-elle pris dès le début toutes les mesures nécessaires à empêcher ces inconvénients économiques d'autant plus graves qu'ils portaient ici sur une industrie de nécessité ? Ceci nous oblige à donner un aperçu de la législation des zones d'exportation ainsi que des discussions qu'elle a provoquées.

C'était l'unification des zones à la suite du décret de 1861 qui avait rendu possible le trafic des acquits. Le Gouvernement en présence des plaintes des représentants de l'agriculture prescrivit une enquête agricole générale (décrets des 10 et 28 mars 1866) devant une Commission supérieure siégeant à Paris. En outre de cette enquête centrale il était procédé à des enquêtes régionales conformément à un questionnaire uniforme, et les rapports des commissions régionales étaient ensuite examinés par la Commission supérieure (1). Cette enquête conduite très sérieusement, fit l'objet de 4 gros volumes in-folio fort intéressants à consulter et qui apprécient en maints endroits, tant la question du trafic des acquits que celle des zones. Au paragraphe IV intitulé : « *Législation, — Règlements, — Traités de commerce* » nous trouvons posée la question qui nous intéresse, sous cette rubrique : « Quelle influence attribue-t-on aux opérations d'importation temporaire des blés étrangers pour la mouture et de réexportation de farines, à l'application des règlements spéciaux relatifs à ces opérations, notamment en ce qui concerne les acquits-à-caution ? » Le Ministre de l'Agriculture, M, Louvet, dans le rapport qu'il fit à l'Empereur, le 19 mai 1870 et dont le but était de signaler les points particuliers qui devaient faire l'objet de l'enquête, constatait d'abord que les plaintes adressées à la législation des céréales portaient pour une bonne part sur ce que dans le régime actuel, on peut à l'aide d'un trafic d'acquits-à-caution « faire sortir des farines par un

(1) Cf. *Journal des Economistes*, Tome XIX, juillet à septembre 1870, p. 128 et 404. Rapport de l'enquête agricole de la Commission instituée par le décret du 10 mars 1866.

point de la frontière autre que celui par lequel l'importation des blés s'est effectuée (1). »

M. de Mornay fut chargé de centraliser les documents et renseignements fournis par les commissions régionales et de remettre un rapport général. Ce rapport révélait que 26 départements s'étaient déclarés favorables au régime actuel de l'Admission temporaire contre 22 qui lui étaient opposés ; malgré cette supériorité de l'opinion adverse et après des indications fort intéressantes, le commissaire général concluait en déclarant qu'il y avait lieu de : « modifier le régime actuel de l'importation en franchise de droit des blés pour la mouture, en ce sens que la réexportation des farines provenant de ces opérations doive se faire par les points de frontière où l'importation du blé a eu lieu : diviser à cet effet la France en zones, interdire le trafic des acquits-à-caution.... » C'était à la Commission d'Enquête à se prononcer souverainement. Les opinions étaient très partagées au sein de la Commission, néanmoins les doléances de l'agriculture furent écoutées, et quoiqu'on ait pu dire, le décret du 18 octobre 1873 fut la résultante plus ou moins médiate de ces discussions. Nous insistons à dessein sur cette idée car la meunerie a souvent indûment prétendu qu'en 1873 les agriculteurs ne s'étaient pas plaints, et que le Décret du 18 Octobre avait été réclamé d'une façon comminatoire par la Belgique seule, qui voulait par le rétablissement des zones, atténuer les importations nombreuses de farines françaises qui se faisaient sur son territoire. C'est là une grave erreur, les réclamations de la Belgique ont été pour quelque chose dans le décret de 1873... mais pas pour tout, loin de là (2).

(1) Enquête agricole, 1re série, Documents généraux, Tomes I et IV.

(2) Cf. Conseil supérieur du Commerce. Séance du 23 Janvier 1877. *Officiel* du 27 Mai 1877, p. 4049.

Les récriminations de l'Agriculture ont autrement pesé dans la balance et le décret du 18 Octobre 1873 fut une satisfaction complète qui lui était accordée.

Ce décret dispose que l'article 3 du décret du 25 Août 1861 est modifié ainsi qu'il suit :

« Les froments étrangers destinés à la mouture, pourront être importés par tous les bureaux de douane ouverts à l'importation des céréales : la réexportation des farines ne pourra s'effectuer que par les bureaux de douane de la direction par laquelle l'importation des froments aura lieu ».

Le Décret de 1873 faisait de la sorte une *zone* de chaque direction de douane.

La Meunerie jeta les hauts cris ; ce fut la première phase de la lutte entre meuniers et agriculteurs, les premiers voulant le retour au régime de 1861, les seconds demandant le maintien intégral de la législation de 1873 ; la « Question des Zones » était née.

De quoi se plaignait la Meunerie ? Les minotiers protestaient contre l'obligation de compenser les blés entrés par un bureau de douane par des farines sortant par ce même bureau de douane, et ils réclamaient une plus grande extension donnée à l'exportation de leurs produits. Or, cette extension pouvait être opérée : ou bien par la suppression absolue et complète des zones, et la formation d'une zone unique, c'est-à-dire le retour au décret de 1861. ou bien par un système intermédiaire qui, en élargissant les zones d'exportations. maintiendrait cependant la division douanière. Les meuniers réclamaient l'adoption du premier procédé.

Le Gouvernement hésita longtemps à donner satisfaction aux intéressés, ce n'est que le 29 juillet 1896 qu'un décret intervint, qui, sans supprimer les zones, les élargit un peu. L'article 6 du décret de 1896 groupe les bureaux de douane en cinq zones de réexportation, c'est-à-dire que l'importateur peut faire entrer du blé par la zone qui lui plaît, mais devra nécessairement exporter la farine par cette même zone. Comme cela arrive toujours quand on ne prend que des demi-mesures, le décret de 1896 ne satisfit ni les agriculteurs qui virent là dedans un retour plus ou moins déguisé à la législation de 1861, ni les meuniers pour qui le procédé était encore trop restrictif. Les meuniers déclaraient qu'avec ce décret, ils ne pourraient utiliser que par une seule frontière, la frontière suisse, les acquits créés à Marseille, or, comme l'écrivait le 3 août 1896 à Monsieur Méline, Ministre de l'Agriculture, le Président de l'Association nationale de la Meunerie française, Monsieur Colson Blanche (1), ce que voulaient les meuniers, c'était « l'utilisation par toutes les frontières des acquits *nécessairement* créés à Marseille ».

Le Gouvernement écouta ces doléances et un nouveau décret du 31 décembre 1896 plus large que le précédent tenta de les satisfaire en étendant les 2e et 3e zones, de la Direction de Charleville au Bureau de Pagny-sur-Moselle inclus et de ce bureau inclus à la Direction de Montpellier incluse.

La satisfaction espérée ne fut pas davantage obtenue ; il suffit pour s'en convaincre de se reporter à la lettre que la Chambre de Commerce de Dunkerque adressait au Ministre du Commerce, en janvier 1897 (2). Elle déclarait dans cette lettre que le décret du 31 décembre allait nuire à la minoterie et aux ports du Nord, et qu'avec la faculté de faire leurs expéditions par le Bureau de Pagny-sur-Moselle, les meuniers de l'Est, des Vosges et de la Meuse, accapa-

(1) Cf. Journal *La Meunerie Française* : 1896, p. 177. V. aussi, p. 178, le vœu émis au 9e Congrès de la Meunerie.

(2) Cf. Cette lettre dans le *Journal des Débats*, n° du 2 février 1897.

reraient le marché anglais, en faisant transiter leurs farines par les ports d'Anvers et de Rotterdam.

La Meunerie de l'Ouest et du Sud-Ouest (1) manifestait les mêmes appréhensions.

D'une façon générale, les meuniers reprochaient au décret de Décembre de partager la France meunière en deux zones d'inégale étendue : le minotier de l'Est transitait ses farines à destination de la Hollande ou des pays scandinaves par le Rhin, c'est-à-dire par le chemin le plus court et le plus économique, tandis que les meuniers du Nord, de l'Ouest et du Sud-Ouest, pour placer leurs produits sur le même marché étaient obligés de passer par Marseille et Gibraltar. C'était là disaient-ils une inégalité flagrante : le régime des 5 zones avait pour effet d'améliorer certaines positions *particulières* mais non l'intérêt général.

Nous ne discuterons pas la valeur de ces arguments : la seule réflexion qui nous vient à l'esprit, c'est qu'ils font beaucoup trop application des intérêts particuliers et de la question de clocher. Gageons que si la meunerie de la frontière Suisse avait seule eu à pâtir de la nouvelle règlementation, les détracteurs du décret dont nous venons d'entendre la critique n'auraient pas pris parti pour elle ! La question individuelle passera toujours quoiqu'on fasse devant l'intérêt général ; c'est pourquoi nous le répétons dans tout ce qui va suivre, il ne faut pas attacher une valeur trop grande aux raisonnements de l'un et l'autre adversaire si convainçus qu'ils puissent paraitre.

La Meunerie finit cependant par obtenir gain de cause. Le décret du 9 août 1897 est en effet revenu au régime qui a fonctionné de 1861 à 1873. Désormais, « les froments

(1) *Journal des Débats*, numéro du 16 février 1897.

étrangers destinés à la mouture pourront être importés par *tous* les bureaux de Douane ouverts à l'importation des céréales, la réexportation des farines semoules et sons pourra être effectuée par les ports d'entrepôt réel ou par les bureaux ouverts soit au transit, soit à l'entrée des marchandises taxées à plus de 20 francs les 100 kilogrammes ».

Ces décrets qui ont tous donné satisfaction à l'industrie de la meunerie, ne sont pas intervenus sans examen préalable, tout au contraire, ils ont nécessité de laborieuses discussions dans les Conseils supérieurs respectifs de l'Agriculture et du Commerce.

En janvier 1896, le Conseil supérieur du Commerce eut à examiner plusieurs questions de pratique économique, et entre autre celle de l'Admission temporaire des céréales.

Dans le rapport qu'il adressait au Ministre du Commerce le 10 janvier 1896, Monsieur Chandèze, Directeur du Commerce, en exposant les points qu'il y aurait lieu de soumettre à l'examen du Conseil supérieur, constatait que les deux départements du Commerce et des Finances étaient parfaitement d'accord pour atténuer les restrictions du décret du 18 octobre 1873, et qu'il n'y aurait aucun inconvénient à permettre la sortie des farines par tous les Bureaux des *deux directions* de Douane limitrophes de celle par laquelle avait eu lieu l'importation des blés ». M. Chandèze d'ailleurs considérait que cette faculté serait une compensation pour la Meunerie du relèvement de rendement à 65 kilogrammes qui venait d'être exigé pour le taux d'apurement (1).

(1) Cf. Ministère du Commerce Conseil supérieur du Comm. et de l'Ind. 1) *Admission temporaire dec céréales*, 2) *Entrepôts des céréales*. 3) *Projet de loi dit du cadenas*. (Compte-rendu Sténographique des séances du 17 et 18 janvier 1896). Voir Annexe au Compte-rendu des séances. *Rapport* présenté à M. le Ministre du Comm. par M. Chandèze, Directeur du Comm., p. 610.

Dans sa séance du 18 janvier, le Conseil supérieur du Commerce se prononça directement pour la suppression du décret de 1873 et l'élargissement à des zones d'exportation. Une délégation de l'Association de la Meunerie française devait être chargée de la répartition.

Le Conseil du Commerce comme son nom l'indique n'avait à se préoccuper que des nécessités du négoce, et les intérêts de l'agriculture nationale ne pouvaient aucunement influencer ses décisions, aussi les agriculteurs confièrent le soin de les défendre à leurs représentants officiels: les membres du Conseil supérieur de l'Agriculture. La Commission permanente de ce Conseil se réunit au mois de juin 1896 et le 25 du même mois elle prenait une délibération tendant à réduire à 5 les zones d'apurement des acquits.

Ce n'était là qu'un simple avis, et pas plus la décision du 18 janvier que celle du 24 juin n'avait de valeur légale. Tout demeura ainsi en état jusqu'en mars 1897 époque à laquelle la Commission permanente du Conseil supérieur de l'Agriculture se réunit à nouveau pour délibérer définitivement de la suppression des zones. Une sous-commission composée de gens compétents comme MM. Pallain, Tisserand, Sagnier, de Vogüe, etc., avec M. Viger comme président, se réunit une première fois le 5 mars, et le 22 du même mois, elle élaborait et arrêtait le texte des propositions à soumettre à l'approbation du Conseil supérieur. La majorité de la sous-commission était favorable à la suppression des zones à la condition que pour éviter le trafic sur les acquits de blé qui ne manquerait pas de recommencer, on opposât un palliatif à la spéculation, au moyen de l'acquit-à caution nominatif (1).

(1) Le système consistant à transformer les acquits-à-caution anonymes en acquits nominatifs et personnel, est dû à l'initiative

Le 24 mai 1897 le Conseil de l'Agriculture se réunissait pour approuver les résolutions de sa Commission, et en présence des garanties que le pouvoir d'importation avec indication du titulaire semblait devoir présenter, il conclut également dans le sens de la suppression complète des zones d'exportation. Le Conseil supérieur du commerce bien entendu ratifia à l'unanimité des voix ce vote sur lequel il ne comptait guère (séance du 9 juin 1897) et enfin, le décret du 9 août 1897 est venu donner l'estampille officielle ; depuis lors l'abrogation des dispositions restrictives d'octobre 1873 est chose accomplie.

La suppression des zones fut, on le voit par ces explications, assez facilement obtenue des agriculteurs ; c'est donc bien à tort qu'on a donné l'industrie agricole comme essentiellement hostile et par principe à toute mesure libérale. Bien au contraire, l'Agriculture représentée par les personnalités les plus marquantes a en 1896 et 1897 reconnu tout l'intérêt qu'il y aurait pour tous (meuniers et cultivateurs de blés) à faciliter le plus possible le mouvement des exportations. Un agriculteur distingué, M. Henry Sagnier était si bien persuadé de cette nécessité, qu'il n'hésitait pas à écrire que la suppression des zones deviendrait le meilleur moyen « de sauvegarder les *intérêts connexes* de l'Agriculture et de la Meunerie (1).

Sans doute, l'Agriculture avait été longtemps hésitante,

de la Société nationale d'Agriculture. (Voir le rapport Henry Sagnier sur l'Admission temporaire des blés et sur les bons d'importation, à la séance de la Société Nationale d'Agriculture du 4 novembre 1896).

Depuis le décret du 9 août 1897, il n'y a que les *meuniers* qui puissent souscrire des acquits-à-caution, qui leur sont *personnels*. Toutefois l'endossement au nom d'un autre meunier, dans les dix jours de la délivrance du titre est autorisé.

(1) Cf. Le *Journal de l'Agriculture*. 1897, Tome 1, page 363.

mais quoi de plus rationnel et de plus légitime ; en présence des effets désastreux de la spéculation sur les acquits de blés, et tant qu'on ne lui donnait aucune garantie de la sincérité de l'opération, n'était-elle pas autorisée à se défendre ? L'extension des zones, en effet, leur suppression surtout, entraînait la possibilité du trafic permanent et continu des pouvoirs d'importation et provoquait la ruine de l'industrie agricole.

La France, au point de vue de la récolte des céréales, est très distinctement divisée en deux régions. Le Nord-Est et l'Ouest, à partir d'une ligne médiane de Lyon à Dax, se livrent avec succès à la production des blés, au contraire, en deçà de cette ligne et dans tout le Midi en général, on s'adonne presque exclusivement aux cultures arbustives et de la vigne. Dans ces conditions, on comprend que le meunier installé dans la première de ces deux régions, jouisse d'une excellente situation, assuré qu'il sera d'obtenir sa matière de transformation à un bas prix, sensiblement égal au cours des blés concurrents sur les marchés internationaux qu'il approvisionne, et aussi d'avoir à proximité ses principaux consommateurs de farines : l'Angleterre, la Belgique, la Suisse, le Luxembourg.

A l'inverse, les meuniers situés dans la partie méridionale de la France, seront obligés ou bien de faire venir le trop-plein des marchés du Nord ou de l'Ouest ou même de demander à l'importation les blés qui sont indispensablement nécessaires à la consommation de ces régions improductives de céréales. C'est à ce second moyen que la meunerie du Midi s'est arrêtée. Les raisons de cette détermination ont été de plusieurs sortes. D'abord les facilités d'approvisionnement étaient beaucoup plus considérables par l'emploi des importations étrangères, étant donné que les ports de la Méditerranée sont en relation constante avec les pays producteurs de blés ; Marseille se trouve sur la route la plus courte comme la plus rapide des contrées russes surproductrices de froment. Au contraire, en s'adressant aux producteurs français du Nord et de l'Ouest, on s'exposait à payer des frais de transport fort onéreux, plus élevés que ceux d'une importation directe par mer.

A un autre point de vue, du reste, la minoterie du Midi préférait les blés étrangers aux blés nationaux. Certainement, disait-elle, nous travaillons pour la consommation intérieure ; mais également nous faisons de l'exportation à l'occasion, or notre clientèle qui est espagnole, levantine grecque, arménienne et même russe, ne se contente pas de nos blés français, il lui faut des blés nerveux que nous trouvons seulement à l'étranger. Les semouliers marseillais avaient du reste soin d'ajouter que la nature même de leur industrie exigeait l'emploi de blés riches en gluten qui possédaient des qualités que n'avaient pas nos blés tendres (1).

Cette double notion sur les situations respectives et les intérêts divergents des meuniers (importation au Midi, exportation au Nord), bien comprise, nous allons pouvoir entrer dans le vif de la théorie des zones et de son corollaire nécessaire et indispensable, le trafic des acquits-à-caution. Cette étude nous permettra d'apprécier également les raisons que les intéressés ont données pour justifier ledit trafic à l'encontre des intérêts de l'Agriculture.

Il s'agissait pour les Meuniers trafiquants de prouver deux choses pour légitimer leur opération :

(1) Cf. « *Les Admissions temporaires et le prix du Blé* » par M. Colson-Blanche, page 5 et suiv.

Ce travail est rapporté dans le journal : *La Meunerie française*, N° du 9 novembre 1895, page 268.

1°) Que la cession des pouvoirs d'importation offrait une utilité économique.

2°) Que cette cession utile ne pouvait se faire qu'avec l'unification douanière des bureaux de sortie.

La démonstration a été faite par des gens compétents et d'une incontestable valeur ; nous allons la donner d'après eux.

Si l'on examine l'hypothèse de la sortie par une *même* zone, que la zone d'entrée, disait M. Colson-Blanche, le résultat pour l'agriculture, s'il ne lui est pas préjudiciable, lui est tout au moins parfaitement indifférent. Voici en effet ce qui se passe : le meunier qui veut livrer tant de quintaux de farine sur les marchés étrangers, introduit en Admission temporaire ou achète au voisin qui a introduit lui-même en Admission temporaire, la quantité équivalente de blés étrangers, puis opère la mouture. La farine provient d'un blé qui n'a pas payé la taxe il est vrai, mais comme ce blé n'a fait que transiter en changeant de forme, le résultat est le même pour le blé indigène qui n'éprouve aucune concurrence, tout au plus de l'opération il reste les issues, mais elles acquittent le droit. Donc, il est certain qu'avec le système des zones, l'opération de l'Admission temporaire est indifférente à l'Agriculture de la région.

Mais il n'en est plus de même si l'on *supprime les zones* ; ici un avantage très sensible apparaît en faveur du blé national, et cela à raison de la spécialisation de la Meunerie du Midi par rapport à celle du Nord et de l'Ouest. La grande majorité des blés étrangers qui entrent en France et qui entrent surtout par les ports du Midi, ne sert pas à faire de l'exportation, c'est-à-dire à apurer des acquits, mais est réduite en farine pour la consommation intérieure soit en pain, soit en pâtes alimentaires. Au contraire, dans les régions du Nord et de l'Est, la surproduction déprécie les cours des céréales, ce qui est un mal pour le producteur, d'autant que les prix de transport et aussi la qualité empêchent que ce blé aille combler les vides du Midi. Si l'apuration des acquits pouvait se faire par toutes les zones, le meunier de ces régions surproductives achetant l'acquit marseillais exporterait en Angleterre ou en Belgique par Calais, Dunkerque, Boulogne, ou par une autre frontière, des farines provenant de blés français entrés par Bayonne, Cette, Bordeaux, Nice ou Marseille et qui retirés à la consommation releveraient d'autant les cours de l'Agriculture locale. Il arriverait de la sorte que les quelques millions d'hectolitres entrés à Marseille serviraient à faire sortir des régions Ouest, Nord et Est des quantités de farines correspondantes, farines fabriquées d'ailleurs avec les blés de la région Ouest, Nord et Est.

Ne voit-on pas, ajoutait M. Colson-Blanche, tout l'avantage que l'agriculture de ces régions surproductrices aurait à se trouver allégée de semblables quantités de blé ? Sans doute, le Nord ne sort que l'équivalent de ce qui entre dans le Midi, mais la sortie se fera dans le pays où il y a défaut de blé et de la sorte, il s'établira dans toute la France sans difficulté, un prix uniforme alors que ces prix varient aujourd'hui énormément.

M. Couteaux, sénateur de la Vienne, a dans un article publié par le journal *La Meunerie Française* sous le titre *la question agricole au point de vue économique* (1) particulièrement insisté sur l'utilité de la suppression des zones, et à raison des hypothèses qu'il prend, nous croyons intéressant de rapporter textuellement cette partie de l'article. « Un commerçant de Marseille, écrit M. Couteaux, achète 100 kilogrammes de blé russe, qui lui coûtent

(1) Numéro de Juillet 1896, p. 164.

rendus en France 14 francs ; il s'adresse à un meunier de Dunkerque et lui demande d'apurer ces 100 kilogrammes de blé par la sortie de 60 kil. de farine, en échange il lui offre une indemnité de 5 francs par exemple. Qu'arriverait-il si le meunier de Dunkerque pouvait exporter directement sa farine à Londres ? Il achèterait sur les marchés des départements du Nord son blé à raison de 18 francs par exemple, prix moyen de toute l'année, et comme il recevrait 5 francs d'indemnité, son blé ne lui coûterait en réalité que 13 francs tandis qu'il vaut à Londres 14 et 15 francs. Si on y joint la prime de 1 fr. 04 qu'il retire de la fissure (nous expliquerons plus tard cette fissure), on voit que nos meuniers des ports français se trouveraient ainsi dans d'excellentes conditions pour concurrencer les meuniers anglais.

De leur côté, les cultivateurs du Nord qui produisent infiniment plus de blé qu'on en consomme dans leur région, trouveraient là, en remplaçant par leurs propres blés les blés étrangers entrés à Marseille, un débouché qui aurait la plus heureuse influence pour le raffermissement des cours qu'ils désirent si ardemment.

Donc, avantages réciproques pour la meunerie des ports et pour l'agriculture.

Maintenant qu'arriverait-il pour les habitants de Marseille et de toute la province environnante, qui ne récoltent pas le quart du blé qu'ils consomment? Il arriverait que ce blé russe qui actuellement coûte d'abord 14 francs d'achat plus 7 francs de droit d'entrée, ce qui fait 21 francs, ne coûterait plus que 14 francs plus les 5 francs d'indemnité donnés aux meuniers du Nord, c'est-à-dire 19 francs, de sorte que les habitants de Marseille et de la région environnante qui sont obligés aujourd'hui de payer les blés qu'ils mangent 21 francs (alors que les autres citoyens français ne le paient que 18 ou 19 fr.) l'obtiendraient désormais au même prix que la plupart des autres consommateurs français. Donc avantage pour tout le monde.

M. Couteaux constate au contraire qu'avec le système des zones il n'y a plus d'avantage pour personne :

« Le meunier de Dunkerque a bien reçu les 5 francs d'indemnité qui ont ramené de 18 francs à 13 francs le prix du blé qu'il a acheté sur les marchés environnants ; mais comme pour réexporter sa farine à Londres il doit la faire passer par le bureau de douane qui a introduit le blé qu'il doit apurer, c'est-à-dire par Marseille, il se trouve que ce voyage de Dunkerque à Marseille et de Marseille à Londres coûte tellement cher qu'il représente une grande partie de cette prétendue indemnité qu'on lui avait donnée. Il en résulte qu'il doit renoncer à une combinaison qui ne lui laisserait que de la perte, de sorte qu'il n'y a plus de travail pour lui ni de débouché pour les cultivateurs du Nord.

D'autre part, le blé russe introduit à Marseille devait payer 7 francs au Trésor au lieu de 5 donnés au meunier de Dunkerque, les consommateurs du Midi se voient contraints de payer le blé qu'ils mangent 2 ou 3 francs de plus par 100 kilogrammes que les autres consommateurs français, donc perte pour tout le monde. »

M. Couteaux complète ensuite ces développements par des considérations fort intéressantes et très approfondies.

Les meuniers résumaient finalement toute leur démonstration en ces termes : la négociation des pouvoirs non seulement ne constitue pas une pratique anti-économique, mais au contraire elle devient l'un des principaux stimulants de l'activité productive et commerciale du pays. Grâce au trafic des acquits, l'approvisionnement tant pour la consommation que pour l'industrie des pâtes alimentaires est assuré à bon compte, dans le Midi, tandis que les régions surproductrices en blé du Nord et de l'Ouest sont déchargées par des exportations équivalentes qui font hausser le cours déprécié des céréales sur ces places. Si donc, concluait la Meunerie, le trafic des Acquits a de semb'ables conséquences, au lieu de le restreindre il faut le développer par la suppression complète des zones et l'abrogation du décret de 1870 absolument contraire aux véritables intérêts économiques du pays.

Incontestablement, lc raisonnement de M. Colson-Blanche, aussi bien que celui de M. Couteaux, contient une très grande part de vérité économique ; malheureusement, il faut le reconnaître, ce sont là des déductions purement théoriques, dont la pratique se charge de démontrer l'inexactitude. D'abord, dans la démonstration de la Meunerie, nous distinguons deux points très différents : la question de zones et la question du trafic des acquits proprement dite.

Nous ne faisons aucune difficulté à accepter la suppression des zones, c'est-à-dire la compensation des produits importés par un bureau de douane complètement distinct du bureau d'entrée. Quand les meuniers de Marseille viennent dire au Gouvernement : « nous n'avons pas de blé en Provence pas plus pour notre consommation que pour nos semouleries si prospères ; nous ne pouvons en faire venir des régions productrices françaises, cela nous coûterait trop cher, mais permettez-nous de nous approvisionner dans notre port, où les cargaisons ont la possibilité d'arriver à très bon compte » les Pouvoirs publics ont, cela n'est pas douteux, le devoir d'accéder à d'aussi justes revendications. En faisant cette concession, on laisse, il est vrai, sans défense l'agriculture du Midi, on l'expose à la concurrence des blés étrangers qu'elle ne peut soutenir, c'est là évidemment une nécessité regrettable, mais les principes économiques l'exigent ainsi : l'intérêt général du pays dans l'espèce est de permettre l'importation des blés. Les avantages de cette mesure sont certainement plus nombreux et ont plus de valeur que ceux d'une protection qui, pour satisfaire une minorité, nuirait aux consommateurs et aux importantes industries semoulières du Midi.

Donc, nous admettons entièrement l'argumentation des minotiers en tant qu'elle s'applique à la franchise des zones d'exportation.

Mais il n'en est plus de même en ce qui concerne le trafic des acquits-à-caution. MM. Colson-Blanche et Couteaux nous ont présenté la négociation des pouvoirs comme un procédé parfaitement correct : à cette condition sans doute leurs déductions seraient exactes ; malheureusement, l'acquit-à-caution pour les blés comme pour les métaux ne peut jamais donner lieu qu'à une spéculation qui est loin d'offrir les garanties économiques promises. Les gains réalisés par le cédant et le concessionnaire du permis leur fournissent les moyens de diriger à leur fantaisie les cours du marché des céréales et des farines en France, et d'obtenir un véritable monopole dont la *production* agricole n'a pas à se louer.

Nous ne voulons pas entrer à cet endroit dans des explications que nous avons déjà données à propos du trafic des acquits de métaux ; nous indiquerons simplement les effets de ce trafic tels qu'ils se présentent ici, de façon à répondre brièvement, mais d'une manière péremptoire, à la démonstration des meuniers.

Prenons d'abord l'hypothèse où les blés français sont cotés chers, où par conséquent les cultivateurs de céréales rentrent dans leurs débours, tout en percevant un bénéfice.

Dans ces bonnes années, il est certain que le meunier

exportateur, Pierre dans notre exemple, ne fera pas d'affaires avec l'étranger, l'écart des prix des farines sur les deux marchés étant trop considérable. Il s'entend alors avec Paul de Marseille qui crée un acquit d'Admission temporaire (Paul n'est en effet jamais embarrassé pour placer ces blés importés dans sa propre région), que lui Pierre se charge d'apurer moyennant une légère bonification. Or, c'est cette prime qui devient la cause de tout le mal : à l'encontre de ce que nous disaient MM. Couteaux et Colson-Blanche, Pierre ne fera pas d'exportation, au contraire, au moyen de cette prime il achètera des blés étrangers qu'il importera précisément en franchise temporaire et avec l'intention de déprécier les blés concurrents français. Quand les prix de ceux-ci auront baissé, alors seulement Pierre commencera à exporter des farines et des céréales achetées en France au prix qu'il aura fixé. — Nous ne disons là rien d'excessif, puisque ces faits de spéculation ont été constatés par la pratique, et avoués par les minotiers eux-mêmes.

Envisageons à présent le cas le plus fréquent : il s'agit d'une année de surproduction, les marchés de céréales sont encombrés, et le blé français vaut à peine 15 à 16 francs l'hectolitre. La situation de Pierre, dans cette hypothèse, est excellente ; il peut exporter à Londres, à Anvers, à Berlin où le blé est coté plus cher, et cependant il n'en fait rien, comme précédemment il s'entend avec l'importateur marseillais dont il négocie le pouvoir, moyennant une très forte remise cette fois. Muni de cette prime, ce spéculateur recommence l'opération ci-dessus, ou même simplement menace de la recommencer, ce qui lui permet d'accaparer complètement le marché local.

Après ces explications il est tout-à-fait impossible d'adopter les conclusions des meuniers sur l'excellence du trafic des acquits : cette pratique est, au contraire, la pire des spéculations économiques puisqu'elle autorise à détruire le marché intérieur sous le couvert et sous l'égide de la protection. La négociation des pouvoirs d'introduction en franchise temporaire procure ce double résultat : à une époque de prospérité pour l'agriculteur national, le meunier du Nord, par un concert frauduleux avec le meunier ou l'importateur du Midi, déprécie les prix du blé ; à une époque de contraction générale de l'industrie agricole les mêmes spéculateurs s'entendent pour augmenter encore le malaise. Ces influences néfastes et au rebours des intérêts du pays se reproduiront tant que le trafic des acquits-à-caution existera en matière de douane ; cette situation a donc chance de durer longtemps encore.

Il est vrai que le décret du 9 août 1897 a tenté de réduire au strict minimum l'effet nuisible des négociations de pouvoirs, en rendant l'acquit personnel et en n'autorisant qu'un seul endossement de meunier à meunier, mais cela est encore insuffisant. Cette mesure peut diminuer la spéculation mais ne la détruit pas, la prime sera prélevée par l'endosseur unique, et c'en est assez pour produire la répercussion anti-économique.

La législation des Admissions temporaires des céréales réclame un remaniement complet dans lequel on ne trouverait plus seulement une mesure uniforme pour tout le pays, mais autant de procédés que de nécessités locales distinctes, dans lequel le Nord et l'Ouest recevraient toutes facilités pour exporter les stocks de leurs marchés, tandis que la région du Midi pourrait importer en franchise. C'est du reste ce que la proposition Viger (dont nous étudierons l'esprit et le texte) avait pour but de réaliser.

Voilà ce que nous avions à dire du trafic des Acquits que

nous répudions et incidemment de la question des zones qui est justifiable et justifiée en cette matière d'importation des céréales.

A titre purement documentaire et pour en terminer complétement avec les questions des zones d'exportation, nous croyons intéressant de rappeler très brièvement d'ailleurs les protestations de toute une catégorie de meuniers dits « de l'intérieur » par opposition aux meuniers des frontières du littoral et des ports de mer.

Ces meuniers résidant en Auvergne et dans le Puy-de-Dôme, ont énergiquement protesté contre le décret de 1897, qui d'après eux devait les ruiner complètement. Avec le système de l'apurement à distance, les Minoteries de Marseille importent en très grosses quantités les blés étrangers, les blés russes nerveux et riches en gluten qui produisent des farines de qualité supérieure que la boulangerie recherche de préférence comme satisfaisant mieux la clientèle et servant ses propres intérêts en lui procurant un gros rendement à la panification. — L'habitude des farines américaines et hongroises de qualité supérieure a encore développé la raison de ces importations ; les farines à gluten ont été préférées par la consommation et il s'est trouvé que les meuniers de l'intérieur n'ont plus eu le placement des farines provenant des blés français, comme trop chères et de moins bonne qualité ; ils ont dû supporter cette situation sans pouvoir rien faire, car pour importer les blés russes, de même que pour sortir leurs farines d'origine française, les frais de transport à eux seuls auraient absorbé tous leurs avantages, de là les protestations, Le secrétaire de la Chambre syndicale de la Meunerie du Puy-de-Dôme, M. Coudert, minotier à Thiers, a dans une étude documentée, pris la cause des meuniers de l'intérieur avec beaucoup de chaleur (1) et tenté de prouver que tout le mal était imputable à la suppression des zones d'importation et d'exportation.

Reste à savoir cependant si les griefs de l'industrie meunière du Puy-de-Dôme sont d'une nature telle qu'ils doivent subordonner ceux de la meunerie plus nombreuses des frontières et des ports de mer. Nous ne le pensons pas en toute justice, de même que précédemment nous n'avons pas considéré comme légitimes les plaintes des métallurgistes du Centre qui réclamaient un privilège de transport, de même ici nous pensons que la situation est analogue. Il est certainement très regrettable de sacrifier ainsi la Minoterie de l'intérieur, malheureusement c'est là une situation nécessaire à laquelle le régime économique douanier que nous avons, ne permet pas de remédier.

D'ailleurs le mal provient de la préférence de la consommation de ces régions du Midi et du Centre pour les farines riches en gluten ; c'est un malheur pour l'industrie qui en pâtit, mais que peut-on faire contre les fantaisies de la mode ?

Et puis, la meunerie du Puy de-Dôme ne s'exagère-t-elle pas quelque peu ses souffrances et n'y aurait-il pas dans ses réclamations une petite pointe d'animosité dirigée contre la concurrence de Marseille qui lui a enlevé toute sa fabrication en semoules et pâtes alimentaires. Cette idée qui a été émise, si elle était confirmée, donnerait tort à la minoterie plaignante, car il y aurait là un fait de commerce qui n'a rien à voir avec les questions économiques. Si Mar-

(1) *Etude d'une modification au régime douanier actuel sous le patronage des Sénateurs, des Députés, du Conseil général, des Chambres de commerce, du syndicat départemental agricole et du syndicat de la Meunerie du département du Puy-de Dôme* (Clermont-Ferrand).

seille, grâce à son outillage et à sa situation a pris l'industrie de Clermont-Ferrand c'est que probablement elle fournit une qualité meilleure pour l'intérêt général, il n'y a aucune perte et les Pouvoirs publics n'ont pas à voir au-delà. M. Colson-Blanche, du reste, dans la déposition qu'il fit devant la Commission des douanes de la Chambre des députés, le 4 décembre 1894, déclarait qu'à Clermont-Ferrant la résistance à l'extension des zones était opposée, non par la Chambre syndicale des meuniers de ce département, mais par quelques uns de ses *membres seulement*, ce qui en somme atténue beaucoup la portée des plaintes faites par ces meuniers.

Il semble donc que l'opposition à la limitation des zones faite par la Meunerie de l'intérieur ne doive pas être prise en très sérieuse considération, et ne puisse nous empêcher de conclure au bien fondé de l'unification douanière de sortie créée en 1897.

§ II. — *Les fissures de l'Admission temporaire des blés* (1).

Nous venons dans un premier paragraphe, de passer en revue les fraudes et les spéculations auxquelles donne lieu le trafic des Acquits de blé, favorisé par la suppression des zônes.

Nous avons à présent à examiner d'autres faits qu'on ne peut caractériser *d'illicites*, puisqu'ils résultent des dispositions des textes eux-mêmes et dont cependant les effets sont contraires au but de l'Admission temporaire. Ce sont,

(1) Nous devons tout particulièrement faire remarquer que les fissures qui font l'objet de ce paragraphe sont imputables uniquement au procédé des *compensations* qui est pratiqué pour les blés.

comme on l'a humoristiquement dit, « des fraudes légales » inhérentes à de mauvais procédés d'application et à des fissures de réglementation.

Ces fissures donnent lieu :

1° A une prime d'apurement pour les farines au taux d'extraction de 60 %.

Et 2° elles facilitent certaines fraudes graves dans la décharge des acquits au moyen des farines aux taux d'extraction de 80 et 90 0/0.

1°) Voyons d'abord la *Prime d'apurement.*

Pour bien saisir les différentes explications qui vont suivre, force nous est d'entrer dans certains détails techniques (1) sur les principales opérations de la meunerie.

Quand le meunier reçoit à son moulin les quintaux de blé qu'il va réduire en farine, et qui lui sont livrés par le paysan, l'agriculteur et le producteur immédiat, ce blé n'est pas apte à passer de suite dans la meule, il contient des corps étrangers, tels que: insectes, cryptogames, mottes, pierres, graines de seigle, d'orge, etc. ainsi que les criblures, c'est-à-dire les mauvais grains de blé, et enfin les corps accessoires mais mauvais du bon grain, comme le germe, la balle, la barbe. Il faut débarrasser le blé de tous ces corps étrangers et c'est là le rôle de l'opération préliminaire dite : « Nettoyage ». Ensuite, vient le broyage ou mouture du grain entre des meules ou des appareils plus ou moins perfectionnés.

Le blé, comme toute graminée, comprend deux parties très distinctes, l'enveloppe et l'amande ou grain. L'enveloppe est formée de plusieurs membranes qui, une fois broyées, constituent les issues. Quant à l'amande, elle donne après

(1) Les développements qui vont suivre sont empruntés à l'excellent ouvrage quoique ancien déjà (il est de 1879) de M. Ch. Touaillon fils, intitulé *Meunerie, Boulangerie, Biscuiterie.*

mouture, du gluten, de l'amidon, et d'une façon plus générale, la farine. Il est bien évident que l'opération du broyage n'isole pas ces divers éléments, c'est le procédé du blutage qui s'empare du produit trituré sous forme de masse confuse dénommée *boulange* pour classer et séparer les issues des farines.

Ainsi, l'opération par laquelle on divise les différentes parties d'une mouture, c'est le blutage, et le taux du blutage sera par conséquent la proportion existante entre toutes ces parties.

Ceci posé, la mouture normale de 100 kilogrammes de blés tendres rend au blutage de 70 à 72 kilogrammes de farine panifiable, et l'on compte 2 kilogrammes de déchets, tout le reste constitue des issues. Monsieur Touaillon dans son ouvrage (2e édition, p. 246 et 247) donne un résultat de mouture de 75 kilogrammes de farine et 3 kilogrammes 76 de déchets, mais en règle générale, on admet que le type de farine à 70 0/0 d'extraction correspond exactement aux opérations de la meunerie et que ce n'est pas un type artificiellement combiné (1).

Le taux de blutage à 30 0/0 est donc le taux normal de la mouture.

Pour répondre aux besoins de la consommation, le Gouvernement a cru devoir également autoriser des mélanges de farines, et à côté du type à 30 0/0 d'extraction, les meuniers ont été admis à en créer trois autres purement artificiels. Ce sont ces dérogations aux conditions normales de la mouture qui ont provoqué la fissure dont nous nous occupons, et dont nous allons évaluer le taux au plus juste.

(1) Nous allons trouver de suite une mouture officielle, celle faite par la Commission extra-parlementaire des farines de 1894 avec un rendement de 72 0/0.

Le décret du 25 août 1861 établissait trois dégrés de blutage ; le degré à 10 0/0 dans lequel on devait obtenir 90 kilogr. de farine de froment pour 100 kilogr. de blé importé.

Celui à 20 0/0 avec extraction de 80 kilogr. de farine.

Enfin, le degré à 30 0/0 que nous connaissons.

Cet état de choses dura jusqu'au décret du 5 juin 1886, qui inaugura un 4e degré de blutage, le taux à 45 0/0, soit 60 kilogrammes de farine pour 100 kilogr. de blé, que le décret du 2 mai 1892 a ramené à 40 0/0 avec le même rendement.

Ainsi donc, au 2 mai 1892, tout blé étranger importé en France pouvait être compensé par une sortie au choix du soumissionnaire, indifféremment de 60 kilogr. de farine type à 40 0/0 ;

De 70 kilogr. de farine, type à 30 0/0 ;
De 80 — — — 20 0/0 ;
De 90 — — — 10 0/0.

Jusqu'aux décrets de 1886 et 1892 tout fonctionne d'une façon quasi-régulière et sans trop préjudicier aux intérêts de la production des céréales en France. A cette date, l'introduction du type de blutage à 45 et 40 0/0 vint tout déranger. En effet, puisque pratiquement une mouture moyenne devait donner pour un quintal de blé 70 kilogrammes de farine, 28 kilogrammes de son et 2 kilogrammes de déchet, le rendement fictif à 40 0/0 ne se comprenait plus ou mieux, il constituait un pur gain en faveur de l'importateur. En effet, le meunier qui sortait 60 kilogrammes de farine apurait une entrée de 100 kilogrammes de blés de la mouture desquels il avait retiré 70 kilogrammes de farine, soit un bénéfice de 10 kilogrammes par quintal. Ces dix kilogrammes étaient considérés comme des issues et s'ils demeuraient dans la consommation intérieure, ils ne devaient acquitter que le droit du son. En définitive, l'opération aboutissait à une prime en faveur de l'importateur, prime égale à la différence des tarifs douaniers appliqués au son et à la farine. La meunerie de la sorte, bénéficiait d'une présomption erronée suivant laquelle la mouture n'aurait donné que 60 kilogrammes de farine panifiable, tout l'excédant constituant des sons et des issues.

Les agriculteurs ne furent pas dupes de cette fissure, et ils protestèrent vivement : nous voulons certes bien que les meuniers s'approvisionnent en franchise à l'étranger, disaient-ils, mais il faut que l'opération soit loyale et qu'aucune parcelle de ce blé ne demeure dans le pays : il y a une certaine quantité de farine panifiable qui reste dans la consommation au droit de 0,60 au lieu de 7 francs, cela nous nuit à nous producteurs de blé, cela abaisse d'autant l'effet de la protection sur nos marchés, cela va contre les intérêts du pays, nous demandons donc qu'on remédie à cette pratique néfaste. Bref, tous les cultivateurs de céréales et aussi les meuniers de l'intérieur qui ne pouvaient moudre les blés étrangers, réclamaient la suppression de la fissure, et à cette fin, proposaient d'appliquer proportionnellement à la farine et au son qui constituent la différence la taxe douanière qui leur était respectivement applicable.

La fissure était trop apparente, les meuniers eux-mêmes ne la contestant pas, pour que le Gouvernement ne chercha pas à intervenir dans un sens favorable et équitable aux deux industries intéressées. Comme tout le mal provenait du mauvais établissement des types, la première chose à faire c'était de réviser soigneusement les taux d'apurement en les rendant conformes aux rendements réels.

Dans ce but par un décret et un arrêté en date du 9 février 1894 le Gouvernement nomma une commission technique dite « Commission extra parlementaire des farines. »

Cette commission était composée de la manière suivante : quatre représentants du département du Commerce parmi lesquels nous citerons Monsieur Ramond, ancien administrateur des douanes, 4 représentants du département de l'agriculture parmi lesquels Messieurs Tisserand, Aimé Girard, 4 représentants du département des Finances dont Messieurs Pallain directeur général des douanes, Lucas directeur du laboratoire des farines à la Bourse du Commerce de Paris, et enfin les Présidents des Chambres de Commerce de Paris, Lyon, Marseille, Lille, Nantes, Rouen, Nancy, Bordeaux, Dijon. Cette composition, on le voit, devait offrir des garanties toutes spéciales de compétence, et de fait la tâche de cette Commission a été accomplie avec une très grande sincérité. Son rôle était déterminé par l'arrêté du 9 février 1894 (articles 2 et 3) ; elle devait former les types prévus par l'article 2 du décret du 2 Mai 1892, et en outre, donner son avis sur les conditions d'application de l'article 1er du décret en ce qui concerne le rendement des blés en farine, suivant les taux d'extraction prévue par le décret du 2 Mai 1892 (1).

Dès sa première réunion (en date du 1er mai 1894), la Commission se formait en Sous-Commission avec mission d'étudier les questions au fond et de soumettre ensuite le résultat de ses études à la Commission plénière.

(1) Ces deux articles du décret de 1892 sont ainsi conçus : Article premier. — Le type de blutage à 45 0/0, créé par le décret du 5 juin 1886 pour les farines présentées à la décharge des blés admis temporairement, est supprimé est remplacé par un type au blutage de 40 0/0 avec un rendement de 60 kil. de farine pour 100 kil. de blé importé.

Art. 2. — Des échantillons de farines de pur froment blutées à 10, 20, 30 et 40 0/0 seront déposés dans les bureaux de douane désignés pour la sortie, afin d'y servir de types pour la vérification des farines au taux d'extraction de 90, 80, 70, 60 et au dessous.

Les types de farines blutées à 30 et 40 0/0 serviront également aux vérifications à l'importation et à la réexportation.....

La première question élaborée fut celle de la *formation de nouveaux types réglementaires*, c'est-à-dire que la Sous-commission devait comparer les types anciens à des types nouveaux spécialement obtenus devant elle, et substituer ceux-ci à ceux-là s'il y avait lieu.

Nous n'avons pas à entrer ici dans les détails des opérations de la Sous-commission, nous renvoyons aux rapports officiels (1) : notre rôle va être de constater simplement les résultats obtenus et de voir la suite que leur a donné la Commission plénière.

Des moutures officielles eurent lieu à Paris aux moulins Loir et Vaury pour les blés tendres, et à Marseille à l'usine de la Valentine pour les blés durs.

La mouture des blés tendres s'effectua sur des mélanges d'une composition absolument identique, la seule différence résultait de ce que Monsieur Loir opérait sur 150 quintaux et Monsieur Vaury sur 200, l'outillage de celui-ci se trouvant plus perfectionné que celui du premier.

Les blés soumis officiellement à la mouture avaient été prélevés sur le marché de Marseille parmi ceux le plus couramment présentés à l'Admission Temporaire. Les garanties les plus minutieuses, furent prises telles que surveillance continue par les membres de la Sous-commission, plombage des sacs, etc., en sorte que les opérations

(1) Cf. Ces détails dans les publications officielles du Ministère du Commerce.

a) Rapport de M. Aimé-Girard, Président de la Sous-commission du 11 juillet 1894.

b) Rapport du même du 2 juillet 1895 (rendement des blés durs).

c) Rapport du même du 27 mars 1897.

d) Rapport de M. Lucas.

Voir aussi le journal *La Meunerie Française*, numéro de décembre 1894, page 292, et numéros de novembre 1895, p. 245 et suivantes et décembre 1895, pages 270 et suivantes.

qui durèrent du 6 au 11 Juillet présentèrent tous les caractères voulus de bonne foi et de sincérité.

Les résultats obtenus par la Sous-commission avaient été les suivants :

Les types à 60 °/₀ et 70 °/₀ furent trouvés conformes à l'échantillon officiel ancien ; quant au type à 80 et 90 °/₀ anciens, ils furent remplacés par ceux formés avec la nouvelle mouture.

La première partie de la tâche de la Sous-commission était terminée, mais il lui restait ensuite à examiner les conditions d'application du décret du 2 Mai 1892 en ce qui concerne le rendement du blé des divers types en farines et semoules, suivant les taux d'extraction prévus par ce décret. C'est à notre point de vue la partie la plus intéressante des travaux de la Sous-commission.

Le rapport a été fait par Monsieur Lucas, directeur des marchés de blé, seigle, avoine et farines douze marques de Paris ; c'est un véritable travail qui offre à certains endroits un intérêt des plus considérables, notamment dans la partie consacrée à l'examen de l'Admission temporaire dans les pays voisins de la France (1).

(1) Ce rapport comprend 4 parties :

Dans la première partie, M. Lucas résume tous les documents qu'il a trouvés ayant trait à l'Admission temporaire des blés et aux diverses modifications par lesquelles cette Admission a successivement passé. Dans la deuxième, il énumère les clauses principales des règlements de l'Admission temporaire dans les pays voisins de la France.

Dans la troisième partie, se trouvent exposées les conclusions des mémoires qui ont été adressés au rapporteur sur la question des Admissions temporaires par les représentants du commerce et de l'agriculture membres de la Commission. Dans la quatrième, afin de bien édifier la Commission sur le rendement des blés en farines et en semoules, M. Lucas a analysé le résultat des opérations de moutures qui ont été faites pour le renouvellement des types de farines et de semoules sous la surveillance de la Sous-commission.

Les développements dans lesquels nous entrons à présent ayant une grande importance théorique, il convient de ne pas perdre de vue l'enchaînement des idées. Nous venons de voir la Sous-Commission se rendant compte de visu que les rendements à 60 et 70 °/o étaient bien conformes aux rendements officiels anciennement adoptés ; la question qui se pose maintenant est de rechercher si les anciens taux d'apurement répondaient bien au rendement réel en farines, si, en un mot, la compensation des blés par les farines était bien dans une exacte proportion.

Avec cette dernière constatation, en effet, nous aurons tous les éléments voulus pour dire s'il y a une prime d'apurement et quel en est le taux ?

Monsieur Lucas, prenant les données des moutures Loir et Vaury (1), constate que le rendement total en farine de toutes qualités a été par 100 kilogrammes de blé de :

64 kilogr. 785 de farines blanches de diverses qualités.. 64. 785

5 kgrs 880 de farines bises de qualité tout à fait secondaires.. 5. 880

Soit au total : 70 kgrs 665........... 70. 665

Or, quand on sort en apurement d'un acquit d'Admission temporaire un quintal de blé au blutage à 40 0/0, type d'extraction à 60 0/0, on aura un excédent de :

4 kgrs 785 de farine blanche.
5 — 880 de — secondaire.

Soit au total : 10 kgrs 665

Et 24 kgrs 830 de son et remoulage (les déchets et la perte étant évalués à 4 kgrs 505), ce qui représente exactement le quintal entré.

(1) *Rapport* au Ministre du Commerce, p. 27 et suivantes.

Ainsi, indépendamment de la sortie des 60 kgrs réglementaires de farine supérieure, l'importateur garde par devant lui 10 kgrs 665 qui constituent de la farine et qui cependant n'acquitteront que le droit du son et des issues.

Monsieur Lucas, fait cependant ses réserves sur ce résidu de 10 kilogr. 665.

Seuls, les 4 kilogr. 785 de farine blanche ont quelque valeur, et leur qualité serait celle de la farine blutée à 30 0/0 (70 d'extraction).

Quant aux 5 kilogr. 885 de reste, ils donnent une farine même inférieure au type à 90 0/0. M. Lucas pense donc qu'on doit les considérer comme des sons, et alors la fameuse fissure ne serait plus que de 4 kilog. 785 de farine à 30 0/0 de blutage pour 100 kilogr. de blé, ce qui ferait une prime de 0 fr. 42 en faveur de l'importateur.

Ce résultat officiel s'est trouvé en contradiction avec les évaluations du syndicat des meuniers du Nord qui trouvaient une prime de 0 fr. 64.

Pour obtenir ce chiffre, le syndicat prenait la différence entre le droit qui grèverait la fissure de 10 kilogr. si c'était du blé et celui qui la grèverait si c'était du son, soit :

0 fr. 70 — 0,6 = 0,64.

Monsieur Lucas, à la page 40 de son Rapport (note 1), a

(1) En effet, ces 4 kilogrammes 785 sont assimilables à de la farine à 70 0/0 d'extraction, or, 70 kilogr. de farine apurant 100 kilogr. de blés, il s'ensuit que le droit (à 7 fr. le quintal) de ces 70 kilogr. de farine devrait être de 6 fr. 832 puisque (à 0,60 le quintal) les 28 kilog. de son auront payé 0 fr. 168.

Dans ces conditions, on a la proportion :

$$\frac{4 \text{ kilogr. } 785 \times 6,\ 832}{70} = 0 \text{ fr. } 467$$

qui donne le droit qu'auraient à acquitter les 4 kilogr. 785 de farine ci-dessus.

Comme ce résultat est obtenu au taux de 70 0[0 et que dans notre espèce, c'est le taux de 60 0[0 qui est visé, pour fixer la valeur nette

réfuté cette démonstration en faisant remarquer que les meuniers du Nord raisonnent sur un poids de 10 kilogr. de farine blanche, quand en réalité l'excédent dont bénéficie l'importateur, n'est que de 4 kilogr. 785. Voilà pour les blés tendres.

Quant aux blés durs, dont la mouture nous l'avons dit, s'était faite à Marseille, le rendement pour 100 kilogr., était de 58 kilogr. de farine blanche, 12 kilogr. 36 de farine secondaire, 8 kilogr. 15 de mélange farine et son, et enfin 17 kil. 500 de sons et repasses : le déchet était de 5 kilgs. 660 (1).

Raisonnant comme précédemment sur une sortie de 60 k. de farine au type de 60 0/0, M. Lucas trouvait une fissure de 10 kilog. 470 donnant une prime de 0 f. 829 (2).

Nous devons dire aussi quelques mots des semoules de blés durs au taux de 55 0/0 d'extraction. Ici encore nous allons retrouver une prime analogue et aussi importante.

Les blés durs et demi-durs forment une espèce de froment particulière à raison de sa richesse en gluten, et de l'emploi qui en est fait par la pâtisserie et la boulangerie de luxe. Aujourd'hui l'Admission temporaire est accordée non seulement aux blés durs destinés à la mouture, mais à ceux employés dans la fabrication des biscuits de mer, de l'amidon naturel et grillé et enfin et surtout des semou-

du droit, nous devrons déduire de cette somme de 0,467 la valeur de ce qui manque encore pour atteindre les 38 kilogr. d'issues qui sont de droit dans le type de 60 0/0 d'extraction, soit 38 — (34,83 + 5,880) = 30,710 ce qui donne 7 kilogr. 290 qui valent

$$\frac{60 \times 7,290}{100} = 0,04374$$

Finalement, les 4 kilogr. 785 de farine devraient acquitter un droit de 0,467 — 0,43 = 0 fr. 424.

C'est donc une protection de 42 centimes que chaque quintal de blé introduit en franchise temporaire enlève à l'importateur.

(1) On remarque que le total après mouture absorbe le poids de 100 kil. du produit brut ; cet excédent est imputable à l'humidité absorbée par le blé durant le lavage.

(2) Cf. Rapport Lucas, p. 29 et 30.

les proprement dites et des pâtes alimentaires provenant des semoules au taux d'extraction de 70 0/0 au moins (1).

Cette question des semoules fut même la cause directe de la scission qui s'est opérée entre les meuniers de l'intérieur et ceux de Marseille et du littoral Méditerranéen La raison, la voici ! Autrefois, autour de Clermont-Ferrand on cultivait un blé rouge glacé d'espèce dure employé par la vermicellerie alors très florissante dans cette région. Quand les blés de la Mer Noire purent arriver en franchise temporaire dans les ports du Midi, quand surtout le trafic des acquits au moyen des zones fut devenu chose licite, les semouleries d'Auvergne durent cesser leur production, car elles se trouvaient en concurrence avec des semoules étrangères meilleures et moins coûteuses. De là, les haines et les colères, de là la *question des semoules* qui eut sa place dans les discussions générales sur les Admissions temporaires des blés.

Le décret du 25 Août 1861 n'était pas d'abord applicable aux semoules et c'est seulement sur avis du Comité consultatif des Arts et Manufactures que le 26 Décembre 1881 une décision ministérielle décida :

Que les minotiers pourraient décharger, (en se conformant aux dispositions des décrets des 25 Août 1861 et 18 Octobre 1873) des blés durs (2) entrés en Admission temporaire, par des farines désignées sous les noms de semoules, semoulettes, farines rondes, et grossants.

Les semoules devaient présenter un degré d'épuration de 30 0/0, les semoulettes et les farines rondes et grossants de 10 0/0.

(1) Les semoules sont les grosses farines qui servent à la confection des pâtes alimentaires. Les blés durs donnent 40 à 60 0/0 de bonnes semoules. Les blés tendres seulement de 25 à 26 0/0.

(2) Et seulement des blés durs, la circulaire de la Direction Générale des Douanes du 9 Janvier 1882, insiste sur ce point.

Les discussions entre les semouliers de l'intérieur et les semouliers Marseillais sourdes d'abord éclatèrent au grand jour à la suite du décret du 24 mai 1887 ; Messieurs Agelasto et Moulin pour Marseille, M. Coudert pour Clermont-Ferrand, se chargèrent de les porter sur le terrain public et officiel.

Ce décret avait décidé que 55 kilogr. de semoules (blutage à 45 0/0) apureraient l'entrée d'un quintal de blé dur ; Monsieur Coudert affirmait qu'il y avait là une fissure flagrante qui venait encore ruiner les fabrications de semoules produites au moyen des blés français. Sur ce reste de 45 kilogr. affirmait-il, il n'y a pas que des sons : en réalité 15 kilogr. seulement sont des issues, et les 30 kilogr. de surplus constituent des produits farineux : savoir, 15 kilog. de semoules et 15 kilogr. de farines, et il y a 30 kilog. de produits qui n'acquittent que le droit du son (1).

En présence de ce désaccord, le décret du 21 août 1894 enjoignit à la Commission extra parlementaire des farines, alors en plein fonctionnement, de donner également son avis sur le rendement des blés durs en semoules des divers blutages.

Les expériences suivirent exactement la même marche que pour les farines, elles eurent lieu comme précédemment, à Marseille.

Le rendement obtenu en toutes semoules d'un quintal de blé dur fut de 47 kil. 5 3 (2).

(1) Au sujet du conflit Coudert-Agelasto, voir le rapport adressé par ce dernier à la Chambre de commerce de Marseille dans le Journal « *La Meunerie Française* », de 1896, p 53.

(2) Il restait en outre : 14 kil. 930 de farines.
3 — 270 de farines inférieures.
9 — 920 de farines moins bonnes.
et enfin 17 — 640 de sons et repasses.

Il y avait un déchet de 7 kilogrammes 23. — Cf. *Rapport* Aimé Girard du 2 Juillet 1895, p. 6 et suivantes.

Toutefois la Sous-commission des farines en tenant compte de la qualité des blés employés qu'elle ne jugeait pas atteindre absolument celle des récoltes moyennes, décida de porter ce rendement à 50 0/0. Quant aux types obtenus à 60 et 70 0/0 ils se trouvèrent être exactement conformes aux types officiels anciens.

Se basant sur les données de la mouture qu'elle venait de faire, et considérant que 100 kilogrammes de blé ne rendaient pas plus de 50 kilogrammes de semoules, la Sous-commission fut d'avis de rejeter le type amélioré à 55 0/0 d'extraction (blutage à 45 0/0) et de le ramener à 50 0/0. Il est inutile disait elle, par l'organe de son rapporteur, d'obliger le minotier qui veut apurer un acquit de 100 kgrs de blé de prélever 5 kgrs de semoules sur une précédente mouture pour obtenir les 55 kg. exigés par le décret de 1887.

Le type à 50 0/0 fut ratifié par la Commission plénière; un seul contradicteur se rencontra en la personne de Monsieur Coudert. Déjà au cours des opérations de la mouture, Monsieur Coudert, en sa qualité de délégué de la Chambre de commerce de Clermont-Ferrand, avait fait des réserves nombreuses, notamment sur la qualité des blés employés à la mouture qui ne représentait pas selon lui la qualité des blés des années précédentes.

Aucune suite ne fut donnée à ses observations, la majorité de ses collègues de la Sous-commission ne les acceptant pas.

Monsieur Lucas (1) prit donc pour base de ses études le type à 50 0/0 pour rechercher le taux de la fissure accusé par les semouleries de l'Auvergne, et par un raisonnement analogue à celui que nous avons fait pour les

(1) Cf. Son Rapport, p. 32.

farines, il trouva que la sortie de 50 kgrs. de semoules au type de 50 0/0 laissait une prime de 1 f. 37. Monsieur Coudert, au contraire accusait une fissure beaucoup plus forte : en raisonnant il est vrai, sur des chiffres qui n'étaient pas ceux de la mouture officielle et par conséquent offrant moins de garantie de sincérité, il constatait une prime de 2 fr. 60 (1).

Après avoir recherché le quantum de la prime d'apurement dans les farines et les semoules le distingué rapporteur devait logiquement conclure et indiquer son avis dans un sens ou un autre au nom de la Sous-commission.

Monsieur Lucas se trouvait en présence de 4 types de farines, à 60, 70, 80, et 90 0/0 d'extraction, avec une fissure de rendement de 5 kgr. 885 de farine pour les blés tendres et de 10 kgr. 470 pour les blés durs soit une prime de 0 fr. 42 et 0 fr. 83 par quintal de blé. Prenant les farines de blés tendres tout d'abord, il proposa à la Sous-commission de maintenir les quatre types. Certainement il y avait une fissure dans la sortie des farines blutées à 40 0/0 mais la prime qui en résultait ne devait être considérée selon lui que comme une compensation juste et légitime des innombrables causes d'inégalité existant entre les meuniers français et leurs concurrents hongrois ou américains.

Nous sommes loin de partager l'opinion de M. Lucas, et cela pour une double raison, d'abord, parce que la prime est chose nuisible aux intérêts de l'agriculteur nous l'expliquerons, et ensuite parce qu'elle constitue un gain que le meunier s'alloue à son gré quand le Trésor public seul devrait en dispenser.

Si la prime d'apurement aux mains des meuniers opé-

(1) Cf. Sa démonstration dans la « *Revue agricole* » du Puy-de-Dôme. — Numéro du 20 juillet 1895, page 323.

rant sur des blés tendre apparaissait comme très légitime à M. Lucas, en revanche il contestait absolument l'utilité de cette même prime allouée aux exportateurs de farines de blés durs. Les blés durs, disait-il, dans son rapport, ne prêtent pas par leur nature à la fabrication des farines de qualité supérieure qui seules auraient chance d'être exportées ; dans ces conditions il n'y a pas d'intérêt à favoriser le meunier qui opère sur de semblables produits. En outre, le rendement en farine pour les blés durs est toujours supérieur à celui des blés tendres. Au contraire, M. Lucas conclue, qu'il serait équitable de porter à 65 kilogr. la quantité de farine de blés durs à présenter à la sortie au type de 60 0/0, blutage à 40 0/0, pour obtenir décharge de 100 kilogr. de ces blés.

Enfin, le rapporteur devait formuler son avis sur les semoules au type de 50 0/0, et rechercher si la prime de 1 fr. 37 était légitimement acquise au semoulier. M. Lucas est ici des plus indécis, et il se contente surtout de réfuter l'argumentation précitée de M. Coudert en constatant que si la prime de 2 fr. 60 n'existe pas réellement, cependant il y a une fissure (1). Il est d'avis d'ailleurs de laisser à 55 kilogr. la quantité de semoules à ressortir.

Bref, son rapport concluait de la sorte sur les trois points :

1° Le maintien des conditions actuelles pour les farines de blés tendres à tous les types, 60, 70, 80 et 90 0/0 d'extraction ;

2° Porter de 60 kilos à 65 kilos la quantité de farine de blés durs à sortir au type de 60 0/0 et de maintenir les conditions actuelles pour les types de 70, 80 et 90 0/0 d'extraction ;

(1) Cf. *Rapport* Lucas, page 42.

3° Laisser à 55 kilos la quantité de semoules à présenter à la sortie pour décharger un acquit de 100 kilos de blé, bien que le type de 55 0/0 (blutage 45 0/0) ait été remplacé par celui de 50 kilos et ne rien changer aux conditions ordinaires pour les types de 60, 70, 80 et 90 0/0 d'extraction.

La Sous-commission d'abord, la Commission plénière ensuite, acceptèrent ces conclusions qui vinrent devant les Conseils supérieurs des départements intéressés, c'est-à-dire l'Agriculture et le Commerce.

Les discussions qui eurent lieu au sein de ces conseils sont particulièrement intéressantes, et n'était leur longueur, nous voudrions entrer dans les détails les plus circonstanciés sur les affirmations pour et contre proposées par les contradicteurs. Obligés de nous borner, nous résumerons le plus clairement possible le sens de ces différentes discussions.

Le Conseil supérieur du Commerce réuni les 17 et 18 janvier 1896 adopta les conclusions de la Commission des farines sauf sur le premier point, le type à 60 0/0. M. Ferand, Président de la Chambre de Commerce de Marseille ayant affirmé que ce type à 60 0/0 d'extraction n'était pas commercial, et qu'en réalité, les meuniers, pour satisfaire leur clientèle étrangère étaient obligés d'exporter une farine plus riche et plus belle, le Conseil supérieur fut d'avis de remplacer le type à 60 0/0 par un type plus élevé.

Au mois de juin 1896, le Conseil de l'Agriculture fut réuni par M. Méline dans le but d'examiner précisément quelle suite il convenait de donner à cette demande de la Meunerie.

Les modifications à l'état de choses existant qui sortirent de cette réunion, furent les suivantes :

Pour les farines de blés tendres, le Conseil supérieur

adoptait la création d'un type à 50 0/0 d'extraction avec 50 kilogrammes de farine au taux de 50 0/0 et 17 kilogrammes de farine au taux de 80 0/0 ou 10 kilogrammes 600 au taux de 50 0/0 et enfin 31 kilogrammes de son.

Ce n'était là qu'un accord transactionnel intervenu entre le Département du Commerce et celui de l'Agriculture. Ce dernier en effet, avait demandé et obtenu en échange de la création du type à 50 0/0 que l'apurement des acquits-à-caution fut resserré pour les farines au taux de 60 0/0 d'extraction.

Le Conseil supérieur de l'Agriculture estimait en effet que les 60 kilogrammes étaient insuffisants, et que (malgré les conclusions du rapport de M. Lucas), il restait toujours un stock de 10 kilogrammes de farine, dans la consommation par entrée de 100 kilogrammes de blé. Pour faire disparaître cette fissure de 10 kilogrammes, l'Agriculture exigeait à l'exportation la présentation de 60 kilogrammes de farine au taux de 60 0/0 d'extraction, 10 kilogrammes au taux de 80 0/0, ou l'équivalent en farine au taux de 60 0/0 et 28 kilogrammes de son.

Le type à 90 0/0 d'extraction des farines de blés tendres étant jugé inutile et mauvais fut supprimé.

Pour le surplus, le Conseil supérieur laissa tout en l'état; les types à 70 et 80 0/0 d'extraction (des farines de blés tendres) et ceux 70, 80 et 90 0/0 furent maintenus.

Restaient les semoules. Le type 45 0/0 de blutage créé en 1887 avec un rendement de 55 kilogrammes de semoules par quintal de blé était toujours en vigueur : Le Conseil supérieur de l'Agriculture remplaça ce taux par un type à 50 0/0 d'extraction qui s'apurait au moyen de 55 kilog. de semoules au taux de 50 0/0 d'extraction et 43 kilog. de son et un déchet de 20 0/0.

L'état de choses ancien subsistait d'ailleurs pour les

semoules de blés durs, aux taux de 60, 70, 80 et 90 0/0.

Ce fut sur ces bases qu'intervint le décret du 29 juillet 1896 qui peut être considéré comme un arrangement passé entre la Meunerie et l'Agriculture.

L'application de ce décret se faisant mal, paraît-il, ne satisfit personne, ni les meuniers, ni les agriculteurs, et le 1er mars 1897, le Conseil supérieur de l'Agriculture était à nouveau convoqué pour examiner la question.

Le Conseil supérieur chargea sa Sous-commission permanente de procéder à une nouvelle réglementation. La Sous-commission remit son rapport le 22 mars 1897. Elle n'apportait en somme que des modifications de détails à ce qui existait déjà et elle maintenait les types à 50, 60, 70 et 80 0/0 à la fois pour les farines de blés tendres et de blés durs. Ses conclusions ne furent pas cependant complètement admises par les meuniers. La proposition qu'elle faisait de sortir 50 kilogrammes de farine de blés tendres, à 50 0/0 et 17 kilog. 500 du type à 70 0/0 souleva notamment les protestations de la meunerie. Cette industrie affirmait qu'il y avait là une injustice, car lorsqu'on extrait de 100 kilog. de blé 50 kilog. d'une farine à 50 0/0, il est impossible de tirer ensuite de ce qui reste 17 kilog. 1/2 d'une farine à 70 0/0 d'extraction.

Bref, le Conseil supérieur du Commerce demandait que l'on accordât l'option au meunier exportateur, ou de décharger son acquit par 62 kilog. 500 de farine à 50 0/0 et 35 kilog. 500 de son, soit de l'apurer par 50 kilog. de farine à 50 0/0 et 17 kilog. 500 de farine à 70 0/0.

Le Conseil de l'Agriculture adopta la proposition du Ministre du commerce dans sa séance du 26 juillet 1897 (1) et un décret en date du 9 août suivant coordina définitivement

(1) L'entente fut facilement faite, preuve nouvelle des dispositions bienveillantes des agriculteurs.

ces dispositions. C'est ce décret qui règlemente actuellement les Admissions temporaires de blés, et en voici les dispositions :

Pour les farines de blés tendres, sont autorisés les taux d'extraction à 50, 60, 70 et 80 pour 0/0 et pour celles de blés durs à 60, 70, 80 et 90 0/0.

Le taux à 50 0/0 des farines de blés tendres exige :

50 kilog. de farine à 50 0/0 d'extraction.

17 — 500 — à 70 0/0 d'extraction.

30 kilogr. de son.

Soit 62 kil. 500 de farine à 50 0/0 d'extraction et 35 kil. 500 de son.

Les taux à 60 0/0 des farines de blés durs et des farines de blés tendres sont identiques, soit :

60 kilogr. de farines à 60 0/0 d'extraction.

10 — de — à 80 0/0 —

28 — de son ....

Soit 67 kilogr. 500 de farine à 60 0/0 d'extraction et 30 kilogr. 500 de son.

Pour les taux à 70 et 80 0/0 d'extraction des farines de blés tendres, les dispositions des décrets antérieurs étaient maintenues intactes, il en était de même pour les types à 70, 80 et 90 0[0 d'extraction des farines de blés durs.

Quant aux semoules de blés durs d'après le décret d'août 1897 elles comportent 5 types à 50, 60, 70, 80, 90 0[0 d'extraction. Au taux de 50 0[0 d'extraction il est exigé :

55 kilogr. de semoules à 50 0[0 d'extraction.

43 kil. de son. — Les autres taux ne sont pas touchés.

Telle est la réglementation actuelle de l'Admission Temporaire des blés.

Jusqu'à ce jour, nous ne trouvons pas à proprement parler de critique adressée au décret de 1897. Tout ce que nous savons, c'est qu'une délégation de meuniers est venue solliciter du Ministre du Commerce qu'au lieu d'apurer les acquits par l'exportation de 50 kilogrammes de farine à 50 0/0 et 17 kgrs 500 au type de 70 0/0 on adopta le principe de remplacer les 17 kgrs 500 à 70 0/0 par leur équivalent au type de 50 0/0 soit 12 kgrs. Cette modification, on peut en juger est insignifiante.

Nous voici donc bien fixés sur les différentes étapes par lesquelles a passé la fissure fameuse qui aujourd'hui se trouve bouchée ; il nous reste à présent à déterminer au moyen de quelles considérations les partisans de l'ancienne fissure arrivaient à justifier la légitimité de la prime d'apurement. Ceci est intéressant, car nous allons pouvoir constater une fois de plus la pauvreté des arguments de la meunerie ; cet examen nous autorisera en même temps à contester au point de vue strictement économique l'efficacité de la fameuse fissure.

Tout d'abord une première remarque s'impose : c'est que la Meunerie par ses organes les plus autorisés n'a jamais contesté la réalité et l'existence d'une prime d'apurement. Au contraire même, et à la différence des métallurgistes, les meuniers ont toujours très franchement avoué, il suffit pour s'en rendre compte, de parcourir leurs journaux officiels. — Le *Marché français* du 20 octobre 1895 par exemple reconnaît que le « système actuel des Admissions temporaires donne une légère prime d'exportation à la Meunerie ».

Le sénateur Couteaux, dont nous avons déjà eu l'occasion de parler, dans l'article précédemment cité (1), affirmait très fermement que cette fissure est réelle ; « il n'est pas douteux, disait-il, que les 50 kgrs de farine qui restent après l'expédition des 60 kgrs qui ont été importés pour

(1) *La question agricole au point de vue économique.* Journal *La Meunerie Française* de juillet 1896, page 165.

apurer 100 kgrs de blés, ne soient de véritables farines qui, bien qu'elles soient inférieures à celles qu'on a exportées ne devraient pas moins payer le droit de 11 francs par 100 kgrs correspondant au droit de 7 francs par 100 kgrs sur le blé ».

Mais s'il est acquis que les intéressés n'ont pas dénié l'existence de la fissure, tous leurs efforts ont, en revanche, convergé sur une idée unique qui a été de légitimer, en invoquant son utilité et sa nécessité cette même fissure et la prime d'apurement qu'elle laissait à l'exportateur.

Monsieur Lucas, dans son rapport précité, a défendu la prime d'apurement en déclarant qu'elle était indispensable à l'existence des meuniers, et voici les raisons qu'il donne (p. 32 et suiv.).

Les meuniers hongrois et américains ont une incontestable supériorité sur les meuniers français en ce qu'ils obtiennent leur matière première, le blé, à des prix dérisoires de bon marché, en sorte que la Minoterie concurrente étrangère ne peut espérer leur disputer les approvisionnements internationaux, en dehors de la qualité supérieure de ses produits, qu'en produisant à très bas prix. C'est précisément à cette diminution de la cherté de la main-d'œuvre que conduira la prime que l'on conteste.

L'argument de Monsieur Lucas n'a rien de nouveau pour nous, c'est celui des métallurgistes pour légitimer le trafic des acquits, ce sera celui de tous les bénéficiaires d'une prime quelconque perçue en dehors d'une autorisation légale.

Pour l'instant, nous n'avons pas à répondre, sa réfutation s'offrira d'elle-même quand nous aurons indiqué les effets anti-économiques de la *fissure* au point de vue de la production des blés français.

D'ailleurs, constatons-le, cette explication n'a provoqué

qu'un médiocre enthousiasme même parmi les défenseurs du système et les deux arguments suivants ont une valeur autrement plus forte. Ils défendent la prime en excipant :

1) De la proportion des déchets dans les blés d'importation ;

2) Des concessions que le meunier français est tenu de faire à ses acheteurs étrangers s'il veut conserver leur clientèle.

D'abord le déchet des blés étrangers. Les meuniers ont établi que certains blés exotiques, notamment ceux de Russie, contiennent jusqu'à 40 0/0 de matières étrangères ; c'est-à-dire que l'on sort 60 kilogr. de farine, non pour 100 kilogr. de blé, mais seulement pour 96. Ces intéressés en ont profité pour dire que la prime jouait un rôle compensateur, car, s'il en était autrement, si le droit de 7 francs pesait sur le blé brut il deviendrait une taxe d'entrée de 7 francs 30.

Nous n'avons pas, au point de vue technique, la compétence voulue pour apprécier au fond cet argument ; mais au point de vue économique, nous objecterons à la meunerie que sa situation n'est pas plus mauvaise que celle des importateurs de tout autre produit, fer, graine, etc. L'importateur de fonte paie sur un poids total brut qui ne distingue pas entre le minerai pur, la terre, les pierres, les scories de toute sorte, etc. ; le droit grève toujours le *produit brut* si l'intéressé en atténue le quantum, quelque légitime qu'en soit la raison, cela équivaut toujours pour lui à un gain perçu en dehors de la loi.

C'est surtout sur les concessions réclamées par la clientèle que les meuniers partisans de la fissure ont étayé leur principale argumentation. Aux séances du Conseil supérieur du Commerce des 17 et 18 janvier 1896, cette question a fait presque exclusivement tous les frais de la discussion. Cette fissure de 10 °/₀ que vous nous reprochez, dans le type à 60 °/₀ d'extraction, disaient les minotiers, nous ne la percevons *pratiquement* pas, car nous devons compter avec les exigences de la clientèle. M. Férand, Président de la Chambre de Commerce de Marseille, déclarait même au Conseil supérieur que le type de 60 °/₀, qui représente le blutage à 40 °/₀, n'était pas un « type commercial ».

Les meuniers, disait-il, ne sortent pas ce type de 60, mais un type supérieur à 60, et en voici l'explication.

Pour offrir ses produits sur les marchés acheteurs, la Meunerie française est bien évidemment tenue de se conformer aux goûts de sa clientèle. Or, dans toutes les contrées du Nord de l'Europe qui s'approvisionnent en farines chez nous, en Angleterre, en Suisse, en Hollande, en Norwège, en Belgique, on ne consomme presqu'exclusivement que des farines de qualité supérieure, importées d'Allemagne, de Hongrie et de Russie, d'où une nécessité absolue pour le meunier français d'obtenir des farines de premier choix ne le cédant en rien à ces produits concurrents.

Ceci posé, ces farines supérieures, nous ne les possédons pas, ou du moins le taux de blutage à 40 0/0, qui est le taux le plus élevé que nous ayons, ne les fournit pas et nos farines à 60 0/0 ne peuvent rivaliser comme qualité avec celles de l'Amérique ou de la Hongrie. C'est pourquoi, sous la dénomination de blutage à 40 0/0 le meunier français exporte des farines tendres dont le taux d'extraction est inférieur à 55 0/0 (1) et c'est uniquement la prime d'apurement qui lui permet de rentrer dans ses débours.

(1) Dans son rapport, Monsieur Lucas reconnaît avoir prélevé 10 échantillons sur des farines présentées comme équivalentes au type

Les nécessités de satisfaire la clientèle étrangère sont certainement un très fort appoint en faveur de la fissure constatée dans les blutages à 40 0/0 et c'est bien pour cela que les décrets de 1896 et 1897 introduisirent le type à 50 0/0 dans les réglementations d'apuration en vigueur ; toutefois ces nécessités ne peuvent être acceptées comme une justification suffisante de la prime. D'abord, il faut toujours établir que cette prime ne nuit pas aux intérêts de la production intérieure spécialement protégée par les tarifs douaniers... or, cette démonstration, nous allons le voir incessamment, n'est pas possible à faire.

de 60 0/0 d'extraction et après comparaison avoir reconnu que ces dix échantillons provenaient en réalité d'une extraction comprise entre 45 et 50 0/0 c'est-à-dire que pour extraire 60 kilog. de farine à 50 0/0 d'extraction, il faut non plus 100 mais 120 kil. de blé, ou bien en ramenant à 100 kil. de farine, pour 100 kil. de farine à 60 0/0 il faut 100 kil. de blé.

Pour 100 kil. de farine à 50 0/0 il faut 200 kil. de blé
— — — à 40 0/0 — 250 — —

Egalement, dans un rapport présenté au Comité des Arts et Manufactures, le 17 Février 1886, M. Amé constatait que les farines exportées dépassaient la quantité des types de 1861.

Ainsi comprise la prime de 0.424 évaluée par M. Lucas dans le taux d'extraction à 60 0/0 s'amoindrissait singulièrement ; on peut du reste en calculer le quantum. Raisonnons sur un quintal de farine à 60 0/0 d'extraction. Ainsi que nous venons de le voir, ce quintal exige 166 kil. de blé : mais l'exportateur qui de par les exigences mêmes de sa clientèle fournit de la farine à 50 0/0 d'extraction est obligé d'opérer sur 200 kil. de blé, et comme il n'est exonéré du droit que pour 166 kil., sur la différence, soit 166-200 = 34 kil., il paie le droit de 7 francs.

Or, la fissure pour un quintal de blé en prenant le chiffre de M. Lucas, 4,785 pour 60 kil. de farine sera de

$$\frac{4,785 \times 34}{100} = 1,6269$$

Donc, sur 34 kilos de blé, la fissure est de 1 k. 6269 de farine qui devraient payer de droit

$$\frac{0,424 \times 1,6269}{4,785} = 0,2799.$$

En outre, en admettant que la prime d'apurement fut réellement indispensable à ces meuniers, comprend-t-on que leurs représentants (et l'on sait si la Meunerie a des représentants nombreux et dévoués) ne se soient jamais adressés aux Pouvoirs publics pour leur réclamer une prime officielle d'exportation. Mais non, les intéressés ont préféré s'allouer eux-mêmes la prime et pour cause ; elle était certainement plus fructueuse.

Un autre point de l'argumentation des meuniers pour défendre la fissure, consistait à dire que plus leurs sorties de farines seraient nombreuses, et plus les blés indigènes des régions surproductrices augmenteraient de valeur et trouveraient des acheteurs et des débouchés sûrs. En un mot, au dire de la Meunerie, l'industrie agricole toute entière devrait bénéficier de ses propres progrès et se réjouir d'une prime qui sous couleur de pur gain constituait un puissant stimulant d'exportation.

En soi, l'objection offre un certain caractère de vérité, et il n'est pas douteux à première vûe que la prime d'apuration permet à l'exportateur d'abaisser ses prix de vente sur les marchés internationaux, mais si l'on analyse l'opération un peu plus à fond on s'aperçoit qu'en réalité, à côté et avant la prime d'exportation la fissure sert à créer une prime d'importation. Certes, le meunier reçoit bien un stimulant pour exporter ses farines, mais ce stimulant n'est que la conséquence de l'importation étrangère qu'il a précédemment faite en franchise de tout droit, et qui a amené une dépréciation des cours des blés indigènes. C'est ce que nous allons montrer.

Prenons l'exemple d'un meunier habitant Nantes, c'est-à-dire occupant une situation doublement avantageuse, au point de vue des transports qui se feront directement et par voie d'eau et, en outre, ayant à portée des stocks considérables de blés indigènes à bas prix. Ce meunier, qui, par hypothèse, a, jusqu'à cette époque, apuré des acquits-à-cautions pour le compte d'un semoulier Marseillais, considère un jour qu'en somme l'opération qu'il fait sur ses blés n'est pas très rémunératrice puisqu'il doit payer à ce semoulier le prix de cession de son pouvoir.

Il réfléchit qu'au contraire, le même régime des Admissions temporaires lui offre le moyen de réaliser des bénéfices beaucoup plus considérables et surtout constants par la prime d'apurement. Il se dit qu'en étant à la fois son propre importateur et faisant entrer en franchise des cargaisons de blés étrangers qu'il compensera avec des farines de blés français (ou même qu'il réexportera à l'identique après mouture, le procédé d'apurement de l'acquit est ici parfaitement indifférent), il percevra sur chaque quintal de blé sorti une prime importante et très facilement évaluable.

Dès lors, ce minotier cesse le trafic d'acquits qu'il ne juge pas assez fructueux, pour spéculer uniquement sur la fissure du rendement à 40 0/0 (1), et pour ce, il prend charge d'une certaine quantité de quintaux de blé étrangers qu'il reçoit en franchise de tout droit, et qu'il compense par une quantité équivalente de farines empruntées à la production locale. Or s'il a importé 100 kilogs de blés étrangers, il ne réexportera pas l'équivalence en farine : les règlements en vigueur lui laissent une différence de 4 à 10 kilogs de farine pour chaque quintal de blé.

(1) Cette idée éclaire d'un certain jour une déclaration de la Meunerie faite au Conseil supérieur du Commerce en juin 1897. Il s'agissait d'obtenir le taux d'extraction à 50 0/0 et le Conseil supérieur de l'agriculture semblait des plus hésitants à l'accorder, alors, les meuniers objectèrent qu'ils préféraient prendre la faculté de sortir par toutes les zones plutôt que de ne pas obtenir ce taux d'apurement à 50 0/0. Après ce que nous venons de dire, on comprend leur insistance et leur intérêt.

Ces 10 kgrs sont indemnes de tout droit de douane, et notre importateur en trouve de suite le placement, car ces farines ont été produites au moyen d'un blé d'excellente qualité, à prix déprécié, et nul autre producteur français ne pourrait livrer semblable produit au même prix. Pour peu que ce meunier opère sur des stocks considérables et son intérêt est précisément d'importer toujours, on juge quel désarroi il amènerait en peu de temps dans les cours du marché national (1). Nous avions dès lors bien raison d'affirmer que la prime d'apuration jouait avant tout comme prime d'importation.

Les meuniers nous disaient que la prime d'apurement devait faciliter leurs ventes à l'étranger et aussi logiquement accélérer le mouvement de sortie des farines de blés français ! Certes, ce résultat sera obtenu, les farines françaises iront concurrencer les blés exotiques sur leurs propres marchés, soit, mais il faut s'entendre, ce résultat ne se produira qu'au jour où l'Agriculteur national découragé par la concurrence des 10 kgrs de farines françaises exclus de la protection à laquelle il avait droit, cédera son produit à n'importe quel prix parce qu'il ne pourra pas faire autrement. Cet effet néfaste de la prime d'apurement sur l'agriculture a du reste été parfois loyalement reconnu par la Meunerie elle-même (2).

(1) Il est bien certain que si à la spéculation sur l'apurement le minotier peut joindre la spéculation sur les acquits, il déprime à peu près à sa guise les cours locaux.

(2) Témoin le *Marché Français* qui, dans son numéro du 11 novembre 1895 écrivait cette phrase significative : « Nous devons reconnaître que la Meunerie de la région du Nord et les minoteries des ports de l'Ouest ont pu profiter de cette législation, que de très grandes usines ont été créées et que l'exportation résultant des blés importés sous le régime de l'Admission temporaire a peut être pris une large extension au *détriment de l'Agriculture française* ». Et rappelons encore les mots prononcés le 4 décembre 1894 devant la Commission des Douanes de la Chambre des députés, par M. Col-

Nous n'insisterons pas davantage sur ces inconvénients dont l'intérêt d'ailleurs est tout rétrospectif puisque la fissure se trouve aujourd'hui supprimée.

2°) Les taux d'extraction à 80 et 90 0/0.

Il nous reste à présent à dire quelques mots de la spéculation à laquelle ont donné lieu les taux d'extraction à 80 et 90 0/0. Ces types sont formés par l'adjonction à une farine relativement blanche d'une proportion plus ou moins grande de sons et de repasses. Bien entendu, ils constituent des produits tout à fait inférieurs, et c'est sur cette infériorité de qualité que la Meunerie a tablé pour pratiquer les deux spéculations ci-après.

La minoterie mélangeait ces farines (à 10 et 20 0/0 de blutage) de dernière qualité avec des remoulages blancs et des sons fins pour les exporter en compensation de ses importations de blés ; elle conservait de la sorte dans la consommation intérieure des farines supérieures qui auraient régulièrement acquitté à l'entrée un droit de douane de 16 ou 13 fr. 50 par quintal, tandis que le droit des farines à 10 et 20 0/0 n'était que de 11 francs par 100 kilogr. En somme, les farines de dernière qualité donnaient aux meuniers le moyen commode de rester en règle avec la Régie puisqu'ils apuraient effectivement l'entrée du blé par une sortie de farine ; tandis que toutes les farines premières étaient soigneusement conservées en France en franchise du droit.

A l'inverse une autre spéculation consistait à sortir des qualités à taux plus élevés à 70 ou 60 0/0 dont on extrayait par blutage la farine première, et le reste nommé rebulet rentrait en France au droit du son (0 fr. 60) pour

son-Blanche, président de l'Association nationale de la Meunerie française au nom de cette Association : « Je conviens, disait-il en visant la fissure, qu'il y a un léger tort fait à l'Agriculture française».

servir par une nouvelle addition de farines à apurer de nouveaux acquits-à-caution. Comme les derniers produits de la mouture sont difficilement analysables, la Douane s'y laissait prendre et ne percevait que la taxe des issues, accordant ainsi l'entrée en demi-franchise à quelques kilogrammes de farine au droit de 11 à 18 fr.

Comme on l'a fort bien dit, cette dernière pratique constitue plus qu'une fissure, une fraude légale, c'est une véritable escroquerie en douane. Le Directeur des Douanes de Lille a pu pratiquement empêcher ces fraudes au moyen de tamis spécialement adaptés pour cet usage, il constatait de suite si les sons et rebulets contenaient de la farine.

Cette question de taux de blutage à 80 et 90 °/₀ a vivement préoccupé la Commission des farines, ce fut même à son sujet que l'on agita très vivement dans le sein de la Sous-commission le projet d'une réduction des types. L'exemple de l'Allemagne et de l'Autriche, qui ne possédaient qu'un seul taux de blutage, attirait certains esprits : Messieurs Linard et Viger, notamment, ne voulaient garder que les deux types d'extraction à 60 et 70 °/₀ ; d'autres membres optaient pour conserver un type unique à 70 °/₀, ce qui eut tout simplifié. Nombre de Sociétés agricoles encourageaient d'ailleurs l'unification pure et simple, nous citerons notamment le vœu adressé à la Sous-commission du Conseil supérieur de l'Agriculture, le 14 mars 1897, par la Société d'Agriculture de l'arrondissement de Pithiviers, pour ramener les types d'extraction à un seul taux, à 60 °/₀.

L'unification ou même la réduction n'était toutefois pas chose aussi simple et aussi facile que semblaient le croire les auteurs de ces propositions. En effet, on objectait très justement que les différents types avaient tous leur raison d'être pour l'exportation.

La France en effet, exporte des farines fines qui sont consommées dans le Nord de l'Europe, mais elle a également une clientèle qui prend les farines grossières et communes ; c'est la clientèle du Levant ; les Arméniens et les Syriens notamment s'approvisionnent à Marseille de basses farines. Il s'en suit que les types à 60 0[0 et ceux à 80 et 90 0[0 avaient leur utilité et que les supprimer eût été une faute lourde.

La Commission des farines ne pensa pas autrement, et elle se contenta de rechercher un moyen pratique de faire disparaître la fissure et la fraude ci-dessus indiquées.

Ce moyen, elle le trouva, en conservant dans les types 80 et 90 0[0 tous les éléments des types 60 et 70 0[0 complétés par l'addition de qualités de farines de *moins en moins* bonnes. C'est ainsi que pour établir les types à 80 0[0 d'extraction elle garda tous les éléments des types à 60 et 70 en prenant les 10 0[0 pour passer de 70 à 80 dans les premières recoupettes.

Egalement pour établir le type à 90 0[0 elle prit l'extraction à 80 0[0 et le surplus pour arriver au rendement à 90 0[0 fut formé de recoupettes (1).

Ce procédé a même fait jeter les hauts cris à la Meunerie de Marseille qui a prétendu que les types à 80 et 90 0[0 obtenus de la sorte ne représentaient pas les rendements réels de la mouture ce qui causait de très gros ennuis pour les fournitures livrables sur les places étrangères.

Le rapporteur de la Sous-commission, M. Lucas, avait proposé de créer un nouveau type. Ce type eut été applicable à la sortie des farines dont la qualité est au moins équivalente aux farines du commerce dites *quatrièmes*, mais inférieures au type à 90 0[0. Dans ce type on ne devait plus

(1) Cf. *Rapport* Lucas.

tenir compte des sons, mais en revanche, son rendement était élevé à 150 kilogr. Cette proposition fut repoussée par la Commission plénière.

Aujourd'hui les types sont un peu modifiés. Pour les blés tendres, le type à 90 d'extraction a été supprimé, mais le type à 80 0/0 subsiste toujours avec 80 kgrs. de farine à 80 0/0 d'extraction. Pour les blés durs et les semoules, les types à 80 et 90 ont été maintenus chacun d'eux avec 80 et 90 kgrs. de farine et la formation des types est toujours celle de la Commission des farines, c'est-à-dire celle qui va du *meilleur* au *moins bon*.

Pour en terminer complètement avec toutes ces questions, disons que les taux d'extraction sont très différents dans les apurements des blés au moyen de produits autres que les farines ou les semoules. Ainsi, le rendement du quintal de blé doit être de 75 kgrs. pour les biscuits de mer, de 57 kgrs. pour les pâtes alimentaires, etc. etc. (1).

(1) A côté de la spéculation sur les acquits et des fissures dans les rendements à 60, 80 et 90 0[0, il est intéressant de rappeler un autre grief qui a été adressé à l'Admission Temporaire des céréales : C'est la durée de l'entrepôt (3 ans pour l'entrepôt réel et 2 ans pour l'entrepôt fictif) des blés introduits en franchise. M. Leygues, à la séance de la Chambre du 14 déc. 1893 commentait ainsi ce grief : ... « Les importateurs peuvent accumuler dans ces magasins sans s'exposer à aucun risque des quantités considérables de blés qui ne sont soumis à la taxe que quand ils sont livrés à la consommation. Ils troublent ainsi les cours, jettent dans la circulation au moment favorable des millions d'hectolitres ou ferment leurs dépôts et provoquent à leur gré la hausse ou la baisse. »

Ce grief est certainement très exact et le Gouvernement l'a bien compris ainsi puisqu'il a posé la question au Conseil supérieur. — L'entrepôt est un précieux auxiliaire de la spéculation, et il s'est présenté des cas où l'entrepôt officiel et légal est devenu le complice des accapareurs.

APPENDICE

Palliatifs proposés aux inconvénients de l'Admission temporaire des céréales

Les développements qui précèdent nous ont montré l'Admission temporaire des céréales comme une pratique particulièrement défectueuse, aboutissant d'une part, à des vices de fonctionnement généraux inhérents au principe même des compensations, comme par exemple, le trafic des Pouvoirs, de l'autre à des fissures *suî generis* provenant de la nature du produit à compenser. Ces différents défauts revêtent dans la circonstance présente, un caractère exceptionnel de gravité, puisqu'ils portent sur des matières de première nécessité, sur les subsistances mêmes du pays. Si la spéculation qui s'exerce sur les blés, et dont un des principaux agents est l'Admission temporaire, n'est pas reffrénée; si au moyen des cessions d'acquits, des primes d'apurement, etc., l'importateur peut imposer au producteur national des cours factices, dérisoirement bas, ne doit-on pas craindre à brève échéance un arrêt de nos productions de céréales ! Mais alors que deviendra le pays le jour où les mauvaises récoltes du monde entier empêcheront nos fournisseurs habituels de nous envoyer les blés dont nous avons besoin. Que deviendrait la Nation française dans une guerre européenne, prise au milieu d'un nouveau blocus continental ? Ce sont là autant d'observations que nous avons déjà faites plusieurs fois, et sur lesquelles nous ne reviendrons pas ici : leur gravité apparaît sans grand effort d'intelligence, à quiconque veut bien les apercevoir. Ces considérations ont précisément depuis quelques années incité les Pouvoirs publics d'une part, les Associations privées intéressées de l'autre, à rechercher quelle pratique douanière tout en respectant l'intérêt des exportations de la Meunerie française, mettrait un frein aux abus et aux fraudes illégales ou légales que provoque le régime des compensations.

M. Cazes a déposé, sur le bureau de la Chambre, le 9 décembre 1893 une proposition de loi tendant à rétablir les réexportations à l'Identique des blés étrangers importés par la mouture. Certes, l'Identique aurait eu des résultats excellents ; mais rationnellement son application pratique eut été trop coûteuse, à raison du nombre d'agents que la Régie aurait dû consacrer à l'exercice et à la visite des Minoteries qui sont excessivement nombreuses. A un autre point de vue dans la région du Midi l'Identique aurait été complètement insuffisant à assurer les approvisionnements en grains. L'Identique n'a donc pas eu de succès. On a proposé pour remédier à la pratique défectueuse des Admissions temporaires des blés de revenir soit au Drawback et à la Prime d'exportation combinés soit au Bon d'importation et d'exportation. Bien entendu nous n'examinerons pas ici toutes les propositions de réglementation nouvelle qui ont été faites, elles sont nombreuses, nous nous bornerons à passer en revue très succinctement d'ailleurs, trois d'entre elles qui nous semblent plus particulièrement intéressantes.

1. — *Système Coudert.*

M. Coudert dont il a été déjà parlé à propos de la Commission des Farines, a proposé un régime qui ne manque pas d'intérêt.

Il expose de la sorte son système (1) :

1° Tous les blés étrangers entrant en France paieront le droit quel qu'il soit.

2° Ce droit sera définitivement acquis à l'Etat et dès lors ces blés deviendront français, il n'existera plus de différences entre eux et ceux récoltés en France.

3° A la sortie des produits, semoules, pâtes alimentaires, farines, etc., sans tenir compte de la provenance des blés, (français ou étrangers) qui ont servi à les fabriquer, il sera remboursé sous forme de prime d'exportation l'équivalent de ce droit.

Que vaut ce système ?

Ce système dont l'auteur espérait les meilleurs résultats, comme établissant « d'une façon incontestable et entière l'égalité des droits en tout en entre tous », n'est au fond qu'une combinaison du Drawback pour les blés étrangers importés, et de la Prime directe d'exportation pour les blés français.

L'application en semble assez facile. La prime d'exportation ne peut jamais donner lieu à aucune constatation, et quant au remboursement du droit déjà acquitté, il se fait non moins simplement. Ici on ne peut ni ne doit craindre les inconvénients du Drawback, puisque si la Douane paie plus qu'elle n'a effectivement reçu, cela prouve que la quantité exportée est plus forte que la quantité entrée, et qu'il y a pour le surplus du remboursement une véritable prime d'exportation.

Au point de vue pratique, cette combinaison n'est pas

(1) Cf. *Etude d'une modification au régime douanier actuel sous le Patronage des Sénateurs, des Députés, du Conseil général, des Chambres de Commerce, du Syndicat départemental agricole et du Syndicat de la Meunerie du département du Puy-de-Dôme*, p. 20 et suivantes.

d'une réalisation impossible, il est même probable que son emploi donnerait de bons résultats ; cette appréciation toutefois ne peut forcément être faite que sous réserves et c'est seulement après l'avoir vu fonctionner que l'on pourrait se prononcer en connaissance de cause. Malheureusement le système de M. Coudert offre théoriquement un vice capital dont l'auteur s'est lui-même aperçu et auquel il a tenté de remédier ; nous voulons parler de la question budgétaire que soulèvera ce procédé.

La prime d'exportation, en effet, constituera une charge écrasante pour l'Etat, et dans les années d'abondance, le Trésor public ne pourra certainement faire face au paiement de toutes les primes. M. Coudert a répondu à ce reproche. D'abord, dit-il, les années d'abondance sont l'exception, puisque durant ce siècle, on trouve à peine trois années de bonnes récoltes. Mais même en supposant que ces années prospères deviennent chose normale et habituelle, même dans ce cas l'Etat aurait le moyen de ne rien débourser, et ici, M. Coudert gâte à plaisir, en quelque sorte, les bontés de sa proposition de régime douanier. M. Coudert propose de « substituer au paiement en espèces de la prime à l'exportation, un *Bon* de pareille somme. Ce Bon, portant un numéro correspondant à celui d'un reçu, servirait à la Douane à constater le paiement du droit d'entrée sur quantité égale de blé étranger ». Ce Bon ne serait payable qu'après encaissement du reçu correspondant, mais dans tous les cas, il serait remboursable au pair par la Régie lorsque le reçu correspondant aurait été encaissé, ce qui assurerait l'Etat de ne pas payer avant d'avoir encaissé.

M. Coudert a d'ailleurs soin d'ajouter que dans les années d'abondance le Bon ne sera remboursable que l'année suivante, et dans les années de mauvaises récoltes au contraire, de suite et au comptant : la valeur du Bon de la sorte ne saurait varier. Nous n'admettons pas toutes les déductions optimistes de l'auteur de ce système au point de vue de l'invariabilité de valeur du Bon, et notamment nous ne sommes nullement sûrs que la spéculation ne trafiquera pas des Bons non encore créés mais qui le seront à une date fixe. En tous les cas il est absolument certain que lorsque le remboursement sera reporté sur l'autre année, tous les détenteurs de Bons les négocieront de suite au même titre qu'un effet de commerce.

De toutes façons le remboursement de ces Bons par le Trésor créera des difficultés presque insurmontables à l'Etat. Nous avons critiqué la pratique des Drawbacks à raison des formalités nombreuses et des écritures auxquelles elle donne lieu, mais que dirons-nous à ce point de vue du procédé dont il est ici question ?

M. Coudert à notre avis a complètement dénaturé son système en y introduisant le « Bon » qui ne joue d'autre rôle que de compliquer les opérations en Douane.

Le régime combiné du Drawback et de la Prime d'exportation a été admis par nombre d'Associations Agricoles ; nous citerons notamment l'adoption qui en fut faite le 20 avril 1894 par les Syndicats agricoles du Puy-de-Dôme réunis à Clermont-Ferrand. Citons également le vœu favorable du Conseil Départemental d'Agriculture de l'Isère (du 8 mars 1896), celui de la Société des Agriculteurs de France, du (9 mars même année), celui des Associations Agricoles du Sud-Ouest, réunies à Toulouse (du 5 décembre même année), etc.

Le système de M. Coudert a été repris d'une façon un peu différente quant à la forme, mais identique quant au fond par le Comice agricole de Reims. Voici la teneur exacte du vœu de cette Assemblée :

Art. 1. — Tous les blés étrangers entrant en France acquitteront les droits de douane votés par le Parlement. Ces blés seront francisés et il n'existera plus de différences entre eux et les blés récoltés en France. Les Entrepôts et les Admissions temporaires seront supprimés.

Art. 2. — A la sortie des produits, semoules, pâtes alimentaires, farines, etc., et sans tenir compte de la provenance des blés (français ou étrangers) il sera remboursé sous forme de prime à l'exportation l'équivalent de ce droit.

Le type unique de 72 kilogs de farine sera seul admis pour l'exportation.

Art. 3. — Toutefois, comme en aucun cas, cette prime ne peut être une source de perte pour le Trésor, à la fin de chaque exercice, il sera fait état des sommes perçues à l'importation et des sommes dues à l'exportation. Si les sommes après l'exportation se trouvaient supérieures à celles prévues à l'importation, il sera fait une retenue proportionnelle sur cette prime entre les différences proportionnelles au prorata des produits exportés. »

Ce régime, s'il n'emploie plus le Bon, contient en revanche des formalités difficilement exécutables : comme l'établissement des états des sommes perçues et surtout la réduction proportionnelle. Si jamais un pareil procédé était appliqué, l'Administration des Douanes pourrait sans exagération aucune augmenter son personnel.

M. de Pontbriant député de la Loire-Inférieure a eu, un instant la velléité de développer une proposition de loi conforme aux idées du Comice de Reims ; mais n'en ayant trouvé trace nulle part nous ignorons s'il a réalisé cette intention.

II. — Le Bon d'Importation (système Allemand). Proposition de loi Viger. Système Lejosne.

C'est à M. Viger le très compétent ministre actuel de l'Agriculture, que doit être attribuée la paternité de la proposition de régime douanier connu sous le nom de « Bon d'Importation ». Comme le Bon d'Importation a son origine dans la législation allemande, et que les circonstances et les conditions de son application là et chez nous sont identiques, il est utile qu'au préalable nous ayons une idée des plus nettes de ce qui se passe chez nos voisins à cet égard. A cet effet nous n'avons qu'à nous référer au travail fait par un inspecteur des finances, M. de Meaux, spécialement délégué en Allemagne par son ministre pour y étudier les effets du Bon d'Importation (1).

La législation douanière allemande comme la nôtre autorise bien les importations en franchise temporaire des blés, ce sont les « Comptes d'Admission temporaire » (*Mühlenkonten*). Mais à la différence de ce qui se passe en France, ces comptes ne sont accordés qu'aux industriels « *jouissant de la confiance de l'Administration* » (ce sont les termes mêmes du règlement) et qu'à la condition que tous les locaux, livres et mouvements des établissements soient accessibles continuellement au contrôle et aux visites de l'Administration.

Les Comptes sont réglés le 20 du 4e mois qui suit l'expiration de chaque trimestre et les droits sur les manquants et les différences sont acquittés dans les 8 jours sans aucun

(1) Ce travail forme une brochure de 30 pages éditée par l'Imprimerie Nationale, sous ce titre : « *Mission d'Allemagne. Note sur l'Admission temporaire des Blés et les Bons d'Importation.*

sursis ; on voit qu'en Allemagne aucun délai n'est rigoureusement fixé pour l'apuration, le délai peut varier entre 7 ou 4 mois suivant que la prise en charge date du début ou de la fin d'un trimestre. Mais sur les quantités dont les meuniers n'obtiennent pas décharge le droit simple seul est dû.

Le taux d'extraction de mouture pour l'apurement des Comptes d'Admission temporaire pour la farine de blé est unique, il est fixé à 75 0/0 (1).

Le système d'Admission temporaire allemand, s'il offre sur certains points des latitudes peut-être plus grandes que chez nous, en revanche sur les autres est excessivement restrictif. C'est ainsi que l'Administration a toujours le droit de supprimer arbitrairement un Compte, si l'établissement ne lui paraît pas par ses opérations suffisamment justifier cette faveur.

D'autre part aux termes des règlements les titulaires d'un Compte ne peuvent vendre leurs blés étrangers à l'intérieur du pays qu'à l'état de farines, etc.

Bref, les Mühlenkonten n'ont pas tardé à tomber en complet discrédit près des meuniers allemands.

D'autre part, l'intérêt des comptes d'Admission temporaire n'existait pas pour toute la catégorie des agriculteurs et des minotiers situés dans les parties Nord et Est de l'Empire, puisque ces Comptes n'avaient aucune action sur les sorties des blés indigènes et des farines qui encombraient leurs marchés et dépréciaient de plus en plus leurs cours. Il faut en effet savoir que la production allemande des céréales et des blés en particulier est tout à fait différente suivant que l'on se trouve au Nord ou au Sud. Les provinces orientales de l'Empire sont surproductives, les

(1) M. de Meaux estime que cette unification de typage tient à ce que la clientèle allemande (Russie, Danemark, pays Scandinaves) ne consomme pas de farines supérieures.

régions du Sud et de l'Ouest, au contraire, ne produisent même pas assez pour la consommation Quant à ramener des premières sur les secondes les excédents de productions, il n'y faut pas songer, car le transport des blés de Poméranie jusqu'à Manheim coûterait plus cher au meunier qu'une exportation par mer de farines dans les pays scandinaves, ou en Hollande et en Angleterre (1).

Ce fut précisément dans le but de permettre à la minoterie des régions surproductrices de sortir tous ses stocks de farines, qu'intervint la loi du 14 avril 1894, qui inaugurait à *côté et parallèlement* aux *Mühlenkonten* le régime des Bons d'Importation (*Einführscheine*).

Si nous nous sommes étendus sur tous ces détails, c'est afin de bien montrer l'analogie qui existe entre l'Allemagne et notre pays au point de vue de la production du blé. Chez nous également nous savons que toute la région du Nord jusqu'au delà de la Loire produit les céréales et le blé en particulier en surabondance, tandis que le Midi en est à peu près totalement dépourvu.

Le Bon d'importation allemand tel qu'il résulte de la loi d'Avril 1894, consiste en « un remboursement fait aux réexportateurs de *grains* ou de *farines* du droit de douane correspondant à la quantité de grain entrée ou à celle qui a servi à produire les farines exportées. »

Ce régime crée une double situation. Ou bien il s'agit d'un meunier de l'Empire qui entre un certain nombre de quintaux de blés étrangers pour les compenser par une sortie équivalente de farines obtenues, soit avec ces blés soit

(1) Pour plus amples détails sur la situation précaire des meuniers et de l'Agriculture allemande en général, on peut se reporter à une brochure éditée en février 1891 par la Bourse de Commerce de Strasbourg, sous ce titre : *Virkung der Getreidezolle und Aufgebung des Identitats Nachweises bei der Getreide Ausführ* ».

avec des blés indigènes, ou bien il s'agit d'un exportateur qui veut sortir les farines qu'il a obtenues au moyen de la mouture de blés nationaux, mais dans les deux cas, l'exportation motivera toujours la délivrance d'un Bon dit d'Importation. La première des deux situations ci-dessus sera celle du meunier des régions pauvres en céréales et dans ce cas l'*einfuhrschein* devient le similaire, quant à l'effet du moins, des *Mühlenkonten* ; la seconde à l'inverse représente la situation des exportateurs des provinces encombrées ; c'est d'ailleurs celle qui nous intéresse particulièrement.

Le Bon allemand est donc par lui-même le remboursement du droit d'entrée, mais il ne représente jamais qu'une « *Valeur en marchandises* » et le porteur n'en pourrait réaliser le montant en espèces (1). Le Bon d'importation a une valeur libératoire du droit égal qui est dû à l'entrée de marchandises déterminées. Ces marchandises sont d'une part les céréales et leurs farines, de l'autre les denrées coloniales n'ayant pas de similaires dans la production du pays et qui se trouvent grevées à leur entrée d'une taxe purement fiscale, comme le cacao, le café, le thé, le pétrole, les oranges, les moules, les huîtres, etc.

Le législateur allemand, dans sa volonté de développer les exportations au moyen de ces Bons, en a autorisé l'utilisation non seulement dans la région où ils avaient été créés, mais même dans toute l'étendue de l'Empire.

Voilà dans ses grandes lignes la législation du Bon d'importation. Quelle en était donc l'utilité économique ? Il n'est point besoin d'être un observateur bien perspicace, pour détailler tous les avantages que l'exportation devait retirer de ce système.

(1) A la différence du Bon de M. Coudert.

Désormais le meunier des provinces orientales, qui déjà ne demandait qu'à exporter, obtenait encore un gain purement gratuit pour ces mêmes exportations ; sa situation prospérait dès lors de plus en plus en même temps que la situation des agriculteurs de la région s'améliorait progressivement et dans la même proportion. Le but cherché par le Gouvernement semblait donc bien atteint.

M. Viger crut que ce système qui avait déjà donné de bons résultats en Allemagne, était de nature à relever le cours de nos blés français ; et étant donné l'analogie des situations géographiques et des récoltes dans les deux pays, il déposa en juin 1896, une proposition de loi copiée de la législation allemande d'avril 1894.

La proposition Viger comprend 2 parties très distinctes : l'une (art. 1 à 4 et l'art. 7) réorganisant l'Admission temporaire des céréales qui comme dans la loi allemande fonctionne toujours parallèlement au Bon, l'autre créant le Bon d'importation (1).

(1) Cf. *Officiel* du 22 juin 1896. Documents parlementaires. Annexe n° 1938, page 461.

PROPOSITION DE LOI

Art. 1er. — Les décrets qui règlent actuellement le régime de l'admission temporaire des blés sont abrogés et remplacés par les dispositions contenues dans les articles suivants.

Art. 2. — Les blés admis temporairement devront, dans un délai de trois ans, donner lieu à une exportation de 70 kilog. de farine du type de 30 p. 100 de blutage et de 28 kilog. de son.

Art. 3. — Dans le cas où le minotier qui présenterait à l'apurement un acquit-à-caution de 100 kilog. de blé voudrait être dispensé de l'exportation du son, il devrait acquitter le droit d'importation du son à raison de 60 centimes par 100 kilogr.

Art. 4. — Dans le cas où le minotier voudrait exporter des farines au taux de blutage de 40 à 45 p. 100, il pourra présenter 70 kilogr. de farine au type de 60 et 55 p. 100 d'extraction ; les types à 80 p. 100 et à 90 p. 100 d'extraction sont supprimés.

Art. 5. — En dehors des acquits-à-caution qui seront délivrés conformément aux articles précédents, il pourra, en vue d'encourager

En ce qui concerne les Admissions temporaires M. Viger simplifie le taux d'extraction en farines, il ne garde plus que trois degrés de blutage à 30 0/0 avec 70 kil. de farines et 28 kil. de son et ceux de 40 à 45 0/0 avec 70 kil. de farines au type de 60 et 55 0/0 d'extraction.

Les sons qui demeureront en France pour la consommation acquitteront toujours le droit de 0 fr. 60 par quintal.

Cette première partie de la proposition Viger n'a pas besoin de commentaire ; nous n'avons qu'à nous reporter à nos précédentes explications sur les types de farines pour apprécier la suppression des taux grossiers à 80 et 90 0/0 qu'elle accomplit.

Quant au Bon d'Importation et à sa réglementation, M. Viger reprend les dispositions de la loi allemande avec quelques modifications. Le Bon d'importation doit servir à entrer en franchise de la taxe, soit *des céréales*, soit *du cacao*, soit *du café*. C'est là une des différences du Bon, tel que le concevait M. Viger avec le Bon allemand ; ce dernier pouvait s'appliquer à un très grand nombre de denrées coloniales ; ici au contraire on ne vise que trois produits (1).

l'exportation des farines provenant de la minoterie française, être délivré des bons d'importation de céréales, de cacao et de café contre l'exportation de 70 kilogr. de farine au type de 70 p. 100, 60 p. 100 et 55 p. 100 d'extraction, chaque bon devant représenter une somme de 7 fr. applicable à l'acquittement des droits de douane sur les divers produits ci-dessus énumérés.

Art. 6. — Les bons d'importation alloués en vertu de l'article précédent pourront être reçus dans tous les bureaux par lesquels se font les entrées des produits auxquels ils s'appliquent.

Art. 7. — L'apurement des acquits-à-caution consentis par les importateurs en vertu des articles 2, 3 et 4, pourra se faire par tous les bureaux de douane ouverts à l'exportation des farines.

Art. 8. — Un règlement d'administration publique rendu en conseil d'Etat déterminera les conditions d'application de la présente loi.

(1) Et encore M. Viger avait consenti devant la Commission des Douanes de la Chambre des Députés à abandonner l'art. 5 de sa

Autre différence : le Bon d'importation prévu dans la proposition de loi de 1896, n'est concédé qu'à la suite d'une exportation de farines, et non plus de *farines ou de blés* facultativement comme dans la législation allemande.

M. Viger admet trois types d'extraction pour les farines exportées : les types à 70, 60 et 55 0/0, c'est-à-dire des blutages plutôt fins et cela est excessivement rationnel puisqu'il s'agit là d'exportations à destination de l'étranger.

Comme en Allemagne, les Bons sont recevables dans tous les bureaux de Douanes.

La proposition de M. Viger a reçu de la part des agriculteurs français et aussi de certains meuniers de l'intérieur un accueil plutôt froid. Et cependant que pouvait-on reprocher à cette pratique douanière ? Le principal et on peut même dire le seul grief bien sérieux était relatif aux spéculations dont les bons pourraient devenir l'objet. Si l'on va au fond des choses on s'aperçoit que cette critique fondée théoriquement ne peut pratiquement devenir bien redoutable.

Les détracteurs du système Viger affirmaient que l'exportateur de Dunkerque par exemple, qui recevrait un permis d'importer en franchise, à la suite d'une sortie de farines de blés français pourrait négocier son Bon avec un semoulier marseillais tout comme si le Bon était un acquit-à-caution. Dès lors ajoutaient ces contradicteurs l'effet nuisible se reproduit avec les mêmes caractères que dans l'Admission temporaire : le droit de protection est partielle-

proposition en ce qu'il a pour but d'accorder de Bons d'Importation pour d'autres denrées que pour les Blés. M. Viger ne faisait cette concession que pour éviter paraît-il des objections fiscales. Nous ne concevons guère que M. Viger, même pour sauvegarder le principe de sa proposition ait pu accepter semblable transaction car l'effet libératoire au moyen d'importation de produits autres que les blés constitue toute l'originalité et l'utilité du système.

ment supprimé comme précédemment puisque le cessionnaire du Bon entrera du blé en franchise, qui ne lui aura coûté que la somme par lui versée au cédant dudit Bon.

Il n'y a là qu'un argument de surface, car que l'on réfléchisse seulement un instant et l'on s'aperçoit qu'il est complètement improbable que le titulaire d'un Bon, se dessaisisse de son titre, contre versement d'une petite somme, au moins dans les années normales et de récoltes moyennes. En agissant de la sorte l'industriel irait contre ses propres intérêts ; rien n'est plus facile à montrer.

Le Bon d'importation a un effet libératoire qui s'étend non seulement aux céréales mais aussi aux cacaos et aux cafés, c'est-à-dire à des produits exotiques qui ont une valeur commerciale très élevée. Le législateur offre à l'exportateur de farines de supprimer le droit fiscal qui pèse sur l'entrée de ces marchandises de luxe, de lui faire par conséquent réaliser un bénéfice très supérieur au bénéfice qu'il retirerait de la cession de son Bon, et il refuserait !

Cette hypothèse pourrait à la rigueur se réaliser dans une année de dépression générale des cours où les offres dans les régions généralement surproductrices se trouveraient restreintes par suite de mauvaises récoltes et où par conséquent les Bons étant rares leur prix de cession serait élevé. Mais ces années sont exceptionnelles et tout à fait anormales. Dans ces conditions, il est permis d'affirmer que l'exportateur de farines qui en échange d'une sortie aura obtenu un Bon d'importation, préférera l'utiliser lui-même pour importer du café ou du cacao, qu'il pourra revendre avec un bénéfice d'autant plus grand que ces produits n'auront pas acquitté le droit.

Si nous poussons plus à fond l'hypothèse, nous pouvons prétendre que même fut-il très éloigné du lieu sur lequel ce cacao ou ce café devrait être importé, que le détenteur du

Bon aurait malgré tout un grand intérêt à réaliser l'opération. En effet, cet industriel ne gardera probablement pas par devers lui le produit exotique qu'il entre en franchise, il est meunier avant tout, ses aptitudes et ses loisirs l'empêchent de placer avantageusement cette marchandise, dans ces conditions, il n'a qu'une chose à faire, s'aboucher avec un commissionnaire ou un courtier, lequel, moyennant la rétribution accoutumée, se chargera de trouver acheteurs du cacao et du café, sans qu'il ait lui-même à se déranger.

Ce premier reproche fait au régime des Bons est donc beaucoup plus apparent que réel.

Une autre objection adressée au régime que nous étudions, c'est de ne devoir fonctionner réellement que dans les années d'abondance, car ce n'est qu'à ce moment que les exportations battront leur plein.

L'argument n'a aucune portée, ceux qui ont fourni cette objection ne se sont pas assez souvenus du rôle du Bon, qui est seulement une mesure d'exportation destinée à jouer en temps de surproduction et d'abondance. Dans les années de mauvaises récoltes l'industrie de la Meunerie aura toujours à sa disposition l'emploi des Admissions temporaires, il ne faut pas l'oublier.

La Société Nationale d'Agriculture de France, au même titre d'ailleurs que toutes les autres Associations agricoles, avait été priée par le ministère compétent d'exprimer son avis motivé sur le rapport de M. de Meaux. M. Henry Sagnier, chargé de rédiger ce travail, s'est efforcé de prouver que le Bon d'importation ne jouissait plus en Allemagne de sa faveur première et qu'en tous cas il ne régularisait nullement les cours sur les différents marchés comme on l'avait prétendu.

L'observation de M. Sagnier se fonde presque exclusivement sur des chiffres et des statistiques commerciales, et de ce chef ne nous offre qu'une demi-certitude ; ce qui aurait été beaucoup plus intéressant en même temps que plus probant, c'eût été d'examiner l'ensemble des appréciations du pays, des Chambres de Commerce et même du Ministère Allemand, sur l'application de ce régime douanier.

M. de Meaux dans son travail qui n'est antérieur que de 7 mois à celui de M. Sagnier, avait d'ailleurs procédé de la sorte. D'une façon générale on peut dire que le régime allemand n'offre pas de difficultés inéluctables d'application, et qu'au point de vue économique et douanier, il a d'incontestables avantages, pourquoi donc n'en avoir pas fait l'essai chez nous?

La proposition Viger n'a pas eu de suites, et nous le regrettons d'autant plus vivement qu'une très grosse majorité de meuniers s'était prononcée en sa faveur. Il est vrai de dire que la Société Nationale d'Agriculture sur le rapport Sagnier susdit (1), avait rejeté le Bon d'importation et que cet avis a pu être suffisant pour influencer le Gouvernement.

Pour en terminer avec le Bon d'importation, disons un mot du procédé de M. Lejosne, président du syndicat agricole de Bapaume et de Bertincourt (Nord).

M. Lejosne présente son système sous le titre de : « *Proposition d'une nouvelle règlementation des Admissions temporaires de céréales* » (2). Ce seul titre nous révèle une profonde différence entre cette règlementation et la proposition Viger. Il en résulte en effet que le procédé que nous examinons n'est plus le complément de l'Admission temporaire comme quand il s'agissait du Bon d'importation, mais

(1) A la séance du 4 novembre 1896.

(2) M. Lejosne, qui est un militant convaincu de la cause agricole, a développé ses idées sur de petites feuilles qu'il répand à profusion pour la propagande.

un mécanisme nouveau destiné à *remplacer* entièrement cette même Admission temporaire. C'est là une différence essentielle et caractéristique de cette règlementation qui, d'ailleurs nous la fait absolument rejeter comme incomplète. D'après M. Lejosne aucune importation de céréales ne pourra se faire autrement que sur la présentation d'un « certificat d'exportation » constatant la sortie d'une quantité de farines plus qu'équivalente à la quantité des grains importée (72 0/0 de farine, type unique 60 0/0 de blutage pour 100 kilogs de blé, mais sans retenue du droit pour le son).

En un mot un certificat constatant que le porteur a précédemment sorti 72 kil. de farine ou 100 kilogr. de blé l'autorise à importer franco de tout droit un poids de 100 k. de blé.

Le certificat d'exportation est bien entendu cessible et non remboursable par l'Etat, mais il se périme dans un délai très court, dans les 3 mois de sa création, sauf toutefois possibilité d'un renouvellement trimestriel à l'entrepôt sans pouvoir excéder un an.

Tel est le système Lejosne qui n'est réellement intéressant que par le remplacement qu'il prétend faire de l'Admission temporaire. Cette réglementation sacrifie trop l'intérêt de l'Agriculture à celui du meunier dont l'industrie est surtout une industrie d'exportation. Sans nul doute, le certificat d'exportation fonctionnera à l'avantage de tous, (agriculteurs et meuniers) dans une époque de récolte ordinaire : mais dans une période de crise, si les blés indigènes sont trop haut cotés pour que la minoterie puisse exporter des farines à l'étranger que se passera-t-il ?

Les meuniers ne voudront pas acquitter le droit sur les blés étrangers, car ils ne pourraient ensuite écouler des farines ainsi grevées de l'impôt et par suite renchéries, ils n'auront qu'une seule ressource. celle de fermer leurs moulins et d'attendre des jours meilleurs ; mais le pourront-ils tous ? Le système Léjosne, à notre avis, se trouve donc incomplet, et insensiblement nous sommes ramenés à la proposition Viger, c'est-à-dire à une Admission temporaire rigoureusement réglementée dans ses applications et continuée par le certificat d'importation ou d'exportation. Ainsi comprise, nous avons une législation qui s'inspire à la fois de la protection due au travail national et des nécessités du développement de notre commerce extérieur.

Au résumé, le système d'Admission en franchise des blés que nous prônons, sous réserve des vices révélés par son application, bien entendu, serait le régime des Admissions temporaires et du Bon d'importation *combinés*, dont M. Viger, sur l'initiative du législateur allemand, nous a donné la formule.

Nous ne croyons pas que cette pratique sagement réglementée puisse prêter à des inconvénients bien sérieux et surtout irréductibles.

Le Bon d'importation n'est peut-être pas encore l'idéal désirable, mais la perfection n'étant pas une qualité humaine, on doit se contenter d'y aspirer toujours de plus en plus. En tous cas la proposition de M. Viger pourrait être appliquée, ce serait un essai à faire, dont l'Agriculture et et la Minoterie nationales se trouveraient probablement très bien.

CONCLUSION

Nous voici parvenus à la Conclusion de cette étude. Dans les développements qui précèdent, nous nous sommes efforcés de montrer ce qu'était théoriquement d'abord et pratiquement ensuite, « la question des Admissions temporaires ».

Inauguré par l'art. 5 de la loi du 5 juillet 1836, le régime des Admissions temporaires, offrait toutes les garanties désirables à la protection du marché intérieur en même temps qu'il facilitait le développement de notre activité commerciale et de nos relations extérieures. Ce procédé s'inspirait donc d'une idée économique, à ce titre il pouvait figurer dignement au nombre des combinaisons de notre législation douanière. Sans doute l'Admission temporaire pratiquée à l'Identique présentait quelques légers inconvénients d'application ; sans doute aussi elle ne pouvait fonctionner pour toute une catégorie de marchandises, mais ces difficultés se retrouvent dans toutes les réglementations d'une nature un peu spéciale.

Sous l'impulsion des idées libérales du second Empire, avec le mouvement d'opinions que fit naître le traité de commerce franco-anglais, l'ancienne formule de 1836 parut trop étroite et l'on décida de donner une nouvelle réglementation à l'Admission Temporaire, tout en conservant le cadre ancien. De là cette pratique singulière qui prétend faire application d'une règle économique et qui au fond non seulement ne se conforme à aucun principe, mais encore provoque par les fraudes et les fissures qu'elle autorise de véritables ruines sur nos marchés intérieurs ; de là. l'Equivalent.

Nous n'avons pas à revenir à cet endroit sur des notions précédemment examinées et longuement discutées, nous espérons avoir suffisamment démontré qu'entre l'Admission temporaire à l'Identique et celle à l'Equivalent, il existait une absolue différence.

Nous ne contestons nullement que le procédé des Compensations ne soit fort utile en matière de Douanes, ce que nous ne pouvons admettre par exemple, c'est que l'on veuille l'assimiler au système créé par la loi de 1836 en lui donnant le même principe directeur. Dès lors, et ce sera là toute notre conclusion : *le régime douanier des Admissions en franchise temporaire se fonde exclusivement sur la notion de l'Identité à la sortie, et la réexportation après transformation de la marchandise qui a été importée répond à une véritable conception économique.*

Ainsi comprise, pratiquée loyalement et sans tromperie, l'Admission temporaire ne peut être qu'une excellente combinaison douanière dont les résultats sont parfaitement concordants avec les intérêts généraux du pays.

Ainsi appliqué, ce régime est surtout essentiellement conforme aux règles de l'Economie Nationale et de la grande Théorie de la Protection Rationnelle C'est là une idée que nous avons rencontrée à maintes reprises au cours de nos explications, et que nous allons succinctement développer ici.

Le système de la Protection rationnelle formulée pour la première fois par l'allemand Frédéric List repose sur deux conceptions excessivement simples et néanmoins d'une rigoureuse exactitude. List admet tout d'abord le *principe des Nationalités* suivant lequel, chaque nation doit conserver son régime économique propre et ne pas sacrifier l'intérêt de ses nationaux à des préoccupations d'un cosmopolitisme chimérique. Il répudie l'ancienne formule orthodoxe et libérale : « Laissez passer, » pour la remplacer par le nouvel adage : « tout pour le pays et dans le pays. »

Nous avons déjà eu l'occasion de nous expliquer au sujet de ces idées, nous n'y reviendrons donc pas. Comment d'ailleurs un esprit sérieux pourrait-il raisonnablement mettre sur le même pied d'égalité les intérêts économiques, des pays d'outre-mer, de la Chine, du Congo et.... pourquoi pas, des peuplades sauvages encore à peine civilisées, et ceux de son sol national. L'idée de la Patrie économique se confond avec l'entité plus générale de la Patrie politique.

La seconde idée de List : c'est le *développement des forces productrices de la nation*. Par là l'auteur de la théorie ne faisait que compléter logiquement son principe des Nationalités, en exigeant du pays et du sol tout ce qu'il était en mesure de produire. En un mot, pour la première fois, Frédéric List soutenait cette thèse que l'industrie nationale doit être protégée ; mais répudiant aussitôt l'idée prohibitioniste, il s'empressait d'ajouter que les restrictions douanières en principe ne dureront qu'un temps, juste ce qui est indispensable aux producteurs indigènes pour développer parallèlement toutes leurs forces productrices et se mettre en mesure de concurrencer leurs rivaux sur les marchés internationaux. C'est en somme là le juste milieu entre la doctrine de la prohibition et celle du libre-échange.

Le système de Frédéric List a enthousiasmé les Allemands, et en France il s'implante chaque jour de plus en plus malgré les attaques des intransigeants de la Liberté ou de la Protection.

Ceci exposé, on peut s'apercevoir que l'Admission temporaire scrupuleusement pratiquée avec réexportation à l'Identique fait une application exacte des deux principes de List.

Tout d'abord c'est une mesure qui n'affecte en aucune façon le principe des Nationalités, au contraire, l'Admission temporaire doit se passer complètement en dehors du marché intérieur ; c'est la condition même de son application.

Quant au développement parallèle des forces productrices du pays, il n'est pas moins certain que le régime que nous étudions y conduit, d'une façon peut-être détournée, mais réelle cependant. En effet, l'Admission temporaire permet au producteur dont la surface commerciale est encore trop minime, de s'essayer à la lutte internationale, de développer son outillage, de réduire de plus en plus ses frais généraux de fabrication et par là d'obtenir une marchandise à prix à peu près égal au prix des marchés extérieurs concurrents. Disposant de l'Admission temporaire, le petit industriel accroît peu à peu l'importance de son usine, de sa main-d'œuvre et de ses capitaux et il arrive un moment où devenu assez fort il peut se présenter résolument et sans crainte sur les marchés étrangers.

Il est indéniable que la franchise appliquée dans les termes de la loi de 1836, doive procurer aux fabricants français les moyens de se passer de plus en plus des tarifs d'entrée établis en leur faveur et leur permettre de demander l'abaissement, peut-être la suppression complète du droit compensateur. Il y a là, à n'en pas douter, un véritable fait de Protection rationnelle...

Après semblable constatation il est bien difficile de contester l'utilité et surtout la légitimité de cette pratique de l'Admission temporaire. Puisque indépendamment de ses autres bons effets économiques elle se conforme absolument aux théories de la Protection rationnelle admise aujourd hui par les esprits les plus éminents c'est donc qu'elle possède des qualités intrinsèques qu'il est impossible de méconnaître.

Aussi, nous dirons avec une intime conviction que si l'on vient à découvrir par la suite une mesure douanière meilleure que le procédé inauguré en 1836 au point de vue du fonctionnement, à coup sûr on n'en trouvera jamais une autre qui soit davantage conforme aux intérêts généraux du pays et aux doctrines de l'Economie Nationale.

Vu :
Le Président de la Thèse,
P. CAUWÈS.

Vu :
Par le Doyen,
GLASSON

Vu et permis d'imprimer :
Le Vice-Recteur de l'Académie de Paris,
GRÉARD.

Douanes françaises.

BUREAU D

N° de la déclaration.
N° du sommier.
N° du manifeste.

PREMIER BUREAU D'ENTRÉE :

Les marchandises sont venues de
par { terre / le navire
le capitaine

Date de la mise en en entrepôt primitive :

VISA D'ESCORTE :

Bon à escorter par le préposé,
Ce 18 .
Escorté à
Ce 18 .

(A) Biffer les deux formules qui ne sont pas applicables.

(1) Indiquer le pavillon et le nom du navire.

(2) Les mots en italiques ne seront maintenus que pour les métaux autres que les fontes de moulage non soumises à la justification du transport à l'usine.

(3) En un simple original pour les métaux qui donnent lieu à la délivrance d'extraits du registre n° 51 bis.

(4) Biffer l'une ou l'autre des indications.

Déclaration, Soumission, Perm[...]t Acquit-à-Caution N°

Pour les Marchandis[...]dmises temporairement.

Place du timbre administratif.

Je soussigné, demeu[...] à décl[...] sous les peines de droit vouloir [...] porter temporairement en exécution de l'article 5 [...] la loi du 5 juillet 1836 et des lois, ordonnances ou déc[...] subséquents sur la matière, les marchandises ci-a[...] détaillées originaires de et venues de [...] par le navire (1) , capitaine , [...] quelles marchandises, sauf les différences consta[...] par la vérification d'entrée, je m'engage conjointem[...] et solidairement avec M. , également soussig[...] demeurant à , qui se rend ma cauti[...] à (2) faire transporter dans l'usine de [...] à , et à justifier de l'arrivée à cette usine d[...] le délai de jours :

Par un certificat de la Douane de (A)

Par un certificat du chef de la gare de (A)

Par la lettre de voiture du batelier, revêtue du [...] de l'autorité locale; ainsi qu'à (2) réexporter dans[...] proportions et sous les conditions déterminées par[...] règlements, les objets provenant des dites marchand[...] par le bureau de , dans un délai de [...]

A cet effet nous avons signé la présente soumission[...] nous déclarons, d'ailleurs, accepter comme expédi[...] de Douane et pour en avoir tous les effets.

(La déclaration ne doit pas porter de ratures ou s[...] charges non approuvées ni contenir des mots en int[...] gne ou plusieurs articles sur la même ligne).

Vérificateur : M.
Carnet n° , f°
Préposé visiteur :

Aux bureaux des frontières de terre :

Vu la présente déclaration soumission, enregistrée en ce bureau sous le n° ci-dessus, pour après accomplissement des opérations de la visite valoir acquit-à-caution d'admission temporaire délivré à M. , en exécution de l'art. 5 de la loi du 5 juillet 1836 et des lois, ordonnances ou décrets subséquents sur la matière pour les marchandises indiquées, en espèces et quantités, dans le certificat de visite établi ci-dessous.

Ce 189 .

Le Receveur,

Dans les ports :

Permis à M.

(4) { de retirer de l'entrepôt indiqué / de faire débarq. du navire désigné

les colis de marchandises qui font l'objet de la déclaration ci-contre, lesquels après avoir été vérifiés et pesés, seront remis en même temps que le présent acquit-à-caution, à la disposition du déclarant, qui a été autorisé à les importer temporairement en franchise de droits, en exécution de l'article 5 de la loi du 5 juillet 1836 et des lois, ordonnances ou décrets subséquents sur la matière.

Ce 189 .

Le Receveur,

NOMBRE espèces, Marques et numéros des colis.	DÉSIGNATION DES MARCHANDISES — Quantités en toutes lettres.	en chiffr[...]	RÉSULTAT DE LA VISITE — DÉSIGNATION DES MARCHANDISES et Quantités (en toutes lettres) pour le présent acquit-à-caution est délivré.	Quantités en chiffres	CACHETS ou estampilles apposés — Nombre et valeur de l'unité	CACHETS ou estampilles apposés — Somme perçue

Fait double (3) à , le 18

LE DÉCLARANT, LA CAUTION,

NOTA. — Avant d'être remis à [l']intéressé, le présent acquit-à-caution devra être renvoyé au bureau [d]es déclarations pour la constatation, sur le duplicata, du résultat [d]e la visite et pour la perception [d]es recettes accessoires.

Certifié par le Vérificateur soussigné, qui remet les marchandises ci-dessus décrites à la disposition du déclarant soumissionnaire.

A le 18 .

DOUANES FRANÇAISES

(1) Les indications devront être entièrement conformes à la déclaration.

Marchandises déclarées à la décharge du présent acquit-à-caution.

CERTIFICATS DE RECONNAISSANCE D'ESCORTE, DE RÉEXPORTATION ET DE MISE EN ENTREPOT.

DÉCLARATIONS INDICATIONS A MENTIONNER CI-DESSOUS : Bureaux où la déclaration a été présentée (1). — Régime, N° et date de la déclaration (1). — Espèce de la marchandise et poids (en chiffres et en toutes lettres) (1) — Destination. — Signature du déclarant.	CERTIFICAT DE VISITE INDICATIONS A MENTIONNER CI-DESSOUS : Espèces et poids ... ci-dessous. Quantités admises à la décharge de l'acquit-à-caution (en chiffres et en toutes lettres). Date et signature du vérificateur.	QUANTITÉS exprimées en chiffres.	CERTIFICAT DE SERVICE ACTIF INDICATIONS A MENTIONNER CI-DESSOUS *(selon le cas)* : Escorté les marchandises ci-contre le . Vu embarquer les marchandises ci-contre le sur le navire , pavillon , allant à . Vu passer à l'étranger les marchandises ci-contre le . Vu entrer en entrepôt les marchandises ci-contre le *(Signature)*.

VISA DU BUREAU DE 2e LIGNE EN ENTRANT DANS LE RAYON DES FRONTIÈRES :

Vu par nous, au bureau de

Ce 18 .

Signature.

Le présent acquit déchargé, est rentré le

CERTIFICAT DE DÉCHARGE :

Nous, receveur et au bureau de certifions que, en conséquence des certificats ci-dessus et ci-contre, le présent acquit-à-caution a été déchargé en ce bureau sous le n°

Ce 18 . *(Signature).*

Dezaunay

INDEX BIBLIOGRAPHIQUE

BIBLIOGRAPHIE GÉNÉRALE ET SOURCES

L. Béquet. — Répertoire du Droit administratif au mot *Douanes*.

Dalloz. — Au mot *Douanes*.

Amé. — Etudes sur les Tarifs de Douanes et les traités de Commerce (1876), Tome II, Chap. XX, p. 191 et suiv.

Pallain. — Les Douanes françaises, 1896, T. I, p. 362 et suiv.

Ducrocq. — Cours de Droit Administratif, Tome II, 6e édition (1881).

Cauwès. — Cours d'Economie Politique, 3e édition (1893), Tome II.

E. Bert. — Les traités de commerce. — Etude sur le régime douanier et le commerce international de la France. — (Importations et exportations de 1789 à 1890), 1890.

Bruno-M.-J. Dubron. — Docks et Warrants (1898).

Ch. Helson. — Le tarif général des Douanes et le minerai de fer français (1891).

De Foville. — La transformation des moyens de transport et ses conséquences économiques et sociales (1880).

Limousin. — L'organisation générale des chemins de fer français et les systèmes de tarification des transports (1886).

Averous. — Les tarifs de chemins de fer devant la Commission d'enquête parlementaire (1884).

— Les projets de lois sur les tarifs des chemins de fer à la Chambre des Députés, 1892.

Journal des Economistes (janvier à mars 1855, p. 308. — *Le sens du mot « matières premières ».*

— Juillet à septembre 1858, p. 150. — *Une voix sur la levée des prohibitions et le dégrèvement des matières premières.*

— Avril à juin 1868, p. 82. — *Les Acquits-à-caution.*

— Octobre à Décembre 1871, p. 337. *Les Droits sur les matières premières. Dernier mot de la Commission du budget de 1871.*

— Avril à Juin 1872 ; page 178. *Les matières premières.*

— Octobre à Décembre 1890 ; p. 261 et 306. *Union pour la franchise des matières premières.*

L'Economiste français du 3 février 1877 ; p. 138, du 1er mars 1884 ; p. 263.

Ministère de l'Agriculture et du Commerce. Conseil supérieur du Comm. et de l'Agric. *Examen de la question des matières premières et des traités de Commerce* (1873).

Ministère du Commerce. *Tarif général des Douanes.*

T. I. Projet de loi et rapports à la Chambre des Députés.

T. II. Compte-rendu in extenso des Débats à la Chambre des Députés, du 28 avril au 18 juillet 1891.

T. III. Rapports au Sénat. Compte-rendu in extenso.

T. IV. Loi du 11 janv. 1892.

Ministère de l'Agriculture et du Commerce — Conseil supérieur du Commerce et de l'Agriculture.

Admissions temporaires (1878).

Ministère du Commerce, de l'Ind. - Conseil supér. du Commerce et de l'Ind. — *Enquête sur le régime douanier* (1892). *Questionnaire. - Analyse sommaire des réponses* (1889-90).

Ministère du Commerce, de l'Ind. — Conseil Supérieur du Commerce. — *Enquête sur le Régime douanier* (1892). — *Examen des tarifs de Douane.*

Ministère des Finances. — Direction Générale des Douanes. — *Tarif des Douanes de France. — Observations Préliminaires, Règles Générales* (1897).

Bulletin du Ministère de l'agriculture.

Ministère des Finances. — Direction Générale des Douanes. — *Documents statistiques réunis par l'Administration des Douanes sur le Commerce de la France.*

Moniteur Universel, du 26 septembre 1814 ; — du 4 juin 1836 ; — du 1er mars 1863, p. 307 ; — du 15 janvier 1868, p. 78 ; des 5 et 6 février 1868.

Journal Officiel du 14 janv. 1870, p. 82; du 15 janv. 1870, p. 92.

Officiel du 22 janvier 1870, p. 147 ; du 26 mai 1877, p. 4017 et suiv. ; du 27 mai 1877, p. 4043 et suiv. ; du 28 mai 1877, p. 4067; du 29 mai 1877, p. 4089.

MÉTAUX (fers et fontes)

Dupont. — Lettres sur la Réforme douanière. Question des fers et des houilles (1855).

Admission en franchise temporaire des métaux. Mémoire du Comité des Constructeurs et Maîtres de forges réunis. — (Avril 1870).

Etude sur les Admissions temporaires des fontes et fers, Paris 1870.

Etude sur les Admissions temporaires des fontes et fers. Application aux fontes en général du régime imposé aux fers par le décret du 9 janvier 1870, (1877).

Comte de Butenval. — Le régime des Admissions temporaires de fers et le Conseil supérieur du Commerce (1877). (*Voir ce travail dans le n° du 15 Avril 1877 du Journal des Economistes*).

A. Decosse. — Examen du régime de l'Admission temporaire des fontes au point de vue juridique. Longwy, 1884.

Le trafic des acquits-à-caution et ses conséquences. Note remise à M. le Ministre du commerce au nom des Etablissements métallurgiques de la région du Nord et de l'Est. Longwy, le 10 décembre 1885.

Le *Journal des Chambres de Commerce*, Années *1885* p. 253. — *1887* p. 17. — *1888* p. 39.

— *L'Economiste français*, du 12 novembre 1887, p. 603.

Moniteur universel du 6 mars 1863, p. 333.

Journal Officiel du 24 janvier 1888, p. 109.

Ministère du Commerce. — *Enquête de 1860.*

Ministère de l'Agriculture, du Commerce. — Comité consultatif des Arts et Manufactures. — *Enquête sur l'application du décret du 15 février 1862 relatif à l'importation en franchise temporaire des métaux.* — Procès-verbaux de la commission (1867).

— Ministère du Commerce et de l'Industrie. — Conseil supérieur du Commerce et de l'Industrie. — *Admission temporaire des fontes* (1887).

TISSUS

J.-E. Horn. — La crise cotonnière et les textiles indigènes.

Le Pour et le Contre sur l'Admission temporaire des tissus et sur les résultats du nouveau régime douanier appliqué à l'industrie du coton. — (3 pétitions au Ministre de l'Agriculture et du commerce) Mulhouse, 1868.

L. Bian. — Note sur l'importation temporaire des tissus étrangers pour l'impression à charge de réexportation. Paris, 1868.

Aimé Seillière. — L'Admission temporaire des tissus (1859).

E. Feray. — Commission d'enquête parlementaire sur le régime économique. — Industries du coton et du lin (Corbeil, 1870).

Coq. — Devant l'enquête. — Monopole et droit commun à propos de l'industrie des toiles peintes. — Admission temporaire en franchise. Paris, 1870.

Enquête parlementaire sur le régime économique. — Industries textiles, coton, laine, soie (3 vol., 1870).

Annales du Commerce extérieur. — France. — Législation commerciale. — Monographie (fils et tissus de coton). 1873, T. I et II.

Delahaye-Bongère (fils). — Le chanvre, la filature, la corderie dans la discussion du tarif général des Douanes au Sénat (Angers, 1882).

Fauquet. — Admission temporaire des filés de coton (gros numéros). — Observations du Comité industriel et commercial de Normandie à Messieurs les délégués de la Commission des 44 (Rouen, 1885).

Natalis Rondot. — L'industrie de la soie en France (Lyon, 1894).

L'*Economiste français*, du 14 mai 1881, p. 608. — Le prix de revient du fil de coton en France et en Angleterre.

— de 1883, p. 15 et 391. — L'Admission temporaire des fils de coton.

— du 6 décembre 1884, p. 709. — Les Admissions temporaires et les tisseurs de coton.

Le *Journal des Chambres de Commerce, 1884*, p. 371.— Fils de coton. — L'industrie du Nord et celle du Midi. — A propos du Décret du 18 septembre 1882.

— p. 22. — Rapport Walbaum à la Chambre de Commerce de Reims sur l'Admission temporaire de filés de coton.

— *1885*, p. 4 et 252.

Le *Journal des Economistes* : Janvier à mars 1871, pages 21, 232, 398 ; avril à juin 1871, pages 53, 201, 348 ; juillet à septembre 1871, pages 47, 243. — *Résumé analytique de l'Enquête parlementaire sur le régime économique (Industries du coton, laine, lin)*.

— Octobre à décembre 1871, p. 463. — *Les Droits sur les filés de coton.*

— Juillet à septembre 1885. — (*La crise de l'industrie lyonnaise*).

Ministère de l'Agriculture et du Commerce. — Conseil

supérieur du Commerce. — *Enquête relative au régime des Douanes des cotons filés* (23 novembre 1853).

Ministère de l'Agriculture, du Commerce. — Comité consultatif des Arts et Manufactures. — *Enquête relative à l'importation en franchise temporaire des tissus de coton destinés à être réexportés après impression ou teinture. — Procès-verbaux de la Commission, 1868.*

Ministère de l'Agriculture et du Commerce. — Comité consultatif des Arts et Manufactures. — *Enquête sur l'Admission temporaire des fils de coton, 1877.*

BLÉS ET CÉRÉALES

RIVIÈRE. — Précis historique et critique de la législation française sur le commerce des céréales, 1859.

Etude d'une modification au régime douanier actuel, sous le patronage des Sénateurs, des Députés, du Conseil général, des Chambres de commerce, du Syndicat départemental agricole et du Syndicat de la Meunerie du département du Puy-de-Dôme.

Wirkùng der Getreidezolle ùnd Aufgebùng des Identitats-Nachweises bei der Getreide-Ausführ, 1891.

Mission d'Allemagne (*de Meaux*). — Note sur l'Admission temporaire des blés et les Bons d'Importation, 1896.

Société Nationale d'Agriculture de France. — Rapport présenté au nom d'une Commission spéciale par M. Henry Sagnier, sur l'Admission temporaire des blés et sur les Bons d'Importation, 1896.

COLSON-BLANCHE. — Les Admissions temporaires et le prix du blé, 1896.

La Démocratie Rurale, numéros des 20 et 27 juin 1897.

TOUAILLON. — Meunerie. Boulangerie. Biscuiterie.

Chambre syndicale de la Meunerie du Puy-de-Dôme. Réponse au Rapport de la Chambre syndicale des minotiers et fabricants de semoules de Marseille, 30 juin 1894, par *E. Coudert.*

Revue Agricole du Puy-de-Dôme, numéro du 20 juillet 1895.

Minist. de l'Agriculture. — *Enquête agricole* (Décret du 28 mars 1866).

Minist. du Comm. de l'Ind. — *Rapport à M. le Ministre du Commerce.....* président de la commission chargée d'établir les types de farines prévus par la loi du 11 janvier 1892 et de donner son avis en ce qui concerne le rendement du blé en farines des divers types, par Aimé Girard, 11 juillet 1894.

Minist. du Comm... etc. — *Rapport......* id..... par Aimé Girard, 2 juillet 1895.

Minist. du Comm. etc. — *Rapport.....* id..... par Aimé Girard, 27 mars 1897.

Ministère du Commerce, de l'Ind., Commission des Farines. — *Rapport présenté à M. le Ministre du Commerce*..., Président de la Commission. par M. Lucas, rapporteur, au sujet du rendement des blés en farine et en semoules des divers types.

Ministère du Comm., de l'Ind., Conseil Sup. du Comm. — 1) *Admission temporaire des Céréales*; 2) *Entrepôt de Céréales*; 3) *Projet de loi dit du Cadenas* (1896).

Statistique agricole de la France, publiée par le ministre de l'Agriculture, (*périodes décennales 1882 à 1892*.

Journal Officiel, 1896. — Documents parlementaires — Chambre — Annexe, 1935, p. 461.

Journal de l'Agriculture, par Henry Sagnier. — Année *1885*, T. II, p. 726; *1896*, T. I, p. 81, 118, 181, 883, 918, 962 1001; *1897*, T. I, p. 56, 402, 441, 482, 522, 598, 735, 739, 777, 840; *1897*, T. II, p. 163.

Journal dAgriculture pratique. — Année *1865*, p. 277, 326; *1870*, T. 1, p. 100, 136; *1873*, T. II, p. 98.

Journal « *Le Fermier* », n° du 1er mars 1897. — Note sur l'Admission temporaire des Blés, lue par M. Viger à la séance du Conseil supérieur de l'Agriculture.

Journal des Débats, nos du 29 décembre 1896, 16 février 1897.

L'*Economiste Français*, n° du 11 novembre 1876, p. 632. La *Question des Admissions temporaires. — Les Céréales.*

Le *Marché Français*, n° du 24 janvier 1894 ; n° du 15 novembre 1894 ; n° du 27 novembre 1894 ; n° du 23 avril 1895 ; n° du 2 octobre 1895 ; n° du 29 octobre 1895 ; des et 2 novembre 1895 ; du 8 novembre 1895 ; du 13 novembre 1895 ; du 20 décembre 1895.

La Meuneurie Française, *Années 1895*, p. 100 : *1896*, p. 4, 53, 101, 127, 128, 175 177, 178, 207. (*Et d'une façon générale toute la collection de 1894 à 1897*).

TABLE ANALYTIQUE DES MATIÈRES

Parthenay. — Imp. A. RAYMOND.

www.ingramcontent.com/pod-product-compliance
Ingram Content Group UK Ltd.
Pitfield, Milton Keynes, MK11 3LW, UK
UKHW021100220726
13924UKWH00005B/2165